# 农村集体经济组织法

## 释论

何宝玉 著

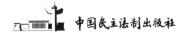中国民主法制出版社

**图书在版编目（CIP）数据**

农村集体经济组织法释论／何宝玉著. —北京：
中国民主法制出版社，2024.11. —ISBN 978-7-5162
-3748-9

Ⅰ. D922. 45

中国国家版本馆 CIP 数据核字第 2024RD2842 号

**图书出品人：**刘海涛
**图书策划：**陈　曦
**责任编辑：**袁　月

书　　　名／农村集体经济组织法释论
作　　　者／何宝玉　著

出版·发行／中国民主法制出版社
地址／北京市丰台区玉林里 7 号（100069）
电话／（010）63055259（总编室）　　63058068　63057714（营销中心）
传真／（010）63055259
**http：**//www.npcpub.com
**E-mail：**mzfz@ npcpub.com
经销／新华书店
开本／16 开　710 毫米×1000 毫米
印张／20　　字数／280 千字
版本／2025 年 1 月第 1 版　2025 年 7 月第 2 次印刷
印刷／三河市宏图印务有限公司

书号／ISBN 978-7-5162-3748-9
定价／75. 00 元

# 序　言/PREFACE

　　中国特色社会主义经济制度的基础是生产资料的社会主义公有制，即全民所有制和劳动群众集体所有制。劳动群众集体所有制是社会主义公有制的重要组成部分。

　　农村集体经济组织是社会主义公有制经济在农村的重要实现形式，是具有中国特色的社会主义公有制经济组织。在推进中国式现代化进程中，农村发挥着保障农产品供给和粮食安全、保护生态环境、传承发展中华民族优秀传统文化等方面的特有功能。农村集体经济组织不仅是发展壮大新型农村集体经济、巩固社会主义公有制、促进共同富裕的重要主体，也是健全乡村治理体系、实现乡村善治的重要力量，还是提升中国共产党农村基层组织凝聚力、巩固党在农村执政根基的重要保障。因此，农村集体经济组织既负有发展集体经济、促进共同富裕的重要经济责任，还承担着参与农村基层治理、促进农村社会和谐稳定的社会责任，更承载着坚持集体所有制、巩固完善农村基本经营制度的政治责任，是集经济、社会、政治功能于一体的特殊组织。

　　农村集体经济组织以土地集体所有为基础，依法代表成员集体行使所有权。集体所有的土地等集体财产，属于农村集体经济组织成员集体所有，是集体所有制，属于社会主义公有制的范畴，不是共同共有，更不是按份共有，不属于共有制的范畴；集体财产不得分割到个人。农村集体经济组织法坚守底线，坚持农村土地集体所有制不动摇，坚持农村基本经营制度不动摇，构建起中国特色社会主义农村集体经济组织法律制度。我们必须坚持集体所有制的固有底色，遵从社会主义公有制、而不能以私有制的理论逻辑，来理解、阐释农村集体经济组织法。

农村集体经济组织作为民法典规定的特别法人，依法从事与其履行职责相适应的民事活动。例如，集体资源发包、集体物业出租、居间服务、集体经营性财产入股等。农村集体经济组织依法代表农民集体行使所有权，只要农民集体所有制存在，就应当有农村集体经济组织，因此，农村集体经济组织的存在有其必要性和必然性。农村集体经济组织不仅从事生产经营活动，而且也是农民生产生活的依托，是广大农民赖以生存的家园。因此，农村集体经济组织法第6条第2款规定，农村集体经济组织不适用有关破产法律的规定。就是说农村集体经济组织不得破产。同时规定，农村集体经济组织可以依法出资设立或者参与设立公司、农民专业合作社等市场主体，以其出资为限对该市场主体的债务承担责任。就是说农村集体经济组织设立的市场主体从事经营活动，可以破产，农村集体经济组织以出资为限承担责任，不会涉及农村集体经济组织本身的破产。这是农村集体组织特别法人的重要特别之处，是农村集体经济组织法的一项重要内容。

农村集体经济组织是坚持农民土地集体所有和农村基本经营制度的组织载体。因此，坚持农民土地集体所有、坚持农村基本经营制度，就必须巩固和完善农村集体经济的组织制度。农村集体经济组织是在经济社会发展中避免农民发生两极分化、逐步实现农民共同富裕的重要组织保障。因此，必须建立起完善的保障农村集体经济组织成员合法权利的制度，以避免其被少数人内部控制或被外来资本控制。必须尊重农村集体经济组织成员的民主权利，保障成员的经济利益，特别是土地承包经营权，宅基地使用权和集体收益的分配权。农村集体经济组织法明确了农村集体经济组织成员的各项权利，强化成员对集体经济活动和集体事务的民主管理和监督权利，从法律制度建设的根本上维护农村集体经济组织及其成员的权益，不断增强广大农民的获得感、幸福感和安全感。

我国农村的情况千差万别，不同地区农村集体经济组织发展情况各有不同，不同农村集体经济组织各有自身特点。农村集体经济组织发展不可能齐步走，相关制度建设也不能"一刀切"。因此，农村集体经济组织法确立了农村集体经济组织的基本原则和主要制度，同时尊重不同地区不同农村集体经济组织之间的差异性，坚持原则性与灵活性相结合，给地方和农民群众留出必要的自主选择空间，有些条文授权国务院有关部门、地方人大或者农村集体经济组织章程，就某些事项作出具体规定，使法律制度更符合实际，更便于有效实施。

农村集体经济组织法是一部涉及农村诸多基础性制度的重要法律，关系农村改革、发展、稳定的大局和亿万农民的切身利益，社会各方面广泛关注，迫切需要立足农村集体经济组织的特殊性和实际情况，加强对农村集体经济组织法的宣传和解读，让社会各方面特别是农村基层干部和广大农民准确理解相关的法律制度和法律规则，更好地学习法律、掌握法律、运用法律，维护农村集体经济组织及其成员的权益，促进农村集体经济组织和新型农村集体经济健康发展。

何宝玉同志撰写的《农村集体经济组织法释论》就是一个很好的尝试。作者长期在全国人大工作，具有比较扎实的理论功底和较强的研究能力。我担任十三届全国人大农业与农村委员会主任委员的五年间，宝玉同志担任委员会办公室主任，不仅组织、协调委员会办事机构日常工作，当好委员会的参谋助手，还组织起草法律草案，特别是担任农村集体经济组织法起草工作小组组长，与农业农村部等有关单位的同志一起，深入研究立法涉及的重要问题，反复与有关方面沟通，广泛听取并认真研究各方面意见，及时完成法律草案起草工作，积极参与审议法律草案的相关工作。他撰写这本书，对于准确阐释和宣传农村集体经济组织法是很有意义的。

由于农村集体经济组织的特殊性和复杂性，社会各方面对农民集体所有、农村集体经济组织有各种不同的理解。习近平总书记明确指出："坚持农村土地农民集体所有，这是坚持农村基本经营制度的'魂'。农村土地属于农民集体所有，这是农村最大的制度。"农村土地集体所有制、农村集体经济组织制度、集体经济组织成员权利制度是我国农村的基础性制度。坚持农村集体所有制不动摇是我们必须坚守的制度底线。本书的最大特点是，坚持按照中国特色社会主义公有制的制度基础和理论逻辑，理解和阐释农村集体经济组织和农村集体经济组织法。本书坚守农民集体所有制的底线，按照社会主义公有制的制度逻辑和理论逻辑，对农村集体经济组织法进行阐释，特别是关于集体财产由农村集体经济组织成员集体所有、农村集体经济组织不得破产等阐述，可以说抓住了农村集体经济组织法的核心和根本。

本书的另一个突出特点是，注重从中国国情出发，从农村集体经济组织发展的实际出发，着重阐明农村集体经济组织法确立的基本制度和基本规则，同时注重法律条文中留待地方性法规、国务院有关部门和农村集体经济组织章程作出具体规定的内容，更好地体现原则性与灵活性相结合的精神。

农村集体经济组织法即将实施，相信本书对于读者理解农村集体经济组织法大有助益！

十三届全国人大农业与农村委员会主任委员

农村集体经济组织法起草领导小组组长

陈锡文

2024 年 11 月 14 日

# 前　言 / FOREWORD

　　农村集体经济组织是新中国成立后实行农业社会主义改造而成立的社会主义集体所有制经济组织，是在中国的土壤上生长出来的具有中国特色的经济组织，性质上属于公有制。农村集体经济组织既负有发展集体经济、促进农民农村共同富裕的经济功能，以及参与农村社会治理、促进乡村善治的社会功能，更承载着坚持社会主义集体所有制、巩固党在农村执政根基的重大政治功能，在其他国家很难找到相同或者类似的经济组织；即使在国内，农村集体经济组织作为特别法人，也与公司等经济组织存在本质区别。

　　农村集体经济组织经历了复杂的发展和演变过程，农村实行改革开放和人民公社体制解体后，有些地方的农村集体经济组织的组织机构不健全，有些农村集体经济组织与村民委员会实行"两块牌子一班人马"。农村集体经济组织的独特性，以及复杂的发展演变过程，导致不少人，包括有些身在其中的人，感到农村集体经济组织看得见、摸不着，捉摸不定，甚至对其产生误解。实践中有些农村集体经济组织也存在组织机构不健全、运行机制不完善、监督和管理制度不落实等问题。

　　为了维护农村集体经济组织及其成员的合法权益，规范农村集体经济组织及其运行管理，促进新型农村集体经济高质量发展，巩固和完善农村基本经营制度和社会主义基本经济制度，推进乡村全面振兴，加快建设农业强国，促进共同富裕，全国人大常委会及时制定农村集体经济组织法，坚守社会主义集体所有制底线，坚持农村土地集体所有制不动摇，构建了中国特色社会主义农村集体经济组织法律制度，为发展壮大新型农村集体经济、进一步巩固农村土地集体所有制、巩固和完善农村基本经营制度提供法治保障。

我很幸运地有机会参与农村集体经济组织法立法工作。我生在农村、长在农村，在人民公社体制解体、实行家庭承包经营的重大历史转变过程中，经历了从参加生产队集体劳动记工分，到家庭承包后在自家承包地上自主劳动的过程，对农村集体经济组织有生于斯长于斯的切身体验。上大学读书后特别是读研究生期间，比较深入、系统地研习新中国成立后中国农村经营体制发展、变革的历程，从理论上追根溯源、正本清源，深刻理解建立农村集体所有制和农村集体经济组织制度的历史背景和目的。参加工作后又长期在全国人大从事农业农村立法工作，亲身经历了农村改革开放以来农业农村法律不断健全、农业农村法治建设不断深化的过程。这些可以说是我参与农村集体经济组织立法工作的实践和理论基础。

为广泛、深入宣传农村集体经济组织法，我根据参与农村集体经济组织法起草、审议工作过程中了解的情况，结合相关文件和地方性法规等制度性规范，总结农村集体产权制度改革的实践探索成果和人民法院的司法实践经验，广泛阅读、学习吸收学者们的理论研究成果，按照系统化和体系化要求，撰写了《农村集体经济组织法释论》，对农村集体经济组织法进行深入阐释。

本书对农村集体经济组织法的阐释，坚持农民集体所有制，立足于农村集体经济组织的公有制基础和理论逻辑；坚持从实际出发，立足于农村集体经济组织特别法人制度作为具有鲜明中国特色的本土化制度的实践逻辑和历史逻辑；坚持原则性与灵活性相结合，尊重不同地区不同农村集体经济组织的现实差异，注重法律的授权性、灵活性规定，力求全面、系统、准确地阐明农村集体经济组织法规定的各项法律制度规范，特别是农民集体所有、农村集体经济组织不得破产等核心制度。

衷心感谢陈锡文主任的关心和指导。锡文主任非常关注农村集体经济组织立法，十三届全国人大农业与农村委员会成立之初，就要求委员会办事机构围绕农村集体经济组织立法有关基础性问题深入开展研究，并且指导我撰写《我国农村集体经济组织的历史沿革、基本内涵与成员确认》和《关于农村集体经济组织与村民委员会关系的思考》，多次审阅并提出修改意见，澄清有些关键问题和重要表述。为加快农村集体经济组织法立法工作步伐，他主动与有关方面沟通并报经有关领导同志同意，由全国人大农业与农村委员会牵头组织有关单位，在农业农村部前期工作的基础上抓紧起草农村集体经济组织法。他亲自担任起草领导小组组长，多次召开会议，广泛听取各方面意见，围绕关键问题深入开展调研并积极与有关部门沟通协调，认真研究、反复修改完善，及时形成法律草案，按计划提请全国人大常委会审议，为农村集体经济组织法顺利通过打下良好基础。

感谢王超英主任和赵鲲、郭文芳、王宾、张征、吴晓佳、刘涛、刘春明、余蔡及王观芳、门炜、马明芳、王继永、向南等起草工作小组的各位同志，在开展起草工作、研究讨论过程中给予我的启发和帮助。感谢刘海涛、陈曦、袁月同志对本书出版的大力支持。

书中的不妥之处，敬请读者批评指正。

何宝玉

2024 年 11 月 6 日

# 目 录 / CONTENTS

# 第一章　农村集体经济组织概述

农村集体经济组织是中国特色社会主义公有制经济组织，有深厚的历史背景和复杂的发展历程。为深刻理解农村集体经济组织，首先需要回顾其产生、发展和演变过程，明确其法律含义。

## 第一节　农村集体经济组织的产生、发展与法律界定[①]

### 一、农村集体经济组织的产生

农村集体经济组织是新中国成立后开展农业社会主义改造的过程中产生的，并且随着农业发展和农村变革而不断发展演变。

中国历史上长期实行土地私有制，大量土地集中到少数地主手中，贫苦农民没有土地。1947年7月，中共中央在西柏坡召开全国土地会议，决定在解放区进行土地改革，实行耕者有其田的土地制度；废除一切地主的土地所有权，没收地主的土地，按农村人口平均分配土地。这种土地政策极大地激发了广大贫苦农民的革命和生产积极性，为保卫胜利果实，翻身农民踊跃参军，积极支援前线，解放战争迅速取得胜利。

新中国成立后，中央人民政府于1950年6月颁布《中华人民共和国土

---

① 本节部分内容曾以《我国农村集体经济组织的历史沿革、基本内涵与成员确认》为题发表于《法律适用》2021年第10期。

地改革法》，其中第1条就明确规定，废除地主阶级封建剥削的土地所有制，实行农民的土地所有制，借以解放农村生产力，发展农业生产，为新中国的工业化开辟道路。根据这一法律推行土地改革，实行农民土地所有制，实现耕者有其田。1953年基本完成土地改革，没收和征收地主的土地分配给穷苦农民，彻底废除封建剥削的土地制度，从根本上改变了封建土地占有关系。土地改革彻底改变了农村生产关系，大大解放了农村生产力，农业生产活动迅速恢复和发展，为国家的工业化建设准备了条件。

随着土地改革的推进，农村社会趋于稳定，农业生产迅速恢复，但很快又出现农户间两极分化的趋势，小部分经济上升较快的农户开始买地、雇工、扩大经营，也有一部分农户因种种原因变得生活困难，开始卖地、借债和受雇于他人。这种两极分化现象表明，防止历史上反复发生的土地所有权从平均化到兼并、形成大地主的轮回，是新生的人民政权必须面临的一个现实问题。①

为防止农户两极分化造成社会问题，国家在农村推行互助组和初级农业生产合作社，实行农业社会主义改造。1953年2月，中共中央通过《关于农业生产互助合作的决议》，要求发展临时互助组、常年互助组、以土地入股为特点的农业生产合作社三种形式的互助合作。同年12月，中共中央通过《关于发展农业生产合作社的决议》，肯定关于农业生产互助合作的决议及其实施成效，提出办好农业生产合作社必须注意做好的主要工作，即努力增加生产，逐步改善管理，实行合理分配，增加保障社员权益的规定（包括增加社员收入、实行灵活多样的分配制度），以及公共财产和公积金、公益金的积累必须坚持社员自愿等。

1955年11月，全国人大常委会通过《农业生产合作社示范章程草案》，其中第1条就明确规定：农业生产合作社是劳动农民的集体经济组织，它统一地使用社员的土地、耕畜、农具等主要生产资料，并且逐步地把这些生产资料公有化；它组织社员进行共同的劳动，统一地分配社员的共同劳动的成

---

① 陈锡文等：《中国农村制度变迁60年》，人民出版社2009年版，第10—11页。

果。第 3 条进一步指出，农业生产合作化的发展，分做初级和高级两个阶段。初级阶段的合作社属于半社会主义的性质。在这个阶段，合作社已经有一部分公有的生产资料；对于社员交来统一使用的土地和别的生产资料，在一定的期间还保留社员的所有权，并且给社员以适当的报酬。

初级农业生产合作社是农村集体经济组织的雏形，主要特征是：（1）农民以自有的土地入社，交合作社统一使用，即土地所有权仍归社员所有，但土地使用权和经营权由合作社统一行使。（2）社员私有的生产资料和零星的树木、家禽、家畜、小农具、经营家庭副业所需要的工具，仍属于社员所有，都不入社。（3）合作社按照社员入社土地的数量和质量，从每年的收入中付给社员适当的报酬，通常应当低于劳动报酬。（4）社员有退社的自由，社员退社时可以带走他入社的土地。普遍认为，初级农业生产合作社的政策适应了当时生产力的发展，农民的生产积极性提高，农业生产效率也得到较大提高。①

1953 年 6 月，中共中央政治局会议提出过渡时期总路线，要在一个相当长的时期内逐步实现国家的社会主义工业化，并逐步实现国家对农业、手工业和资本主义工商业的社会主义改造。同年 12 月，中共中央进一步明确提出，将农民在生产上逐步联合起来的具体道路是，经过简单的共同劳动的临时互助组织和在共同劳动的基础上实行某种分工分业而有某些少量公共财产的常年互助组，到实行土地入股、统一经营而有较多公共财产的农业生产合作社，到实行完全的社会主义的集体农民公有制的更高级的农业生产合作社。

随后进入高级农业生产合作社发展阶段。1956 年初，毛泽东主席亲自主持编辑并加批按语的《中国农村的社会主义新高潮》出版，随后在全国掀起大办高级社的高潮。同年 6 月，一届全国人大三次会议通过的《高级农业生产合作社示范章程》第 1 条就明确规定：高级农业生产合作社是劳动农民在共产党和人民政府的领导和帮助下，在自愿和互利的基础上组织起来的

---

① 管洪彦：《农民集体成员权研究》，中国政法大学出版社 2013 年版，第 69 页。

社会主义的集体经济组织。第2条进一步规定：高级农业生产合作社按照社会主义的原则，把社员私有的主要生产资料转为合作社集体所有，组织集体劳动，实行"各尽所能，按劳取酬"，不分男女老少，同工同酬。到1956年末，全国已有96.3%的农户加入高级社，以集体土地所有制为基础的高级农业生产合作社在全国范围内普遍建立起来。[1]

根据《高级农业生产合作社示范章程》和合作社发展实践，其主要特征是：（1）土地集体所有，社员入社的土地和耕畜、大型农具都转归合作社集体所有；土地由合作社统一经营，并且对社员入社的土地不支付报酬，合作社实行各尽所能，按劳取酬；（2）社员私有的生产资料和零星的树木、家禽、家畜、小农具、经营家庭副业所需的工具，仍属于社员所有，都不入社；（3）依照《高级农业生产合作社示范章程》的规定，社员有退社的自由，并且退社时可以带走他入社的土地或者同等数量和质量的土地，但实际上很少有社员退社。

按照学者的观点，初级农业生产合作社是以生产资料私有制为基础的合作经济组织，高级农业生产合作社是以生产资料公有制为基础的集体经济组织。[2] 高级农业生产合作社确立了土地集体所有，具有了完全社会主义性质，是农业社会主义改造完成的标志。[3] 高级农业生产合作社的建立，是我国农村合作社经济与集体经济相区别的重要分界线。[4] 可以说，高级农业生产合作社正式形成了具有社会主义性质的农村集体经济组织。

### 二、农村集体经济组织的发展演变

高级农业生产合作社之后，农村集体经济组织经历了人民公社和农村改革两个阶段的发展变化。

---

① 罗平汉：《农业合作化运动史》，福建人民出版社2004年版，第310页。
② 祝之舟：《农村集体土地统一经营法律制度研究》，中国政法大学出版社2014年版，第35页。
③ 孟勤国等：《中国农村土地流转问题研究》，法律出版社2009年版，第33页。
④ 温铁军：《三农问题与制度变迁》，中国经济出版社2009年版，第207页。

（一）人民公社时期三级所有的农村集体经济组织

1958 年 8 月，中共中央通过的《关于在农村建立人民公社问题的决议》指出，人民公社是形势发展的必然趋势，在目前形势下，建立农林牧副渔全面发展、工农商学兵互相结合的人民公社，是指导农民加速社会主义建设，提前达成社会主义并逐步过渡到共产主义所必须采取的基本方针。随后，全国普遍推行"一大二公"的人民公社，其基本形式是"一平二调三收款"①，即在公社范围内实行贫富拉平平均分配；县、社两级无偿调走生产队（包括社员个人）的某些财物；银行收回过去发放的贷款。

人民公社是在高级农业生产合作社基础上发展起来的新社会组织，不仅要求生产资料公有化，而且生活资料也公有化。人民公社实行国家在农村的基层政权机构与公社的管理机构合一，即通常所说的"政社合一"。1961 年 6 月发布的《农村人民公社工作条例（修正草案）》第 1 条就明确指出，农村人民公社是政社合一的组织，是我国社会主义社会在农村中的基层单位，又是我国社会主义政权在农村中的基层单位。政社合一体制导致社员完全失去退社自由，因为人民公社不单纯是一个合作经济组织，而且社员入社的土地变成公社集体所有。

人民公社的集体土地实行公社、生产大队、生产队三级所有。生产队作为基本核算单位，受公社和生产大队领导，主要经济职责是按照生产计划组织农业生产，对土地进行统一经营管理。而且，人民公社的三级组织既是经济组织又是行政组织，社员的身份具有双重属性，即私法上是成员与团体的关系，公法上是公民与政权组织的关系，而且两种身份不可分离，所以社员完全没有退出权，既然社员不能退社，也就不存在退社时带走自己土地的可能。这是人民公社和高级社的最根本区别。②

按照学者观点，人民公社以政社合一体制取代了独立经营的农业生产合

---

① 薄一波：《若干重大决策与事件的回顾》（下），中共党史出版社 2008 年版，第 532 页。

② 祝之舟：《农村集体土地统一经营法律制度研究》，中国政法大学出版社 2014 年版，第 43—44 页。

作社，混淆了公民与合作社社员的界限，使合作社自愿入社、允许退社的基本原则完全无法贯彻，合作社完全成为政府的附属物，生产、经营自主权完全丧失，合作社的基本原则已荡然无存。①

（二）农村改革后的农业生产合作社等集体经济组织

1978 年实行农村改革后，全国农村大部分地区逐步推行包产到户和包干到户。1982 年 12 月，五届全国人大修改《中华人民共和国地方各级人民代表大会和地方各级人民政府组织法》，将其中的"人民公社基本核算单位"改为"农村集体经济组织"，明确了人民公社与农村集体经济组织之间的关系。1983 年中央一号文件《当前农村经济政策的若干问题》提出，从两个方面对人民公社体制进行改革，即实行生产责任制特别是联产承包责任制，实行政社分设。该文件明确要求，保留基本核算单位，作为地区性合作经济组织，其名称、规模和管理机构的设置由群众民主决定，负责管理集体的土地等基本生产资料和其他财产；原来的公社一级和非基本核算单位的大队是取消还是作为经济联合组织保留下来，应根据具体情况，与群众商定。

1983 年 10 月，中共中央、国务院发布《关于实行政社分开建立乡政府的通知》，要求以原公社的管辖范围为基础设立乡镇政权组织；根据村民居住情况设立村民委员会，办理本村公共事务，协助乡政府搞好本村行政工作和生产建设工作；有些以自然村为单位建立了农业合作社等经济组织的地方，当地群众愿意实行两个机构一套班子，兼行经济组织和村民委员会的职能，也可同意试行。

1984 年中央一号文件进一步要求，政社分设后，农村经济组织应当根据生产发展的需要，在群众自愿的基础上设置，形式与规模可以多种多样。为了完善统一经营和分散经营相结合的体制，一般应设置以土地公有为基础的地区性合作经济组织。这种组织，可以叫农业合作社、经济联合社或群众选定的其他名称；可以以村（大队或联队）为范围设置，也可以以生产队为单位设置；可以同村民委员会分立，也可以"两块牌子一班人马"。以村

---

① 陈大斌：《重建合作》，新华出版社 2005 年版，第 118 页。

为范围设置的，原生产队的资产不得平调，债权、债务要妥善处理。原公社一级已经形成经济实体的，应充分发挥其经济组织的作用；公社经济力量薄弱的，可以根据具体情况和群众意愿，建立不同形式的经济联合组织或协调服务组织；没有条件的地方也可以不设置。这些组织对地区性合作经济组织和其他专业合作经济组织，是平等互利或协调指导的关系，不再是行政隶属和逐级过渡的关系。

随后，人民公社普遍改为乡（镇），主要作为基层地方政府行使行政管理权，生产大队普遍改为村，生产队普遍改为村民小组。改制后，在一些经济发达地区，乡镇一级除了设立乡镇人民政府，还设有乡镇经济联合总社或者农工商总公司等集体经济组织，行使经济管理职能；村一级除村民委员会之外，还设有村经济合作社联社等集体经济组织；村民小组也设有经济合作社，但在全国许多地区，特别是经济欠发达地区，村一级只设有村民委员会，没有设立村经济合作社联社等集体经济组织，村民小组一级也没有设立经济合作社等集体经济组织。

因此，农村改革后取消人民公社体制，全国大部分地方都在乡镇设立人民政府，在村一级设立村民委员会，同时只有在经济比较发达的地方，以"三级所有，队为基础"的集体土地所有权为基础，在乡镇设立了经济合作社联社总社等农村集体经济组织，在村一级设立了经济合作社联社等农村集体经济组织，在村民小组一级设立了经济合作社等农村集体经济组织。

### 三、农村集体经济组织的法律界定

农村集体经济组织到底是指哪类或者哪些组织，理论界主要有三种观点：（1）多数意见认为，农村集体经济组织是指农村改革开放后由人民公社时期"三级所有，队为基础"的生产队、生产大队、人民公社演变而来的、以农民土地集体所有权为基础的农村区域性经济组织；农村集体经济组织立法的对象，指的是农村社区集体经济组织这个母体，而不是指它所办的公司企业或其他专业生产经营组织。① （2）有观点认为，狭义上说，农村集体经济组织就是上述区域性经济组织；广义上说，还包括供销合作社、信用合作社、农民专业合作社、乡镇企业等合作经济组织。② （3）还有意见认为，立法需要规范的对象，主要是农村集体产权制度改革后形成的股份经济合作社、股份合作制企业等新的农民合作经济组织。基于如下三个方面考虑，农村集体经济组织立法应当将农村集体经济组织界定为上述区域性经济组织，不应当包含供销合作社、信用合作社、农民专业合作社、乡镇企业等合作经济组织。

（一）尊重农村集体经济组织发展的历史渊源

从农村集体经济组织的产生、发展历程看，农村集体经济组织是从新中国成立初期实行农业社会主义改造过程中形成的农业生产合作社演变而来的。新中国成立后将土地分给贫苦农民，实现耕者有其田。但土地改革刚完成，就出现了少数贫困农户不得不卖地的现象，可能导致土地改革成果得而复失。③ 为此，总结发展互助组的经验，国家对农业实行社会主义改造，在自愿的基础上把农民组织起来，成立初级农业生产合作社，随后升级为高级农业生产合作社，很快又发展成为"一大二公"的人民公社，人民公社实行三级（人民公社、生产大队、生产队）所有，以生产队所有为基础。

1978 年农村改革后，"三级所有，队为基础"的人民公社体制解体，在原人民公社、生产大队、生产队范围内，相应地成立乡镇、村、村民小组集体经济组织，其地域范围和土地所有权基本维持不变。因此，追根溯源，目前的农村集体经济组织根源于农业合作化时期建立的农业生产合作社，而且，农业生产合作社对于目前的农村集体经济组织仍然具有现实影响，例如组织机构的设置就存在相似之处。立法对农村集体经济组织的界定应当尊重

---

① 张文茂、李尧：《关于农村集体经济组织的若干认识问题》，载《经济导刊》2019年第 9 期。

② 周晓东：《农村集体经济组织形式研究》，知识产权出版社 2011 年版，第 2—3 页；何嘉：《农村集体经济组织法律重构》，中国法制出版社 2017 年版，第 28 页。

③ 陈锡文、罗丹、张征：《中国农村改革 40 年》，人民出版社 2018 年版，第 22 页。

其历史渊源。

（二）与现行相关法律制度规范相衔接

从现行有关法律法规所规范的对象看，农村集体经济组织应当是农业生产合作社发展演变形成的三级农村集体经济组织。

首先，法律最初规范的农村集体经济组织，就是农业社会主义改造形成的农业生产合作社。1955 年 11 月，全国人大常委会通过的《农业生产合作社示范章程草案》，从法律上最早提出集体经济组织的概念，明确农业生产合作社是劳动农民的集体经济组织。农业生产合作社经过初级社、高级社、人民公社的演变，农村改革后形成乡（镇）、村、村民小组集体经济组织，虽然名称有所变化，但它们是一脉相承的。

其次，农村改革开放后的相关立法一直采用这种观点。改革早期制定的民法通则、土地管理法等规定的农村集体经济组织，都是指人民公社体制解体后演变形成的农业生产合作社等地区性经济组织。1993 年制定的农业法规范的农村集体经济组织，按照原农业部政策法规司当时参与农业法起草的工作人员解释，就是指在土地等生产资料集体所有制基础上形成的，按照农民居住村落划分的集体经济组织，具体包括乡（镇）农村集体经济组织、村农业集体经济组织和以村民小组为单位的村内农村集体经济组织。①

最后，从地方立法实践看，规范的对象也是以土地集体所有制为基础而形成的地区性集体经济组织。例如，《湖北省农村集体经济组织管理办法》第 2 条规定：农村集体经济组织是指在一定社区范围内，以土地等生产资料劳动群众集体所有为基础的乡（镇）经济联合总社、村经济联合社、组经济合作社等集体经济组织。《广东省农村集体经济组织管理规定》第 3 条规定：农村集体经济组织是指原人民公社、生产大队、生产队建制经过改革、改造、改组形成的合作经济组织，包括经济联合总社、经济联合社、经济合作社和股份合作经济联合总社、股份合作经济联合社、股份合作经济社等。

---

① 骆友生、孙佑海主编：《中华人民共和国农业法释义》，中国政法大学出版社 1993 年版，第 33 页。

《黑龙江省农村集体经济组织条例》第3条规定：农村集体经济组织是指在集体统一经营和家庭分散经营相结合的双层经营体制下，土地等生产资料归全体成员集体所有，具有公有制性质的农村社区性经济组织。

（三）依法促进农村不同经济组织充分发挥作用

农村改革后，为繁荣发展农村经济，农村先后发展乡镇企业、农民专业合作社等农村经济组织。乡镇企业是在改革后农业生产大发展的情况下，农民在原社队企业的基础上发展起来的农村工商业企业，是改革初期对于农民在农村兴办的各种企业的统称。从行业来看，乡镇企业主要从事农村工业、商业、建筑业、运输业等，其中的工业主要是直接为农业生产服务的"五小"工业（小钢铁、小煤矿、小机械、小水泥、小化肥）；从所有制形态来看，有乡镇政府、农村集体经济组织（村委会）兴办的乡镇集体所有制企业，更多的是农民家庭、农民个人兴办的个体工商户、合伙、联营、股份制或股份合作制企业等各类企业。

因此，乡镇企业既包括乡镇、村、村民小组农民集体举办的乡村集体所有制企业，也包括农户、农民个人采取多种形式在农村兴办的企业。为保障乡村集体所有制企业的合法权益，引导其健康发展，1990年国务院制定《中华人民共和国乡村集体所有制企业条例》，成为乡村集体所有制企业的基本法律规范。农户、农民个人采取多种形式兴办的企业实行自主经营，参与市场竞争，与集体经济组织没有直接关系。

乡镇企业迅猛发展对于改革初期繁荣发展农村经济发挥了极其重要的作用。为了促进和规范乡镇企业发展，1996年全国人大常委会专门制定乡镇企业法，确立乡镇企业的法律地位，明确乡镇企业是农村经济重要支柱和国民经济重要组成部分，将实践证明行之有效的政策措施上升为法律，同时对维护乡镇企业合法权益、规范乡镇企业生产经营行为作了规定。

农民专业合作社是在家庭承包经营的基础上，同类农产品的生产、经营者，或者同类农业生产经营服务的提供者、利用者，自愿联合组成的互助性农民合作经济组织。农民专业合作社是独立法人，作为市场主体从事经营活动，基本特征是完全由农民自愿成立，加入自愿、退出自由，成员可以跨越不同农村集体经济组织，同一农村集体经济组织内可以成立多个农民专业合作社，同一集体经济组织成员可以同时加入数个农民专业合作社。这些都与农村集体经济组织明显不同。为了支持、引导农民专业合作社发展，规范农民专业合作社的组织和行为，保护农民专业合作社及其成员的合法权益，2006 年制定的农民专业合作社法，对农民专业合作社的设立和登记、成员、组织机构、财务管理和收益分配、合并与分立、扶持政策等，作了全面规范。

广义而言，乡镇企业、农民专业合作社都是农民合作经济组织，但都是部分农民在完全自愿的基础上自主成立的，与农村集体经济组织的社区性、地域性、排他性不同，它们都突破了农村特定社区的限制，不同社区、不同农村集体经济组织的农民，可以自愿联合举办乡镇企业、成立农民专业合作社，它们都与农村集体经济组织存在实质区别。而且，为了规范和促进其健康发展，充分发挥其应有作用，国家已经专门制定乡镇企业法、农民专业合作社法，再将它们作为农村集体经济组织立法的规范对象，既不合理，也不符合立法实践经验，更没有必要。

农村供销合作社是 20 世纪 50 年代推行农业合作化时成立的，是以农民为主体，群众自愿入股组织起来的集体所有制合作经济组织，包括基层供销合作社和供销合作社联社。2020 年民法典第 99 条第 1 款规定，农村集体经济组织依法取得法人资格。第 100 条第 1 款规定，城镇农村的合作经济组织依法取得法人资格。其中农村的合作经济组织就是指供销合作社。这就明确地将供销合作社与农村集体经济组织规定为不同类型的特别法人。按照2015 年《中共中央、国务院关于深化供销合作社综合改革的决定》提出的"抓紧制定供销合作社条例，适时启动供销合作社法立法工作"的要求，中华全国供销合作总社及时组织起草供销合作社条例草案，并于 2019 年 10 月将《供销合作社条例（征求意见稿）》公开向全社会征求意见。显然，供销合作社与农村集体经济组织是不同的特别法人，农村集体经济组织立法不宜涵盖供销合作社。

农村信用合作社在 20 世纪 50 年代成立时，主要任务是筹集农村闲散资金，为农业和农村经济发展提供金融服务，经营管理体制和机构几经调整，农村改革后被定位为社员入股组成、实行社员民主管理，主要为社员提供金融服务的农村合作金融机构。但随着金融改革不断深化，绝大部分农村信用合作社已经改制成为银行业金融机构，接受国家金融监管部门监管，几乎没有农民入股，与农村集体经济组织少有共同之处，农村集体经济组织法显然不能将信用合作社纳入其中。

农村集体产权制度改革后形成的经济合作社、股份经济合作社等，大都是在农村集体经济组织开展集体产权制度改革而采用的新型组织形式，并非农村集体经济组织举办或设立的新经济组织，它们仍然具有农村集体经济组织的性质和基本特征，如社区性、排他性、唯一性等，农村集体经济组织法自然应当适用于农村集体产权制度改革后形成的经济合作社、股份经济合作社等。

需要注意的是，在农村改革早期，不同法律先后分别采用过农业集体经济组织、农民集体经济组织、农村集体经济组织等概念，有些法律甚至同时采用其中的两个概念，但法律对这些概念均无明确定义，就其实质而言，这三个概念都是指以农民土地集体所有权为基础、在一定农村地区范围内形成的农民的集体经济组织，2002 年制定农村土地承包法以后，法律上统一称为农村集体经济组织。

**四、农村集体经济组织的法律定义**

回顾农村集体经济组织产生发展历程，结合农村改革以来农村集体经济组织发展情况，农村集体经济组织法第 2 条将农村集体经济组织定义为，以土地集体所有为基础，依法代表成员集体行使所有权，实行家庭承包经营为基础、统分结合双层经营体制的区域性经济组织，包括乡镇级农村集体经济组织、村级农村集体经济组织、组级农村集体经济组织。这一定义有四个基本要素。

（一）以土地集体所有为基础

这是强调集体经济组织的基础。从起源看，农村集体经济组织是以土地集体所有为基础建立的，每个农村集体经济组织都建立在特定地域范围内农民集体所有土地的基础之上。既然特定地域范围内的土地只能有一个农民集体土地所有权，就只能成立一个农村集体经济组织。因此，农村集体经济组织具有地域性、唯一性和排他性，每一个农村集体经济组织在特定地域范围内都是唯一的、排他的。

以土地集体所有为基础，意味着集体财产不可分割到个人。我国社会主义经济制度的基础是生产资料的社会主义公有制，即全民所有制和劳动群众集体所有制。农村土地集体所有是集体所有制的重要体现，是农村最大最根本的制度，必须长期坚持，毫不动摇。集体所有权的本质就是将农村土地变为农村各个社区范围内的农民集体所有的公有制土地，由各社区范围的农民集体享有所有权，成员平等地享有对集体土地和财产的权益，由此保障成员的生存和发展，实现成员的共同富裕。[①]　因此，包括集体土地在内的集体财产不能分割到个人。

以土地集体所有为基础，决定了集体经济组织是区域性经济组织，是一定区域范围内全体农民的经济组织。集体经济组织成员作为特定地域范围内的农民，既指现有成员，也包括未来的成员，在特定时点是确定或者可以确定的。但从长期来看，由于婚丧嫁娶、生老病死等，特定地域范围内的农民会有所增减，因此集体经济组织的成员又是不断变动的。

在农村集体经济组织法起草过程中，有意见认为，有些城中村、城郊村的集体经济组织，已经没有农民集体所有的土地，集体经济组织成员也不再以集体土地为基本生活保障，很难说它们是以农民集体所有的土地为基础的。

在城镇化工业化过程中，有些城中村、城郊村因为国家建设需要，原有的农民集体土地全部被征收，原来的村庄转为城市社区，农民集体只享有部分土地的建设用地使用权和地上建筑物，并且主要经营活动是物业出租、物业管理等，经营收益按照量化给成员的份额进行分配。这些农村集体经济组织虽然没有农民集体所有的土地，特别是没有农用地，但追根溯源，它们起初都是以农民集体所有的土地为基础成立的，现有的集体财产，包括建设用

---

① 韩松：《农民集体成员的集体资产股份权》，载《中国法学》2022 年第 3 期。

地使用权和地上建筑物，都是在原有集体土地和农民入社时投入资源的基础上积累起来的。可以说，没有集体土地，就没有集体经济组织。就此而言，这些农村集体经济组织同样是以农民集体所有的土地为基础的。

（二）依法代表成员集体行使所有权

这是强调农村集体经济组织的基本职能。依据民法典第261条和第262条的规定，农民集体所有的不动产和动产，属于本集体成员集体所有。对于集体所有的土地和森林、山岭、草原、荒地、滩涂等，依照下列规定行使所有权：属于村农民集体所有的，由村集体经济组织或者村民委员会依法代表集体行使所有权；分别属于村内两个以上农民集体所有的，由村内各该集体经济组织或者村民小组依法代表集体行使所有权；属于乡镇农民集体所有的，由乡镇集体经济组织代表集体行使所有权。农村集体经济组织成员集体所有的财产，依法属于本集体成员集体所有，不是属于成员个人所有。成员集体作为一个整体是财产所有权主体，但成员集体又不是一般民事主体，难以形成、表达成员的共同意志，因此，法律规定由农村集体经济组织代表成员集体行使集体财产所有权，依法经营、管理集体财产，代表成员集体行使对集体财产的占有、使用、处分的权利，但是不能享受集体财产权益。集体财产属于集体成员集体所有，集体财产的利益应当归集体成员享有，而不归集体经济组织所有和享有。

（三）实行家庭承包经营为基础、统分结合的双层经营体制

这是强调农村集体经济组织的经营体制。宪法第8条第1款明确规定，农村集体经济组织实行家庭承包经营为基础、统分结合的双层经营体制。这是宪法对农村集体经济组织的基本要求，也是农村集体经济组织的重要特征。自农村改革以来普遍实行家庭承包责任制，在坚持土地集体所有的前提下，由农户家庭承包经营，集体保留适当的统一经营或者提供服务。家庭承包经营制度充分调动了广大农民的生产积极性，极大地解放、发展了农村生产力，促进农业巨大发展和农村经济全面繁荣。实践证明，家庭承包经营制度符合生产关系要适应生产力发展要求的规律，符合我国国情，符合广大农

民的根本利益。1999 年全国人大修改宪法，在第 8 条增加规定：农村集体经济组织实行家庭承包经营为基础、统分结合的双层经营体制。贯彻落实宪法的规定，必须坚持农村土地集体所有制，坚持农民家庭承包经营的基础地位，农村集体土地应该由作为集体经济组织成员的农民家庭承包，其他任何主体都不能取代农民家庭的土地承包地位。要坚持稳定土地承包关系，依法保障农民对承包地占有、使用、收益、流转及土地经营权抵押、担保权利。同时，要积极探索新形势下提高农民组织化程度、推进农业机械化、发展适度规模经营的过程中，进一步加强集体统一经营的方式和途径，通过举办农民专业合作社，发展社会化服务组织，提供托管、代耕代种、统一购买农业生产资料和销售农产品等社会化服务，提升统一经营的能力和服务水平，进一步强化集体"统"的功能。

（四）三个层级的农村集体经济组织

定义还明确了农村集体经济组织的三个层级，即乡镇级集体经济组织、村级集体经济组织、组级集体经济组织。农村集体经济组织源自 20 世纪 50 年代农业社会主义改造时成立的高级农业生产合作社，随后实行"三级所有，队为基础"的人民公社体制，人民公社体制解体后，在原"三级所有"基础上，原生产队、生产大队、公社根据情况分别成立农村集体经济组织。因此，在实践中有些乡镇（对应于原来的公社）、村（对应于原来的生产大队）、村民小组（对应于原来的生产队）成立了农村集体经济组织。实行农村集体产权制度改革后，分别有乡镇农村集体经济组织、村农村集体经济组织和村民小组集体经济组织进行登记赋码。实践中，为了联合起来开展经营活动，扩大经营规模，有些乡镇成立联合社、联合公司，抱团发展，有利于促进产业化、规模化经营和农民增收致富。但这类联合社、联合公司不是乡镇集体经济组织。

农村集体经济组织以集体土地为基础而成立，特定地域范围内集体土地所有权具有唯一性和排他性，因此，每一个农村集体经济组织都是独立的，不同集体经济组织之间不存在隶属关系。实践中，有些地方在村、村民小组都成立了集体经济组织，有些地方在乡镇、村都成立了集体经济组织，各个集体经济组织的财产基础不同，虽然基于历史原因称为三个层级的农村集体经济组织，但它们相互之间没有隶属关系。

## 第二节　农村集体经济组织的基本特征与特殊性

根据农村集体经济组织演变过程，结合农村改革以来的实践发展，与其他经济组织相比，农村集体经济组织体现出一些重要特征，作为特别法人，与普通法人相比也具有一定特殊性。

### 一、农村集体经济组织的基本特征

与一般经济组织相比，农村集体经济组织的最重要特征是以土地集体所有为基础，特定区域范围内农民集体所有的土地，既是建立农村集体经济组织的最重要基础，也是该地域范围内农民生存发展的物质基础和最可靠的生活保障。农村集体经济组织的其他主要特征如下。

（一）具有地域性、唯一性和排他性

农村集体经济组织具有明显的地域性，因为每一个农村集体经济组织都是在特定地域范围内建立起来的，这个特定地域，一般以农民居住的村庄为核心，以土地改革时分配给该村农户的土地为边界。[①] 每一个农村集体经济组织都有确定的地域范围，不同的农村集体经济组织之间通常都有明确的地域边界，互不重叠，该地域范围内的土地资源是建立集体经济组织的物质基础，农村集体经济组织也以该地域为限。

农村集体经济组织是以农民集体所有的土地为基础建立的，而特定地域范围内的土地只能由该地域范围内的农民集体所有，在特定地域范围内只有一个农民集体土地所有权，因此就只能成立一个农村集体经济组织，不可能并存两个农村集体经济组织，每一个农村集体经济组织在特定地域范围内都

---

① 陈锡文、罗丹、张征：《中国农村改革40年》，人民出版社2018年版，第91页。

是唯一的、排他的，该地域范围内可能存在其他各种经济组织，但不能再成立另一个农村集体经济组织，这体现为集体经济组织的排他性。

农村集体经济组织的成员也具有排他性。每一个集体经济组织的成员都有明确的边界，集体经济组织成员与集体经济组织形成归属关系，本集体经济组织的成员平等地享有权利，任何一个集体经济组织成员都不能排除其他成员的权利，但是，集体经济组织成员对于其他外部人员具有排他性，本集体经济组织成员以外的其他人，未经本集体经济组织成员同意，不能享有集体经济组织的利益，不能参与集体经济组织的内部决策，即被排除在集体经济组织之外。

（二）成员具有相对封闭性与变动性

农村集体经济组织具有地域性，并且以土地集体所有为基础，其成员只能是特定地域范围内享有农民集体土地所有权的村民，是一个相对封闭又不断变化的集体。一方面，集体经济组织成员具有封闭性，只有特定地域范围内的村民，而且通常是长期居住、生活在该地域，并且以该地域农民集体所有的土地为基本生活保障的村民及其后代，才能成为集体经济组织成员，其他地域范围的村民不是该地域集体经济组织的成员，从外地进入该地域工作的人员，通常都不享有农民集体土地所有权，一般也不能成为集体经济组织的成员，只有个别外地人经过一定的程序得到集体经济组织认可，才能成为集体经济组织成员。集体经济组织成员显然具有一定的封闭性。另一方面，从 20 世纪 50 年代成立初级合作社开始，农民以户为单位加入合作社，农户加入合作社后，其家庭成员自动地成为合作社社员。农户家庭人口的数量不断变化，合作社社员的数量也随着不断发生变化。根据长期形成的传统习惯，集体经济组织的农户因成员的婚姻、生育等增加的人口自然成为本集体经济组织成员，而集体经济组织成员离开集体经济组织或者死亡的，自然丧失集体经济组织成员身份。因此，虽然在特定的时点集体经济组织的成员是确定的或者可以确定的，但随着时间的推移，集体经济组织成员会出现婚丧嫁娶、生老病死，因此，集体经济组织成员又总是处于变动之中，明显具有变动性。

（三）职能的多样性

农村集体经济组织依法代表农民集体行使所有权，管理集体财产，主要承担经济职能，同时负有为成员提供各方面服务的义务，而且，作为公有制性质的经济组织，还具有维护社会主义公有制的政治功能。农村集体经济组织虽名为"经济组织"，但是一种普遍适用于我国农村地区的兼具经济职能和社会管理职能的组织体。[①] 农村集体经济组织的核心并非"经济"，而是成员的"组织"，为成员提供安身立命的基本物质条件和社会归属感。[②] 具体请看下文"农村集体经济组织特别法人的特殊性"的第一部分。

（四）相对稳定性

普通的公司、企业在经营过程中可能因经营不善等原因而破产，市场经济条件下这是难以避免的现象。但农村集体经济组织是以土地集体所有为基础而建立起来的，坚持农村土地集体所有制是不可逾越的一条红线，一旦农村集体经济组织破产，就可能要处分农民集体所有的土地权益，从而影响农村土地集体所有制。为了维护农村土地集体所有制，农村集体经济组织就不能像普通的公司、企业那样破产，即农村集体经济组织具有相对的稳定性。实践中，农村集体经济组织可以出资设立公司、企业、农民专业合作社，依法从事各种生产经营活动，并按照市场经济规则承担相应的市场风险，万一它们资不抵债，可以按照市场规则破产、兼并、重组，但不涉及集体经济组织本身的破产。而且，随着城镇化推进，有些农村集体经济组织的农民集体所有的全部土地可能被依法征收，集体经济组织可依法转为城镇社区；还有一些农村集体经济组织可能与其他农村集体经济组织合并，成立新的农村集体经济组织。但农村集体经济组织不能像普通公司、企业那样随意破产。排除农村集体经济组织的破产能力，符合当前我国农村社会现实与农村集体公有制的设计，而且，农村集体经济组织可以通过二级法人间接参与市场，可以避

---

① 邹海林：《民法总则》，法律出版社 2018 年版，第 196 页。

② 谢鸿飞：《农村集体经济组织权利能力的限制与扩张——兼论〈农村集体经济组织法（草案）〉的完善》，载《中国社会科学院大学学报》2023 年第 8 期。

免承担与其抵御能力难相配的经营风险。① 具体分析，请看第三章第三节。

**二、农村集体经济组织特别法人的特殊性**

农村集体经济组织特别法人与公司、农民专业合作社等法人相比，在职能、设立、财产、终止等方面存在一些特殊性。

（一）职能的特殊性

农村集体经济组织特别法人的首要特殊之处，就在于它作为一个经济组织承担着多方面职能。

首先，农村集体经济组织的基本职能是经济职能，它代表农民集体行使所有权，负责经营、管理、保护农民集体所有或者国家所有，由集体使用的耕地、林地、草地和荒山、荒沟、荒丘、荒滩等资源，以及集体所有的经营性财产和公益性财产，开发利用集体资源，发展壮大集体经济，增强集体经济实力。从新中国成立以来的历史，特别是从脱贫攻坚的实践经验看，农村集体经济组织是发展集体经济、促进农业农村发展和农民共同富裕的不可替代的重要主体。

其次，农村集体经济组织具有政治功能。农村集体经济组织是社会主义公有制经济在农村的重要实现形式，具有维护社会主义公有制的政治功能。农村集体经济组织的发展和建设，是坚持社会主义公有制的重要体现。农村集体经济组织法人最根本的特征表现在其担负着坚持和实现农村集体所有制的政治目标。② 农村集体经济组织是中国共产党执政后从政治上将农民组织起来的组织载体，体现了党组织领导农民实现执政目标的价值追求，具有鲜明的政治性。③ 农村集体经济组织发展集体经济，增强集体经济实力，为提升农村基层党组织的凝聚力、战斗力，夯实党在农村的执政根基提供重要的

---

① 陈畅、张双根：《论农村集体经济组织成员资格与成员权构造——兼评〈农村集体经济组织法（草案）〉》，载《私法》2023 年第 5 期。

② 管洪彦：《农村集体经济组织法人的特别性论纲》，载《法学家》2023 年第 5 期。

③ 张英洪等：《农村集体经济组织的基本特征与问题》，载《农村经营管理》2021 年第 8 期。

经济保障，有利于提高基层党组织在农民群众中的威信，巩固党在农村的执政基础。

最后，农村集体经济组织承担社会功能。在我国尚无法实现社会保障城乡均等化时，为困于乡土的农民提供基本生计保障，是农村集体经济组织最为重要的职能。[①] 农村集体经济组织自建立以来就承担着为成员服务的职能，既包括为成员开展生产经营活动提供产前、产中、产后的购销、技术、信息等各种服务，也包括提供教育、文化、卫生等具有公共性质的服务。20世纪50年代成立的高级农业生产合作社，就为成员提供教育、医疗卫生、文化等公共服务。实行政社合一的人民公社，对社员的生老病死提供全面的公共服务。农村改革后实行政社分开，农村集体经济组织仍然为成员提供公共服务和福利。1982年宪法第19条和第21条分别规定，国家鼓励集体经济组织依照法律规定举办各种教育事业；国家鼓励和支持农村集体经济组织举办各种医疗卫生设施，开展群众性的卫生活动，保护人民健康。这些规定确认农村集体经济组织为成员提供公共服务的职能。2016年中共中央、国务院印发的《关于稳步推进农村集体产权制度改革的意见》明确指出，农村集体经济组织承担大量农村社会公共服务支出，不同于一般经济组织。显然，农村集体经济组织提供农村社区公共服务，承担着一定的社会功能。

（二）设立的特殊性

社团法人一般由成员出资设立，或者为特定目的、以特定财产为基础而设立。农村集体经济组织特别法人的设立存在特殊性，主要体现在两个方面。

一是设立基础和条件的特殊性。农村集体经济组织是以农村集体土地为基础设立的，与其他类型法人明显不同。农村改革后成立的乡镇、村、村民小组集体经济组织，分别是在人民公社时期的公社、生产大队、生产队的范围内演变形成的，其基础是特定地域范围内的农民集体土地所有权，而非成员的出资，这与公司法人不同。同时，基于土地所有权的唯一性，同一土地

---

① 谢鸿飞：《农村集体经济组织权利能力的限制与扩张——兼论〈农村集体经济组织法（草案）〉的完善》，载《中国社会科学院大学学报》2023年第8期。

所有权的地域范围内只能成立一个农村集体经济组织，这与农民专业合作社存在明显区别。因此，农村集体经济组织法第19条规定的农村集体经济组织设立条件，并未将成员出资作为必要条件。实践中，绝大部分农村集体经济组织也不要求成员出资。

二是设立程序的特殊性。农村集体经济组织法人的设立程序既不同于行政机关和事业单位法人的审批制度，也不是普通公司法人的登记制度。农村集体经济组织法第22条第1款规定，农村集体经济组织成员大会表决通过本农村集体经济组织章程、确认本农村集体经济组织成员、选举本农村集体经济组织理事会成员、监事会成员或者监事后，应当及时向县级以上地方人民政府农业农村主管部门申请登记，取得农村集体经济组织登记证书。按照农业农村部、中国人民银行、国家市场监督管理总局发布的《关于开展农村集体经济组织登记赋码工作的通知》，农村集体经济组织申请设立登记需提供县级或者乡（镇）人民政府批准成立的文件，即农村集体经济组织的设立，事实上应当经过乡镇或者县级人民政府批准。这与普通公司法人、农民专业合作社完全自主设立存在重要区别。

（三）财产的特殊性

一是财产条件的特殊性。按照民法典第58条第2款的规定，法人应当有自己的名称、组织机构、住所、财产或者经费。法人成立的具体条件和程序，依照法律、行政法规的规定。农村集体经济组织法第19条规定的农村集体经济组织应当具备的条件，包括有符合法律规定的集体财产，而不是有农村集体经济组织的财产。因为集体财产属于农民集体所有，而农民集体不具有法人资格，不能像普通民事主体那样行使权利，法律直接规定由农村集体经济组织代表农民集体行使所有权，农村集体经济组织是集体财产的所有权行使主体，负责经营、管理集体财产，但不是集体财产所有权主体，因此，成立农村集体经济组织必须有集体财产，而不必强调集体经济组织的财产。

二是集体财产具有不可分割性。集体土地等集体财产是农民的基本生产资料和基本生活保障来源，不同于一般法人财产。集体财产依法由农村集体经济组织成员集体所有，由农村集体经济组织经营管理，不可分割到成员个人。农村集体经济组织法第 36 条对此作了明确规定。第 16 条第 2 款还规定，农村集体经济组织成员自愿退出农村集体经济组织时，不能要求分割集体财产。

三是集体财产管理具有法定性。集体经济组织并非集体财产所有者，只是依法代表农民集体行使所有权，经营管理集体财产，基于集体财产对于集体及成员的重要性，法律直接对集体财产的管理、使用作了规定。例如，依照农村土地承包法，农民集体所有的耕地、林地、草地应当实行家庭承包经营。而且，相关法律对集体经济组织行使集体土地所有权也有明确规定，甚至施加某些限制。例如，为保持农村土地承包关系稳定并长久不变，农村土地承包法规定，在承包期内，农村集体经济组织不得随意调整、收回农户的承包地。

（四）法人能力的特殊性

法人的能力包括法人的权利能力、行为能力和责任能力。普通法人依法具有权利能力、行为能力和责任能力，通常不受限制。农村集体经济组织特别法人有权依法从事与其履行职能相适应的民事活动，包括经营活动，但是为保护集体财产安全，防止集体经济组织的经营活动给集体财产造成难以承受的损失，损害集体和成员的权益，法律对集体经济组织开展经营活动的能力施加了限制。依照农村集体经济组织法第 35 条、第 60 条的规定，农村集体经济组织负责人和主要经营管理人员不得以集体财产为本人或者他人债务提供担保，违反规定担保的无效。该法第 41 条明确，农村集体经济组织可以直接从事资源发包、物业出租、居间服务、经营性财产参股等风险较小的经营活动，发展新型农村集体经济；第 6 条第 3 款还规定，农村集体经济组织可以出资设立公司、农民专业合作社等市场主体从事风险较高的经营活动，即限制集体经济组织直接从事风险较高的经营活动的权利能力。

（五）终止的特殊性

依照民法典第 68 条第 1 款，法人解散、被宣告破产等，依法完成清算、注销登记的，法人终止。第 69 条规定的法人解散的情形包括：法人章程规定的存续期间届满或者法人章程规定的其他解散事由出现；法人的权力机构决议解散；因法人合并或者分立需要解散；法人依法被吊销营业执照、登记证书；法人被责令关闭或者被撤销。农村集体经济组织法人依法负责经营管理农民集体财产，承担经济、政治、社会多重职能，农村集体经济组织的解散也有特殊性，主要限于因合并而解散。① 而且，农村集体经济组织不能轻易破产，农村集体经济组织法第 6 条第 2 款明确规定，农村集体经济组织不适用有关破产法律的规定。

因此，农村集体经济组织的终止，尽管理论上可以深入讨论，但实践中确有特殊性。一些农村集体经济组织农民集体所有的土地全部被征收，成员全部或者大部分转为城镇居民，但是集体财产还在，集体经济组织是否终止，事关重大，但缺乏实践经验，目前还难以作出明确规定，农村集体经济组织立法持慎重态度，暂未作规定，可在试点基础上总结经验，再作出法律规范。②

## 第三节　农村集体经济组织与村民委员会的关系③

农村集体经济组织与村民委员会都是在农村一定村落社区成立的基层组织，有些甚至是在同一个村庄，而且有些村民委员会实际上代行农村集体经济组织的职能。从两个组织的产生和发展过程不难看出，两者之间既相互关联，又存在重要区别。本章第一节已经回顾了农村集体经济组织的产生与发展演变，这里着重介绍村民委员会的产生与发展。

---

① 有关农村集体经济组织解散的具体分析，请看第三章第三节。

② 陈锡文：《关于〈中华人民共和国农村集体经济组织法（草案）〉的说明》，载《中华人民共和国全国人民代表大会常务委员会公报》2024 年第 4 号。

③ 本节主要内容曾以《关于农村集体经济组织与村民委员会关系的思考》为题发表于《法律适用》2023 年第 1 期。

### 一、村民委员会的产生与发展

村民委员会是农村改革后产生的农村基层群众性自治组织。

新中国成立初期，一些城市的基层相继建立居民委员会，协助人民政府开展工作，并且办理群众自己的事情。1954 年 12 月全国人大常委会制定《城市居民委员会组织条例》，确立了城市居民自治法律制度。

#### （一）村民委员会的产生

广大农村基层如何保障群众直接行使民主权利，依法管理自己的事情，在相当长的时间内没有找到适当的形式。1954 年制定居民委员会组织条例后，曾经打算推广到农村，但当时农村地区先后经历互助组、合作社，此种设想也就无疾而终。① 农业社会主义改造建立合作社后不久，就迅速发展到"一大二公"的人民公社，实行政社合一，各种经营管理活动采取自上而下的命令方式，严重阻碍了农村民主政治建设，束缚了农业和农村经济发展。

农村改革开放后普遍实行家庭承包责任制，人民公社体制逐步解体。农民有了生产经营自主权以后，更加关注切身利益和集体事务，表现出强烈的参与意识。另外，实行家庭承包经营后，一些生产大队、生产队的负责人忙于经营自家承包地，少有精力管理集体事务，导致有些农村地区的学校、道路、水利等公共事务和公益事业缺乏管理，邻里纠纷、家庭矛盾无人协调解决。在这种情况下，1980 年广西宜山、罗城等地部分村的村民自发商订具有契约性质的村规民约，以群众自己组织起来进行自治的形式，建立村民委员会、村自治会一类组织，民主推选负责人，负责管理公共事务和公益事业。② 这种群众自治组织的主要功能是协助当地政府维护社会治安、调解矛盾，后来逐渐发展为负责本村公共事务和公益事业。河北、四川等地农村也出现类似的群众性组织，并且功能逐渐向政治、经济、文化等方面扩展。

---

① 白益华：《彭真与村民委员会组织法的制定》，载《百年潮》2006 年第 1 期。

② 黄树贤、欧阳淞主编：《基层民主建设》，人民出版社、党建读物出版社 2011 年版，第 13 页。

1982年修改宪法，明确了村民委员会的法律地位和基本职责。根据宪法第111条的规定，村民委员会是基层群众性自治组织，负责办理本村的公共事务和公益事业，调解民间纠纷，协助维护社会治安，并且向人民政府反映群众的意见、要求和提出建议。

随着人民公社体制解体，各地按照1983年中央一号文件的要求撤销人民公社，建立乡政府，作为农村基层政权，实际上承接了人民公社的政府管理职能。同时在村级建立村民委员会，实行村民自治，并协助乡镇政府开展工作。

由于"村"的含义比较模糊，村民委员会设在哪里，起初并不明确。1987年制定村民委员会组织法（试行），鉴于自然村是历史长期形成的社会单位，村民共同居住，便于开会商议，并且可以利用早晚等间歇时间工作，不必脱离生产，可以减少补贴，减轻农民负担，因此村民委员会一般设在自然村。但我国农村情况很不一样，有的自然村很大，有的太小，设村委会有困难，所以，大的自然村可以设几个村民委员会，几个小自然村可以联合设立村民委员会。① 实践中，各地大多把村委会设在原来的生产大队，部分设在原生产队。1985年全国基本完成撤社建乡和设立村民委员会，共设立乡镇人民政府91590个、村民委员会94.9万个、村民小组588万个。②

从当时情况看，实行家庭承包经营后，村民小组（原生产队）经济职能弱化，原生产大队保留党组织体系，并且仍然承担行政功能③，村委会设在原生产大队确有好处，但同时带来了有些村委会的治权与集体土地所有权基础不一致的问题，因为集体土地所有权主要在村民小组。

（二）村民委员会的发展变化

1987年全国人大常委会制定的村民委员会组织法（试行），规范了村民委员会的主要方面。法律的试行对于扩大基层直接民主，保证农村基层群众

---

① 顾昂然：《立法札记》，法律出版社2006年版，第151页。
② 陈锡文等：《中国农村改革40年》，人民出版社2018年版，第95页。
③ 温铁军：《三农问题与世纪反思》，生活·读书·新知三联书店2005年版，第35页。

直接行使民主权利，改善干群关系，维护农村社会稳定，发挥了重要作用。①法律试行十年后，1998 年全国人大常委会总结实践经验，正式制定村民委员会组织法，完善了村委会选举、监督制度，增加了村民选举委员会主持选举、村民提名候选人、村民委员会成员罢免程序、村务公开，以及村民代表和村民代表会议等内容，完善了村民小组的规定，便于落实村民自治。

随着基层民主制度化、规范化、程序化不断推进，村民自治制度不断健全。2010 年全国人大常委会修改村民委员会组织法，完善了村民选举委员会、村民代表会议的组成、推选程序和村委会成员罢免程序，增加了选民资格和选民登记、委托投票、村务监督机构等内容，并由原来的 30 条不分章节，扩充修改为 6 章 41 条，进一步完善了村民自治法律制度。

针对村委会的管理权与村民小组农民集体土地所有权脱节、容易引发利益纠纷和矛盾的情况，2013 年中央一号文件提出，开展以村民小组、自然村为基本单元的村民自治试点工作。2016 年中共中央办公厅、国务院办公厅印发《关于以村民小组或自然村为基本单元的村民自治试点方案》明确提出，在村民小组或自然村探索村民自治多种有效实现形式。2017 年全国选择 24 个村开展以村民小组或自然村为基本单元的村民自治试点。

城镇化迅速推进使一些城郊村庄并入城镇，村民委员会改为居民委员会，个别地方的村民委员会还有调整。到 2017 年，全国乡镇约 39800 个，村民委员会约 58 万个。② 近年来，一些地方开展撤村、合村并居，通过撤并村庄、集中上楼，改善农民居住环境，提升农民生活质量，同时节省耕地资源，推进农业适度规模经营，导致村委会数量进一步减少。截至 2020 年底，50.3 万个行政村全部建立了村民委员会。③ 到 2021 年底，全国约有村民委员会 49.2 万个。④

---

① 汤晋苏：《我国村民委员会建设状况与展望》，载《政治与法律》1992 年第 6 期。

② 陈锡文等：《中国农村改革 40 年》，人民出版社 2018 年版，第 95 页。

③ 《伟大的历史跨越（奋进新征程 建功新时代)》，载《人民日报》2022 年 2 月 18日，第 6 版。

④ 载国新网 2021 年 12 月 4 日关于国务院新闻办举办《中国的民主》白皮书新闻发布会的报道。

一些地方还开展农村社会治理探索。有些地方试验将村民自治向上延伸到乡镇、向下延伸到村民小组。① 有些地方借鉴城市社区建设经验，开展农村社区建设试点，设立农村社区工作站负责行政事务。② 这些创新尚需在实践中探索发展。

**二、农村集体经济组织与村民委员会的联系与区别**

从农村集体经济组织与村民委员会的产生、发展和现行法律规定来看，它们是两个相互联系又各自独立的组织（特别法人）。

（一）农村集体经济组织与村民委员会的主要联系

其一，都以农村一定区域为地理边界而设立。农村集体经济组织起源于农业生产合作社，是以土地所有权为基础，设立在长期自然形成的村庄或者居民点，周围的土地通常属于该集体经济组织农民集体所有。村民委员会同样以农村一定地域范围为边界，但通常包含数个村庄或居民点，各个村庄或居民点都是独立的土地所有权单位。少数农村集体经济组织与村民委员会设立在同一个村落，其地域范围完全相同。而且，两个组织都具有自治性质，都是按照法律规定和政策要求，主要基于政府决定而非成员意志设立的，成员的共同意志在设立过程中不像其他一些组织那样起决定性作用。

其二，都是特别法人。基于两个组织的特殊性，民法典将两者均规定为特别法人。村民委员会组织法对村民委员会的组成、职责、决策和监督机制等有明确规定，有关文件和农村集体产权制度改革实践也明确了农村集体经济组织的组成、内部运行机制等。根据相关法律、文件的规定和实践，两者的内部组织机构及其职责分工具有高度相似性，均设有权力机构、日常经营管理机构和监督机构，分别履行决定、执行和监督的职责。

① 汤玉权、徐勇：《回归自治：村民自治的新发展与新问题》，载《社会科学研究》2015年第6期；刘金海：《村民自治实践创新30年：有效治理的视角》，载《政治学研究》2018年第6期。

② 冯乐坤：《村民委员会的反思与重构——以城乡社区建设实践经验为基础》，载《海峡法学》2021年第6期。

其三，组成人员的重合与管理人员的兼任。两个组织都设在特定村落地域范围内，组成人员都是在该村落生产生活的人员，在一定时期内是相对稳定的。因此，两者的组成人员普遍存在重合，外来村民比较少的，两者的组成人员大部分是重合的，有些甚至基本相同。如果参与村民大会的村民和集体经济组织成员完全重合，二者的意思表示基础就是完全一致的。[①] 类似地，在一些集体经济发展不充分、经营管理活动相对简单的地方，出于减少支出、提高效率等考虑，两个组织的领导班子成员之间相互兼任，有些地方甚至实行"两块牌子一班人马"。

其四，职能相互交叉。农村集体经济组织自始就负责为成员提供文化、卫生、教育等服务和福利。目前，一些经济实力较强的农村集体经济组织都为成员提供文化卫生等服务和养老等福利。农村改革后各地普遍成立村民委员会负责公共事务和公益事业，同时一些地方集体经济组织不健全，实际由村民委员会负责土地发包等集体财产经营管理。1986 年制定的民法通则，根据当时的实际情况规定，集体所有的土地依照法律属于村农民集体所有，由村农业生产合作社等农业集体经济组织或者村民委员会经营、管理。随后制定的《中华人民共和国村民委员会组织法（试行）》第 4 条规定，村民委员会依照法律规定，管理本村属于村农民集体所有的土地和其他财产。这就在法律上赋予村民委员会管理集体财产的权利。实践中，有些村民委员会实际代替集体经济组织负责集体经济管理事务。因此，农村集体经济组织与村民委员会在经济管理、公共事务和公益福利方面的职能明显存在交叉。

（二）农村集体经济组织与村民委员会的主要区别

按照民法典第 96 条的规定，两个组织都是特别法人。根据相关法律规定和实践经验，两者的主要区别如下。

其一，产生时间与地域范围不同。农村集体经济组织可以追溯到农业生产合作社，经过人民公社体制，在农村改革后重新建立乡、村、组的经济合

---

① 于明明：《集体经济组织的特别法人构造及职能界定——从集体经济组织与村民委员会的关系展开》，载《中国不动产法研究》2021 年第 1 辑。

作社等农村集体经济组织。村民委员会是农村改革后主要在原生产大队基础上成立的。显然，集体经济组织在先，村民委员会在后。就地域范围而言，村民委员会通常设在村级，农村集体经济组织可以是村级、乡（镇）级、村民小组级，更多地承继了人民公社"三级所有，队为基础"的土地所有权基础。

其二，成员的构成和权利不同。农村集体经济组织成员主要是长期生活、居住在当地的原住民及其后代，而村民不仅包括原住民及其后代，还包括在本村居住一年以上的外来人员。因此，集体经济组织成员通常都是村民，而村民有些不是集体经济组织成员，特别是外来人口较多的经济发达地区，相当一部分甚至大部分村民不是集体经济组织成员。

集体经济组织成员依据民法典、农村土地承包法、土地管理法等法律，对农民集体土地等财产享有权利，如承包集体土地、依法取得宅基地、参与集体收益分配的权利，是成员权利的重要组成部分，同时享有村民的自治权利。村民主要依据村民委员会组织法享有村民自治相关权利，村民如非集体经济组织成员，对集体土地和其他财产就不享有权利，也不参与集体收益分配。这一区别至关重要，实践中经常由此产生矛盾。

其三，基本职能和指导机关不同。农村集体经济组织代表农民集体行使所有权，负责经营管理农民集体土地和其他财产，发展集体经济，为成员提供生产、技术、信息等服务，主要承担经济职能，同时涉及公共事业和公益活动。村民委员会负责办理本村公共事务和公益事业等，主要承担社会职能，也可以接受政府委托从事管理性事务。

乡镇人民政府和县级以上人民政府农业农村部门依职责对农村集体经济组织予以指导和监督，乡镇人民政府和县级以上人民政府民政部门依职责对村民委员会予以指导和监督。

其四，经费来源不同。村民委员会办理公益事业所需经费，由村民会议通过筹资筹劳解决；确有困难的，由地方人民政府给予适当支持。村民委员会本身所需经费的来源既有公共财政资金，也有集体经济收益；农村集体经济组织的经费来源是集体经济的收益，一般不包括公共财政。

### 三、村民委员会代行集体经济组织的职能

人民公社解体后，农村基层组织实行政社分开，在乡镇一级普遍成立乡镇人民政府，在村一级（原生产大队）普遍成立村民委员会，办理公共事务和公益事业，协助乡镇政府开展工作。

（一）村委会代行集体经济组织职能的形成

政社分开过程中并未普遍建立农村集体经济组织，只有一些经济发达地区，在乡镇、村、村民小组分别成立集体经济组织；不少地区并未成立村集体经济组织，村民小组普遍没有建立集体经济组织，只有一两位负责人。究其原因，一方面，城乡二元结构导致农村公共事务和公益事业主要由农民兴办，农民要缴纳农业税、支付"三提五统"费用，还要支付村组干部的补贴，设立集体经济组织明显会增加农民负担；另一方面，实行家庭承包经营后，承包户自主开展生产经营活动，双层经营中"统"的层次发挥作用不够，一些村、村民小组集体没有经营性财产需要经营，又不能随意干涉农户生产经营自主权，设立集体经济组织的需求并不迫切。实际上，在改革之初，集体经济组织与村委会分设并不是乡村治理体系构建的核心问题，没有集体经营的多数村庄因未分设而节约了治理成本。①

1986 年全国人大制定民法通则，根据政社分设的实际情况，明确了农民集体土地所有权主体及经营管理主体。该法第 74 条第 2 款规定，集体所有的土地依照法律属于村农民集体所有，由村农业生产合作社等农业集体经济组织或者村民委员会经营、管理。这一规定同时将农业生产合作社等农村集体经济组织与村民委员会作为农民集体土地的经营管理主体，主要是因为，有些地方在人民公社解体后并未建立集体经济组织，农民集体土地实际由村民委员会管理。

1987 年全国人大常委会制定村民委员会组织法（试行）时已经普遍推

---

① 仝志辉：《村委会和村集体经济组织应否分设——基于健全乡村治理体系的分析》，载《华南师范大学学报（社会科学版）》2018 年第 6 期。

行家庭承包责任制，农户成为农业生产经营主体，一些地方集体经济组织不健全，功能日渐萎缩，又缺乏法律规范；有些地方的集体经济组织与村民委员会实行"两块牌子一班人马"，集体土地的发包等实际由村民委员会负责。因此，立法过程中虽然有些同志主张村民委员会与集体经济组织应当分立①，但从现实情况出发，该法第 4 条规定，村民委员会应当支持和组织村民发展生产、供销、信用、消费等各种形式的合作经济，承担本村生产的服务和协调工作……村民委员会依照法律规定，管理本村属于村农民集体所有的土地和其他财产……

依照上述规定，村集体经济组织和村民委员会都有权管理村农民集体所有的土地，实践中就会产生疑问：同时设有集体经济组织和村民委员会的，由谁经营管理集体土地？1991 年 9 月福建省人大农委向全国人大提出《关于村民委员会和村经济合作社的权利和关系划分的请示》，1992 年 1 月全国人大常委会法制工作委员会答复：按照民法通则第 74 条第 2 款的规定，集体所有的土地依照法律规定属于村农民集体所有，由村农业生产合作社等农业集体经济组织经营、管理；没有村农业集体经济组织的，由村民委员会经营、管理。

1998 年，在全国人大常委会在正式制定村民委员会组织法的过程中，对集体土地及其他财产应当由村民委员会还是集体经济组织管理有不同意见。一种意见认为，不应由村委会管理，应由村集体经济组织管理，理由是村委会是群众自治组织，不是经济组织，不应具有管理土地及其他财产的职能。另一种意见认为应当由村委会管理，理由是：（1）群众自治是全面的自治，理所当然应当包括经济自治；（2）现在很多地方没有全体村民都参加的区域性集体经济组织，即使有也是和村委会"两块牌子一班人马"；（3）从今后发展方向看，农村的集体经济模式应当是多种多样的，过去的那种全体

①　一些领导和同志坚持村委会和村合作经济组织应当分立，是两个组织不是一个组织，当时北京等地就是村委会、村合作经济组织、村党支部三个组织并列。参与起草工作的同志解释说，各地村的大小不一，但总的来说规模不大，设两个组织没有必要。见白益华：《亲历村民委员会组织法制定（上）》，载《中国人大》2004 年第 8 期。

村民都必须参加的"一村一社"模式不是农村集体经济的发展方向。全国人大法律委员会研究认为，现在一些地方建立了村集体经济组织，而相当多的村则没有建立，大多数仍由村委会管理集体经济。如何发展集体经济，建立适应社会主义市场经济的集体经济组织，是一个正在探索的问题。修订草案规定的"村民委员会依照法律规定，管理本村属于村农民集体所有的土地和其他财产"，并不排除有些地方由村集体经济组织经营管理村集体财产，这样规定比较符合我国农村的实际情况。①

（二）代行职能的法律完善

2010 年修改村民委员会组织法再次提出这个问题。修订草案规定，涉及村民利益的重大事项如土地承包经营方案、宅基地使用方案等，应当经村民会议讨论决定方可办理。原农业部认为，村委会、农村集体经济组织是两个不同性质的组织，土地承包经营方案、宅基地使用方案等应当由村集体经济组织讨论决定。当时，全国约 60% 的行政村的村委会与村集体经济组织合一，约 40% 的行政村另设村集体经济组织。全国人大法律委员会经研究认为，这个问题涉及的情况比较复杂，各地做法也有差异，拟在进一步调研的基础上提出意见。同时，考虑土地一直以村民小组为所有权基本单位，农村的基本生产经营活动离不开村民小组，为切实保障村民依法办理自己的事情，保障村民利益不受侵害，还增加规定，属于村民小组的集体所有的土地、企业和其他财产的经营管理以及公益事项的办理，由村民小组会议依照有关法律的规定讨论决定。② 据此，属于村民小组农民集体所有的土地，由村民小组作为发包方，将土地承包给农户经营。③

1998 年在正式制定村民委员会组织法时，为防止村干部擅自决定涉及

---

① 张春生主编：《中华人民共和国村民委员会组织法释义》，法律出版社 1999 年版，第 101 页。
② 许安标主编：《中华人民共和国村民委员会组织法解读》，中国法制出版社 2010 年版，第 151 页。
③ 全国人大常委会法工委国家法室等编著：《村民委员会组织法学习读本》，中国社会出版社 2010 年版，第 145—146 页。

全体村民重大利益的大事、把村民自治变成少数村干部自治，还明确规定了必须提请村民会议讨论决定的事项。2010 年修改村民委员会组织法时又进一步作了充实，包括集体收益分配、土地承包方案、宅基地使用方案、征地补偿费使用和分配方案等，导致在村委会与集体经济组织并存的情况下，应当由村民会议还是集体经济组织成员大会决定不够明确，甚至互相冲突。① 理论上说，涉及集体经济组织成员利益的重要事项，由村民会议讨论决定，既缺乏产权基础，也缺乏集体行动的基础。② 民法典出台后，这一规定也被认为与民法典第96 条和第 261 条存在冲突。③

根据民法典第261、262 条的规定，农民集体所有的不动产和动产属于本集体成员集体所有。集体所有的土地和森林、山岭、草原、荒地、滩涂等，属于村农民集体所有的，由村集体经济组织或者村民委员会依法代表集体行使所有权。④ 第 101 条第 2 款还规定，未设立村集体经济组织的，村民委员会可以依法代行村集体经济组织的职能。按照这些法律规定，管理集体财产的职责分工及替补关系是明确的，村民委员会只有在农村集体经济组织不健全的情况下，才依法代行集体经济组织的职能。

### 四、农村集体经济组织与村民委员会的分设

按照现行法律规定，农村集体经济组织与村委会是两个独立的特别法人，分别依法履行职责。多年来，一些地方因农村集体经济组织不健全，由村委会代行集体经济组织的职能，但随着经济社会发展和农村改革深化，这

---

① 于明明：《集体经济组织的特别法人构造及职能界定——从集体经济组织与村民委员会的关系展开》，载《中国不动产法研究》2021 年第 1 辑。

② 杨一介：《我们需要什么样的村民自治组织?》，载《首都师范大学学报（社会科学版）》2017 年第 1 期。

③ 孙宪忠：《从〈民法典〉看乡村治理中急需关注的十个法治问题》，载《中州学刊》2021 年第 2 期。

④ 按照立法机关工作人员的解释，如果有以村为单位的农村集体经济组织，就由该村集体经济组织经营、管理；如果没有以村为单位的农村集体经济组织，则由村民委员会经营、管理。见黄薇主编：《中华人民共和国民法典物权编释义》，法律出版社 2020 年版，第 105 页。

种状况已经越来越不适应现实的需要，应当继续实行政社分开。尽管部分地区的农村还欠缺设立农村集体经济组织的条件，不得不由村委会代行集体经济组织的职能，但从发展方向看，由农村集体经济组织承担集体经济经营管理事务，由村委会负责村民自治，应是未来必然的发展趋势。①

宪法第 8 条第 1 款明确规定，农村集体经济组织实行家庭承包经营为基础、统分结合的双层经营体制。农村集体经济组织实质是以土地集体所有为基础的农村地区性经济组织，是农村双层经营体制的实施者，得到宪法的确认。无论集体经济组织是否挂牌、叫什么名称，都是客观存在的，广大农民是清楚的，可以根据需要，健全农村集体经济组织。

（一）分设的必要性和可行性

进入 21 世纪，随着城镇化深入推进，不同村庄之间、城乡之间人员流动明显加速，一些村庄的外来人员越来越多，打破了农村比较封闭时村民与农村集体经济组织成员基本重合的状况，外来人员通常都是村民，但不是集体经济组织成员，这些村庄的集体经济比较发达、集体收益较高、集体福利较好，为防止外来人员分享集体收益和福利，集体经济组织成员与外来人员（村民）之间的矛盾日益突出。经济建设扩展导致土地征用范围扩大、补偿水平提高，同时农民的权利意识、法律意识不断增强，集体经济组织成员与外来人员（村民）之间的利益冲突，逐渐由早期的个别现象扩展到珠三角、长三角地区以及其他地方的城中村、城郊村和经济发达村，有的甚至发展成为群体性事件，形成社会矛盾。为促进集体经济健康发展，保护农民合法权益，化解矛盾纠纷，维护农村社会稳定，明确农村集体经济组织法律地位、区分集体经济组织成员与村民，变得十分迫切。

随着法治不断健全，农村集体所有权的法律规定日益完善。2007 年物权法第 59 条规定，农民集体所有的不动产和动产，属于本集体成员集体所有；并且明确，土地承包方案等重大事项应当依照法定程序经本集体成员决

---

① 陈畅、张双根：《论农村集体经济组织成员资格与成员权构造——兼评〈农村集体经济法（草案）〉》，载《私法》2023 年第 5 期。

定。这从集体财产所有权归属的角度，强调了明确本集体成员的必要性。乡村振兴促进法第46条规定，农村集体经济组织发挥依法管理集体资产、合理开发集体资源、服务集体成员等方面的作用。同时，随着农村改革不断深化，农村承包地、宅基地实行"三权分置"后，集体经济组织的作用被激活，它们必须行使土地所有权。① 这些从客观上产生了健全农村集体经济组织的现实需要。

实践中，在村民委员会代行集体经济组织职能的过程中，有些村委会负责人未经民主程序，擅自处分集体财产权益，特别是集体土地使用权出租、集体财产处分、土地征收补偿费分配等涉及农民切身利益的重大事项，不征求农民意见，有些还乘机谋取私利，损害集体经济组织成员的权益，引发了不少难以处理的纠纷和矛盾，甚至发生2011年广东乌坎、2014年山东平度那样的群体性事件，造成了恶劣影响。有学者指出，在当前两者关系不清的情况下，许多村干部违法犯罪和腐败案件都与贪污、侵占、挪用、挥霍集体财产有关，在土地征用问题上尤其突出。诸如集体资产流失、农民利益受损、村干部挥霍侵占集体资产、涉农群访事件不断发生等问题，都与村民委员会在经济职能上的越位和农村集体经济组织在经营主体与经济职能上的缺位有关。②

新形势下实现农村农民共同富裕，也需要充分发挥集体经济组织作用。家庭承包经营调动了农民的生产积极性，农业农村发生了翻天覆地的巨大变化，农民生活水平普遍提高，特别是一部分农民先富起来。历史经验表明，在先富带后富、全面振兴乡村、实现共同富裕的过程中，必须充分发挥集体经济组织的作用，发展集体经济。20世纪50年代建立农业生产合作社，就是要把广大农民组织起来共同发展，防止两极分化。新时代脱贫攻坚的实践再次证明，要让全体农民实现小康和共同富裕，同样需要充分发挥集体经济

----

① 孙宪忠：《从〈民法典〉看乡村治理中急需关注的十个法治问题》，载《中州学刊》2021年第2期。

② 王国忠：《论村民委员会和农村集体经济组织的职能及相互关系》，载《黑龙江省政法管理干部学院学报》2004年第6期。

组织作用，壮大集体经济实力。

2015 年 11 月，中共中央办公厅、国务院办公厅印发的《深化农村改革综合性实施方案》指出，在土地集体所有基础上建立的农村集体经济组织制度，与村民自治组织制度相交织，构成了我国农村治理的基本框架，为中国特色农业农村现代化提供了基本制度支撑。……在进行农村集体产权制度改革、组建农村股份合作经济组织的地区，探索剥离村"两委"对集体资产经营管理的职能，开展实行"政经分开"试验，完善农村基层党组织领导的村民自治组织和农村集体经济组织运行机制。

2016 年中共中央、国务院《关于稳步推进农村集体产权制度改革的意见》指出，农村集体经济组织是集体资产的管理主体，要在基层党组织领导下，探索明晰农村集体经济组织与村民委员会职能关系，有效承担集体经济经营管理事务和村民自治事务。有需要且条件许可的地方，可以实行村民委员会事务和集体经济事务分离。有学者指出，比较理想的乡村治理模式应该是，在村党支部统一领导下，村委会和集体经济组织各司其职、各行其是，村委会主要行使农村社区管理职能，进行农村生态建设，集体经济经营管理职能交新型集体经济组织完成。①

2017 年以来各地普遍开展农村集体产权制度改革，2021 年底基本完成改革的阶段性任务，完成了农村集体资产清产核资，清查核实农村集体资产 7.7 万亿元，集体土地等资源 65.5 亿亩；确认了 9 亿人的农村集体经济组织成员身份；稳步推进经营性资产股份合作制改革，把集体经营性资产以份额形式量化到成员，作为其参与集体收益分配的基本依据。全国乡镇、村、组三级共建立农村集体经济组织约 96 万个，其中，村级集体经济组织 57 万个，基本实现行政村全覆盖，便于依法开展经营管理。2020 年 11 月农业农村部发布《农村集体经济组织示范章程（试行）》，对农村集体经济组织的职责任务、组织机构、议事程序等治理机制和监督机制等作了规定，加上民

---

① 徐增阳、杨翠萍：《合并抑或分离：村委会和村集体经济组织的关系》，载《当代世界与社会主义》2010 年第 3 期；石磊：《试析农村集体经济视角下的村民委员会职能》，载《当代世界与社会主义》2013 年第 5 期。

法典、农村土地承包法、土地管理法等法律的相关规定，农村集体经济组织完全能够依照法定职责和程序，履行代表农民集体行使所有权、经营管理集体经济事务的职责。

从当前农村实际情况看，集体经济组织主要在村一级，小部分在村民小组一级，个别地方的乡镇建立了集体经济组织。设立集体经济组织的，应当与村民委员会职能分离，由集体经济组织代表成员集体行使集体土地所有权。[1] 村委会应当突出基层民主和村民自治功能，把原来承担的经营管理集体资产职能剥离出去，成为单纯的村民自治组织，所需经费应由公共财政和集体经济收益支付。[2]

（二）分设的相应配套措施

村集体经济组织健全并依法履行职能可能产生一个问题，即村民委员会办理公益事业可能面临资金困难。村民委员会代行集体经济组织职能，可以直接运用集体财产办理公共事务和公益事业，集体经济组织健全后，处分、运用集体财产就需要通过集体经济组织、按照规定程序进行，协调配合不好，村委会承办各项公益性事业可能成为"无米之炊"。[3] 因此，应当明确集体经济组织支持村委会举办公益事业的责任，因为自从成立农业生产合作社以来，农村集体经济组织就负有为成员提供教育、文化、卫生等公益服务和福利的责任，集体经济组织成员本身就是村民，所以由村委会提供公益服务的，集体经济组织理应予以支持。实践中，有些集体收益较高的农村集体经济组织还为保障村级组织和村务运转提供资金，这种做法能否推广，既面临村民自治的法律性质、公民权利平等之类理论争议，大部分农村集体经济组织也缺乏现实可能性，可留待实践探索。

---

[1] 崔雪炜：《乡村善治视角下"村民委员会"重构之路径分解——结合农村集体经济组织的重构》，载《西北民族大学学报（哲学社会科学版）》2017年第6期。

[2] 罗猛：《村民委员会与集体经济组织的性质定位与职能重构》，载《学术交流》2005年第5期。

[3] 石磊：《试析农村集体经济视角下的村民委员会职能》，载《当代世界与社会主义》2013年第5期。

集体经济组织与村委会分设不一定完全彻底地分开，组织机构和人员配备不一定要搞得很复杂。两个组织分设后都在基层党组织统一领导下开展工作，两个组织的领导班子成员可以适当交叉任职，便于相互协调配合，也可以降低农村基层治理成本。

村民小组是否建立集体经济组织，应当根据集体经济发展现状和未来需求来确定，不宜搞"一刀切"。对集体土地等资源性资产和公益性资产的管理、运用，法律法规和政策有明确规定，实践中也有比较健全的制度和切实可行的经验，集体经济组织的工作重点是加强集体经营性资产的经营管理。因此，没有集体经营性资产的村民小组，可以继续由村民委员会或者村民小组代行集体经济组织的职能，以提高工作效率，降低管理成本；有集体经营性资产需要经营管理的，可以根据需要设立集体经济组织。

农村集体经济组织不健全、由村民委员会代行集体经济组织职能的，在作出有关集体成员利益的决定时，应当采用村民自治的法定程序还是集体经济组织的议事程序？对此，2010 年修改的村民委员会组织法第 24 条第 3 款明确规定，法律对讨论决定农村集体经济组织财产和成员权益的事项另有规定的，依照其规定。民法典、农村土地承包法、土地管理法、草原法等法律分别对讨论决定相关事项的主体、程序作了规定。据此，村民与集体经济组织成员同一的，可以由村民会议（等同于集体经济组织成员会议）决定，但适用的法律程序需要根据不同事项适用不同法律，如土地承包经营方案须适用农村土地承包法；村民与集体经济组织成员不同一的，会议参加人员范围和程序适用相关法律规定，其他法律规定由村集体经济组织成员会议决定的，则不能由村民会议决定。[①] 农村集体经济组织法第 64 条第 2 款更明确地规定，村民委员会、村民小组依法代行农村集体经济组织职能的，讨论决定有关集体财产和成员权益的事项参照适用本法的相关规定。

农村集体产权制度阶段性任务基本完成后，村一级基本完成了农村集体

---

① 许安标主编：《中华人民共和国村民委员会组织法解读》，中国法制出版社 2010 年版，第 135 页。

经济组织法人登记，依法代表农民集体行使所有权，经营、管理集体财产。为了进一步厘清村民委员会与农村集体经济组织的职责分工，全国人大社会建设委员会正在抓紧起草村民委员会组织法修订草案，对相关条文（包括涉及集体财产管理的条文）进行修改完善。

## 第四节　农村集体经济组织与乡镇企业、
## 农民专业合作社的关系

乡镇企业、农民专业合作社是农村改革后发展起来的农村经济组织，对于繁荣农村经济、促进农民增收致富发挥了重要作用，它们与农村集体经济组织有紧密联系，也存在重要差别。

### 一、农村集体经济组织与乡镇企业的关系

乡镇企业是农村改革后迅速发展起来的。农村改革后普遍实行家庭承包责任制，极大地解放了农业农村生产力，农业大发展，粮食大幅增产，为发展乡镇企业创造了条件。一方面，农村实行家庭承包经营，农户成为农业生产经营主体，可以自主安排生产，大大提高了农业生产效率，农村出现大量富余劳动力，可以从事非农经营活动；另一方面，粮食增产使农民可以在保证完成粮食征购任务的前提下发展多种经营。而且，农村改革初期仍然实行计划经济，日常生活用品供给严重不足，为发展乡镇企业提供了充分的市场需求，加上当时思想比较开放，农村经济政策比较宽松，这些因素促进了乡镇企业应运而生并蓬勃发展起来。

乡镇企业是广大农民在农村改革中的伟大创举，也是发展社会主义市场经济的先导力量，乡镇企业迅猛发展对于推进改革开放、促进经济发展、维护农村和整个社会稳定，都发挥了十分重要的作用。邓小平同志给予高度评价指出，乡镇企业的异军突起，是我们完全没有预料到的最大收获。[1]

---

[1]　《邓小平文选》第3卷，人民出版社2001年版，第238页。

乡镇企业突飞猛进地发展也出现了一些不容回避的问题，例如，有些乡镇企业产品质量不高，甚至出现假冒伪劣产品，不少地方发展乡镇企业村村点火、户户冒烟造成环境污染等。为扶持和引导乡镇企业持续健康发展，保护乡镇企业合法权益，规范乡镇企业行为，繁荣农村经济，1996 年制定的乡镇企业法明确了乡镇企业的法律地位、扶持措施和行为规范等，乡镇企业发展走上法治轨道。

依照乡镇企业法第 2 条，乡镇企业是农村集体经济组织或者农民投资为主，在乡镇（包括所辖村）举办的承担支援农业义务的各类企业的统称。① 从兴办主体看可以分为两类：一类是集体兴办的，主要是在具有发展社队企业经验和基础的地方，农村集体经济组织（有些是村民委员会，有的甚至是乡镇政府）在原人民公社时期社队企业基础上，或者参照以前举办社队企业的做法，出资（包括集体土地使用权折算为投资）兴办的企业，这类企业通常称为乡镇集体所有制企业，其中有些目前已经改制为股份合作制、股份制企业；另一类是农户、农民个人出资兴办、联办的各种形式企业，有的地方甚至每个农户都举办企业。这类企业的性质属于私营企业，由举办企业的农户或者个人自主经营、自负盈亏，经营不善的，依照相关法律规定破产清算。从数量看，乡镇集体所有制企业只是少数，绝大部分乡镇企业是农户、农民个人兴办的。

乡镇企业是农民在农村举办的各类企业的统称，其中的一部分集体所有制企业是农村集体经济组织（村委会）投资兴办的。这些乡镇集体所有制企业作为独立的经营主体（市场主体），依法自主开展经营活动，农村集体经济组织作为出资人享有相应权利、承担相应义务，这些乡镇企业的经营收益通常按照约定的比例上交集体经济组织，因经营管理不善等原因资不抵债的，依照相关法律规定破产并进行清算，农村集体经济组织作为出资人以其出资对该乡镇企业的债务承担责任。农村集体经济组织与这类乡镇企业之间

---

① 这里的投资为主，是指农村集体经济组织或者农民投资超过百分之五十，或者虽不足百分之五十但能起到控股或者实际支配作用。

是出资人的关系。

乡镇企业的绝大部分是农户、农民个人兴办的，可以是农村集体经济组织的农户、成员出资兴办的，或者是他们与集体经济组织以外的人联合兴办的。这类乡镇企业作为独立的经营主体（市场主体），依法自主开展经营活动，其债权债务由出资的农户、农村集体经济组织成员个人等依法承受，与农村集体经济组织没有直接联系。

显然，乡镇企业与农村集体经济组织是性质完全不同的两个组织，乡镇企业是农民集体、农户、农民个人单独或者联合在农村举办的企业（有些乡镇企业发展壮大后进入城市），不受人员、地域等限制，是独立的经营主体（市场主体），自主开展经营活动，按照企业的性质和章程的规定分配利润。乡镇企业既有集体所有制企业，也有私营企业，在法律性质上显然不同于农村集体经济组织。

### 二、农村集体经济组织与农民专业合作社的关系

农村改革开放后，农村合作经济组织的形式不断创新，许多地方在农民专业技术协会的基础上发展形成农民专业合作社。农民专业合作社是同类农产品的生产者、经营者、服务提供者之间互助合作而成立的合作经济组织。农民专业合作社迅速发展，已经成为农业产业化的重要组成部分，对于促进农业适度规模经营、降低农业成本，促进农业科技成果转化应用，特别是提高农业效益和农民收入，发挥了重要作用。为了支持和引导农民专业合作社健康发展，2006 年全国人大常委会制定《中华人民共和国农民专业合作社法》。对农民专业合作社的设立和登记、成员、组织机构、财务管理、合并与分立等，作了全面规范。

农民专业合作社作为农村合作经济组织，采用合作社的名称①，而且，有些农村集体经济组织为便于从事经营活动，曾经登记为农民专业合作社，

---

　　① 该法在起草和提请审议时，名称都是农民专业合作经济组织法，全国人大常委会审议过程中提出，还是采用农民专业合作社的名称比较好，既比较简明，又符合实际，也与国际上的合作社名称一致，因此将名称改为农民专业合作社法。

因此很容易与农村集体经济组织混淆，但它们是两个不同性质的组织。农业法第 2 条明确规定，农业生产经营组织是指农村集体经济组织、农民专业合作经济组织、农业企业和其他从事农业生产经营的组织。这显然将农村集体经济组织与农业专业合作社作为两个不同的农业生产经营组织。

（一）农村集体经济组织与农民专业合作社的联系

两类组织的联系主要体现在两个方面：一方面，两者都是农民的组织。农村集体经济组织是农民组织起来而成立的，新中国成立后实行农业社会主义改造，广大农民带着土地改革分得的土地加入而成立的高级农业生产合作社，就是最早的农村集体经济组织。农民专业合作社是农村改革开放后，生产、经营同类农产品，或者提供同类服务的农民，自愿组织起来形成的合作经济组织，农民专业合作社的成员主要是农民。

另一方面，两者都与合作社密切相关。1956 年制定的高级农业生产合作社示范章程，就是按照合作社加以规范的。农民专业合作社在发展初期就称为农民专业合作经济组织，2006 年立法时将名称确定为农民专业合作社法，并且坚持合作社的一些基本原则和治理规则，例如，入社自愿、退社自由，实行一人一票的民主管理方式等。

（二）农村集体经济组织与农民专业合作社的主要区别

一是产生的历史背景不同。农村集体经济组织源自农业合作化时期成立的农业生产合作社，经过初级社、高级社发展到"三级所有，队为基础"的人民公社。农村改革后人民公社体制解体，在原人民公社、生产大队、生产队的基础上和范围内，分别演变形成乡镇、村、村民小组农村集体经济组织，是长期发展演变而来的。农民专业合作社则是农村改革后发展起来的，是生产、经营同类农产品的农民和从事相关服务活动的企业自愿组合形成的。在一定的意义上可以说，农村集体经济组织的成立较多地体现了国家政策的影响，农民专业合作社的成立则完全出于自愿，更多地体现成员的自主意志。

二是成立的基础和区域限制不同。农村集体经济组织是以农村集体土地所有权为基础而成立的，受土地所有权的区域限制，农村集体经济组织具有明显的区域性。农民专业合作社是以生产、经营合作为基础而成立的，不受地域限制，农民可以跨行政区域成立专业合作社，有些农民专业合作社的成员来自同一集体经济组织，有些农民专业合作社的成员跨越不同乡镇、村、村民小组，来自不同的农村集体经济组织。

三是成员的差别。两个组织的成员存在多方面差别。具体如下：（1）成员来源不同。农村集体经济组织成员只能是特定地域范围内的农民，不能是该地域范围外的农民，不能是企事业单位。农民专业合作社的成员主要是农民，也可以是其他公民、企事业单位或者社会组织（只要他们能够利用合作社提供的服务，承认并遵守合作社章程）。而且，农民专业合作社成员不限于特定农村集体经济组织，不同农村集体经济组织的成员可以自愿组合成立农民专业合作社。（2）成员加入不同。农村集体经济组织具有相对封闭性、唯一性和排他性，只有特定区域范围内的村民才能成为集体经济组织成员，而且每个村民只能加入一个集体经济组织。实际上，大部分成员基于血缘、地缘关系自动加入集体经济组织，通常不需要出资。农民专业合作社的成员是自愿申请加入的，通常需要出资。（3）成员退出不同。依照法律和章程，农村集体经济组织、农民专业合作社的成员均可以自愿退出，但退出的后果存在重大差别。农村集体经济组织成员退出时不能要求分割集体财产，不能要求退还出资（通常并未出资），通常也不能带走在集体经济组织内享有的权益。① 农民专业合作社成员退出时，依据农民专业合作社法第 28 条和第 44 条规定，可以要求退还其成员账户内的出资额和公积金份额，并取得退出前应当获得分配的可分配盈余。（4）成员承担的责任不同。基于农村集体经济组织及其财产的特殊性，农村集体经济组织的债务以其经营管理的财产承担责任，农村集体经济组织成员对此一般不承担责任。依照农民专业合作社法第 6 条，农民专业合作社成员以其账户内记载的出资额和公积金份额

---

① 在一定情况下可以依据法律、章程在一定期限内继续享有已取得的权益，例如，按照集体经营性资产收益权份额获得集体经营性收益分配。

为限对农民专业合作社承担责任，即农民专业合作社成员对合作社债务承担有限责任。

四是法律性质和基本功能不同。农村集体经济组织属于特别法人，既是经济组织，也是农民的家园，不仅担负着发展集体经济的职能，还要为成员提供教育、科学、文化、卫生等方面服务和福利，具有多种功能，不单纯是经济组织和营利法人。农民专业合作社属于营利法人，以营利为主要目的，与其他市场主体一样参与市场竞争，自负盈亏，基本功能是为成员提供产前、产中、产后服务，是纯粹的经济组织。

五是分配方式不同。农村集体经济组织的收益，首先应当保障农村集体经济组织的运转经费，提取公积公益金用于发展集体经济、举办本集体公益事业，剩余部分才能分配给成员。依据农民专业合作社法第 4 条和第 44 条，农民专业合作社的收益，在弥补亏损、提取公积金后的可分配盈余，应当拿出 60% 以上按照成员与农民专业合作社的交易量（额）返还给成员；剩余的部分，再依据成员的出资额和公积金份额等，按比例分配给成员。农民专业合作社的基本分配原则是按成员的交易量返还盈余，因为合作社的生存和发展依赖于社员与其进行交易。①

六是登记程序不同。按照《中华人民共和国市场主体登记管理条例》第 2 条的规定，农民专业合作社（联合社）及其分支机构作为一类独立的市场主体，由市场监督管理部门依法登记，颁发营业执照。农村集体经济组织作为特别法人，依照农业农村部等部门《关于开展农村集体经济组织登记赋码工作的通知》，由县级农业农村主管部门负责颁发登记证书，并赋予统一社会信用代码。

---

① 刘观来：《合作社与集体经济组织两者关系亟须厘清——以我国〈宪法〉的完善为中心》，载《农业经济问题》2017 年第 11 期。

# 第二章　农村集体经济组织成员

## 第一节　农村集体经济组织成员的概念

农村集体经济组织是由成员组成的。农村集体经济组织法将农村集体经济组织成员作为第二章，体现出成员的重要性。该章对农村集体经济组织成员的定义、确认、退出以及成员的权利和义务等作了规定。首先需要明确，农村集体经济组织成员是农户还是个人。

### 一、农村集体经济组织成员是个人

农村集体经济组织成员是农户还是农民个人，理论上还存在争议，各有所据。法律如何规定，必须考虑历史背景和现实状况。

在中国历史上，长期以来都以农户家庭作为农业生产和生活的基本单位，因为农业生产本身的规律决定了家庭是最适宜的农业生产单位，农户则是最适宜的生活单位。新中国成立后实行土地改革，依照土地改革法，将没收和征收得来的土地（除依法收归国家所有的之外）统一地、公平合理地分配给无地少地的贫苦农民，分配土地采用按人口平均分配的办法，但仍然以农户家庭作为农业生产和生活的基本单位。1953 年实行农业社会主义改造，建立农业生产合作社，农民以户为单位带着土改分得的土地加入合作社成为社员，土地由合作社统一经营，社员参加集体劳动，按劳取酬，合作社成为基本生产单位，农户是基本生活单位。1958 年推行人民公社化，成立"一大二公、政社合一"的人民公社，实行生产队、生产大队、公社"三级所有，队为基础"的集体所有制，生产队是基本核算单位和基本生产单位，农户是基本生活单位。

1956 年制定的《高级农业生产合作社示范章程》第 7 条规定，年满十六岁的男女劳动农民和能够参加社内劳动的其他劳动者，都可以入社做社员。就是将社员定义为年满十六岁能够参加劳动的农民和其他劳动者（主要是手工劳动者）。人民公社时期，按照 1962 年《农村人民公社工作条例修正草案》的规定，生产队对于社员的劳动，应当按照劳动的质量和数量付给适当的报酬；每一个社员必须完成应该完成的基本劳动日。因此，社员仍然是能够参加劳动的农民。生产队是基本生产单位，社员家庭是基本生活单位，还可以搞家庭副业，包括耕种生产队分配的自留地、自留山、饲料地，从事编织、缝纫、刺绣等家庭手工业，以及采集、渔猎、养蚕、养蜂等副业生产。社员参加集体劳动可以取得报酬，社员及家庭成员（包括未成年人、老年人等缺乏或者丧失劳动能力的成员）都可以从生产队获得粮食等农产品的分配。而且，农户新增人口（如新娶的媳妇、新生婴儿）自然地获得生产队的粮食分配。

1978 年农村改革后实行家庭承包，基于广大农民长期形成的均平观念，以及新中国成立初期土改时按人口分地的历史经验，对耕地、林地、草地的家庭承包，采取按每户的人口数量分配承包地的办法，将土地承包到户，农户家庭每一个成员都参与分配承包地，家庭全部人口应分配的承包地之和，就是该农户承包土地的面积，即实行人人有份、按人分地、按户承包。① 在城乡二元结构下，农村居民还不能像城市居民那样享受社会保障待遇，承包地实际上承载着农民的基本生活保障功能，一方水土养一方人，土地作为农民的基本生活保障应当人人有份，有些地方称为口粮田，这也是家庭承包按人分地的一个重要原因。

---

① 实践中，按人承包实行人人有份，但不同年龄、不同劳动能力的人分配的承包地面积普遍有所不同，例如，18—60 岁的每人 1 亩，18 岁以下、60 岁以上的每人 0.5 亩。有些地方甚至同时按人口、按劳动力分别计算承包地面积，两者计算结果之和，为农户承包土地的面积。家庭承包的具体办法，可参看何宝玉：《农村土地"三权分置"释论——基于实践的视角》，中国民主法制出版社 2023 年版，第 63—64 页。

开展二轮延包时，需要调整农户承包地的，农户新增加的人口自然参与承包地的调整。集体经济组织进行集体收益分配、集体土地被征收后分配征地补偿款等，都按照农户人口数量进行分配。开展农村集体产权制度改革，同样是按农户的人口，将集体经营性财产收益权以份额形式量化到人、固化到户，并未区分是否具有劳动能力。长期的实践和习惯已经确认，农户家庭合法增加的人员，自动地成为农户所在集体的一分子。因此，农村集体经济组织内部的农户合法增加的人员，自然成为集体经济组织成员。立足新中国成立以来的实践经验，将农村集体经济组织成员确定为农民个人符合农民的习惯和预期，较为适宜。

明确农村集体经济组织成员是农民个人，有利于准确地理解农村集体经济组织成员权与土地承包经营权、宅基地使用权、集体收益分配权之间的联系与区别。农村集体经济组织成员权是成员个人对集体经济组织享有的各项权益的总称，土地承包经营权、宅基地使用权的主体是集体经济组织内部的农户，不是成员个人。农村土地家庭承包实行按人分地、按户承包，农户依法取得土地承包经营权。同样地，符合条件的农村集体经济组织成员可以依法申请取得宅基地，但经批准后由农户而不是成员个人取得宅基地使用权。农村集体经济组织进行收益分配时，每个成员都有权参与分配，按照集体经济组织章程和收益分配方案，获得相应份额的收益，但农村集体经济组织通常将应分配收益支付给农户而不是家庭成员个人。农户作为基本生产和生活单位，仍然发挥不可替代的作用。

## 二、农民、社员、村民与农村集体经济组织成员

长期以来，生活在农村地区的居民分别被称为农民、社员、村民、农村集体经济组织成员等，这些名称、概念之间的关系比较复杂。农村改革以前，农村普遍比较封闭，城乡之间甚至不同村庄之间人口流动很少，农民、村民、社员（农村集体组织成员）三种身份在每个村庄基本都是重叠的，每位农民往往同时具有这三种身份。随着农村改革不断深化、乡镇企业发展和工业化城镇化迅速推进，农村与城镇之间、农村不同村庄之间的人口流动

明显增多，特别是一些经济实力强的村庄，外来人口大量增加，三种身份的分化日益明显，特别是农村集体经济组织成员与村民之间的区别，因为涉及财产权益，越来越引起关注。

（一）农民

给农民下定义是一个世界性难题，因为不同国家、不同历史阶段，农民的含义及其政治、经济地位各有不同，即使同一个国家，在不同的发展阶段，农民的实际含义也不相同。

我国的农民既是一种职业，更是一种身份。就职业而言，我国古代就有士民、农民、工民、商民的基本职业区分，农民即"播殖稼耕者"，就是从事农业生产的劳动者。随着农业生产进一步分工分业和专业化，不少农民专门从事某一方面农业生产活动，形成了主要生产粮食的粮农、主要生产蔬菜的菜农、主要生产水果的果农、主要从事渔业养殖和捕捞的渔民、主要从事畜牧养殖的牧民等。农民作为一种职业，核心是从事农业生产，简言之，农民是从事农业生产的劳动者。1958年实行城乡分割的二元户籍制度以前，农民主要是指职业意义上的农业生产者，作为一个抽象的集合概念，泛指居住在农村且从事种植、养殖生产的人员。当时，农民占全国人口的大部分。

就身份而言，农民长期以来都是社会生活的主体，更是农村社区生活的主体。农民是指农村居民，是按照户籍确定的，主要是与城市居民相对应。新中国成立后，公安部于1951年7月公布《城市户口管理暂行条例》，规定了对人口出生、死亡、迁入、迁出、社会身份等事项的管制办法，确立了城市户口登记制度。1953年在第一次全国人口普查基础上，大部分农村地区建立户口登记制度。国家在农村推行农业合作化，恢复发展农业生产，同时开始大规模工业化，大量农民进入工厂成为工人，从粮食生产者变成粮食消费者，城市的粮食等消费品的有效供给面临很大压力。同时，城市就业吸纳农村人口的能力不足。因此，从1955年起国家连续发布文件，限制和控制农民盲目流入城市。

1958年初全国人大常委会颁布实施《中华人民共和国户口登记条例》，将城乡居民区分为"农业户口"与"非农业户口"（城市户口），形成了农村与城市"二元结构"的户籍管理体制,凡具有城市户口的居民,无论从事何种职业,属于城市居民;凡具有农村户口的居民,无论从事何种职业,属于农村居民,通常简称为农民。而且,国家对城市居民与农村居民分别实行不同的就业、医疗、住房、养老等政策,同时对人口流动实行管制,从农村迁往城市或集镇、从集镇迁往城市都严加限制。此后直到1978年农村改革,全国普遍实行城乡分别的二元户籍管理制度,具有农村户口的人称为农民,就此而言,农民更多的是一种身份而非职业,凸显的是与城市居民身份所附系的待遇的区别。

有学者在广义上提出,"农民"的概念应当包含三个基本属性:一是农民的政治属性,农民是接受工人阶级领导的被领导阶级,是工人阶级的同盟军,是国家政治体制的重要基础;二是农民的职业属性,农民是专职或兼职以农业生产劳动为主的劳动者;三是农民的户籍属性,农民是居住在农村的乡村人口。据此认为,农民就是接受工人阶级领导,以从事农业生产劳动为主,属于乡村人口的劳动者。其中显然不包括虽然属于农业户口但已不再从事农业生产劳动的人。[1]

(二)社员

社员一般是指以"社"命名的社会团体、组织的成员。在我国,社员主要指农业合作化时期农业生产合作社社员,以及随后的人民公社社员,大体上可以看作农民在农业合作化和人民公社时期的代称。

1953年国家推行农业合作化,成立农业生产合作社。1955年11月全国人大常委会通过的《农业生产合作社示范章程草案》第11条规定,凡是年满十六岁的男女劳动农民,或者能够参加合作社劳动的别的劳动者(如手工业劳动者和会计人员),自愿申请参加农业生产合作社的,经过社员大会通过,就成为社员。农业生产合作社的社员,就是参加合作社劳动的农民。该示范章程草案第1条就明确指出,农业生产合作社是劳动农民的集体经济组

---

[1] 孙德厚:《对规范使用"村民"与"农民"概念的思考》,载《北京农业职业学院学报》2003年第4期。

织。但是，加入合作社的农民称为社员，而不是集体经济组织成员。随后的人民公社时期，凡是有劳动能力的农民，都要成为人民公社社员。社员几乎成为农民的代名词。

农村改革后人民公社解体，实行政社分开，在原人民公社范围成立乡政府，在原生产大队范围成立村民委员会和农村集体经济组织，村民委员会和农村集体经济组织的组成人员分别称为村民、农村集体经济组织成员。此后很少采用"社员"一词。即使自愿组合成立的农民专业合作社，加入专业合作社的农民通常被称为合作社成员而不是社员。

进入 21 世纪，农村改革不断深化，有些农村集体经济组织探索实行股份合作制改革，成立股份经济合作社，其中有的农村集体经济组织把农业合作化以来对集体资产积累有贡献的所有人员（包括已经离开农村集体经济组织的人员），都分配一定的份额或者股份，以全面、准确地反映集体财产的积累过程和历史贡献，这就造成农村集体经济组织以外的人可以享有集体财产收益权份额或者股份权利，成为股份经济合作社的股东。为便于在享受权益、流转份额时加以区分，将属于农村集体经济组织成员的股东称为股份经济合作社的社员股东，将非成员的外来股东称为非社员股东，于是重新使用"社员"一词，但其基本含义是指农村集体经济组织成员，主要目的是区分非成员的外来股东，明确其权利，例如，非社员股东只能享有参与集体收益分配的权利，不享有参与集体事务管理的权利。

（三）村民

通常所说的村民是约定俗成的概念，一般是指在农村生活居住并落户在某个行政村的居民，是一个相对宽泛的概念。[1] 但其实际含义更为复杂得多。

就户籍管理来说，村民是农村居民的简称，与城市居民相对。农村改革前，城乡之间、村庄之间人员流动很少，村民与身份意义的农民几乎相同，村民就是户籍在农村的居民，在特定村庄居住、生产生活的农民就是该村庄

---

[1]　吴春香：《农村集体经济组织成员资格界定及相关救济途径研究》，载《法学杂志》2016 年第 11 期。

的村民。农村改革开放后人口流动政策逐步放宽，人员流动不断增多，一些农民由于各种原因迁入其他村庄生产生活，有些离退休干部职工和退职人员回到农村老家居住生活，有些地方还有华侨、侨眷、港澳台同胞回到家乡定居，一些经济发达地区的农村集体经济组织为发展集体经济招聘经营管理人员、吸收外来打工人员，这些人员都在村庄居住生活，甚至长期居住，有些还将户口迁入当地村庄，广义上都可以看成村民。

从法律上说，宪法最早采用了"村民"的概念。农村改革后，一些地方探索成立村民委员会实行村民自治，取得良好效果。1982年宪法第111条规定，村民委员会是基层群众性自治组织，主要负责本居住地区的公共事务和公益事业，调解民间纠纷，协助维护社会治安，并且向人民政府反映村民的意见、要求和提出建议。1986年制定的土地管理法第38条对农村居民建房作了规定。

为了反映和适应农村人员流动的趋势，1987年制定的村民委员会组织法（试行）第9条第2款规定，年满十八周岁的村民，不分民族、种族、性别、职业、家庭出身、宗教信仰、教育程度、财产状况、居住期限，都有选举权和被选举权。这就把村民的范围扩大到户籍不在本村，但在本村居住的外来人员。2010年修订的村民委员会组织法第13条进一步将登记参加选举的村民的范围明确为：（1）户籍在本村并且在本村居住的村民；（2）户籍在本村，不在本村居住，本人表示参加选举的村民；（3）户籍不在本村，在本村居住一年以上，本人申请参加选举，并且经村民会议或者村民代表会议同意参加选举的公民。据此，村民既包括户籍在本村的居民，还包括户籍不在本村但在本村居住一年以上的外来人员，因为他们在村庄居住、生活、劳动，在开展村民自治，实行自我管理、自我教育、自我服务方面，应当与本村庄的农民享有同等权利。

（四）农村集体经济组织成员

农村集体经济组织成员的概念是农村改革后出现的。农村实行家庭承包经营后，人民公社解体，实行政社分开，有些地方在原生产大队、生产队范围成立经济合作社等农村集体经济组织。1986年4月通过的民法通则第27条规定，农村集体经济组织的成员，在法律允许的范围内，按照承包合同规定从事商品经营的，为农村承包经营户。这一规定提出了农村集体经济组织成员的概念，但重点显然是在农村承包经营户，而非农村集体经济组织成员。2002 年制定的农村土地承包法第 5 条规定，农村集体经济组织成员有权依法承包由本集体经济组织发包的农村土地。不过，这些法律规定均未明确农村集体经济组织成员的具体含义。

在许多农民的观念里，农村改革后成立的农村集体经济组织可以追溯到农业生产合作社，当时合作社的社员及其后代就是目前的农村集体经济组织成员，其关键之处在于，合作化时期农民带着私有土地加入合作社，当年的社员是集体土地等财产的集体所有者，如今的农村集体经济组织成员作为当年社员的后代，也是集体土地和集体财产的集体所有者。

上述四个概念既密切相关又有所区别。从发展趋势看，随着城乡融合发展和户籍制度改革不断深化，"农民"的职业特征日益凸显，身份特征将日益淡化，更多地体现为从事农业的从业人员。社员的概念在实践中已经很少使用，现实意义不大。实践中经常引发争议的，主要是区分村民与农村集体经济组织成员。这里对此加以比较分析。

（五）农村集体经济组织成员与村民的联系与区别

区分农村集体经济组织成员与村民，是近年来的新问题。农村改革前，农村普遍封闭，除了婚嫁，不同村庄之间很少发生人员流动，特定村庄的村民通常都是该村庄集体经济组织的成员，两者几乎完全重合。

农村改革后，不同村庄因地理位置、资源禀赋、产业传统和经济发展水平的差别，特别是工业化城镇化深入推进，越来越多的农民开始跨地区流动，不仅大量农民进入城镇，城乡之间人员流动明显增多，而且不同村庄之间的人口流动也不断增加，经济欠发达地区的农民流向经济发达地区，人地矛盾突出地区的农民流向人均土地较多的地区，还有一些城镇人员到村庄居住、生活，这些外来人员都是村民，但外来村民与原住民之间存在一个重要区别，即原住民同时是农村集体经济组织成员，而外来人员却不是。这主要因为，农村还具有熟人社会的特征，外来人员融入是一个长期过程，更重要的是，外来人员流入的村庄，往往是集体经济实力强、集体福利好的村庄，原住民作为集体土地和集体资产的集体所有者实际享有的利益较大，通常不愿让外来人员分享利益。在这种情况下，外来人员虽然是村民委员会组织法规定的村民，有权参加村民委员会的选举，有权接受公共服务，有权参与村民自治，有权对公共事务发表意见，但是不能作为集体经济组织成员分享集体的财产和经济利益。

根据有关法律规定和地方的实践，村民与集体经济组织成员的关系具有两个重要特点。

一是村民的范围大于农村集体经济组织成员。村民包括村庄的原住民和居住在村庄的外来居民，外来居民既包括农民，还包括一些城镇居民。依据村民委员会组织法第 13 条第 2 款的规定，在本村居住一年以上就可以成为村民。而农村集体经济组织成员一般都是村庄的原住民，肯定都是村民，但是范围明显比村民小，外来的村民通常都不是农村集体经济组织成员，特别是城中村、城郊村和经济发达村，外来人口数量甚至超过原住民，容易引起矛盾和争议。

二是农村集体经济组织成员的权利多于村民。村民主要享有行政事务方面的权利，例如村民委员会的选举权和被选举权；有权参与村公共事务管理，提出意见建议；有权享受集体的公共设施和公益事业的福利，如文化、教育方面的权利和福利。农村集体经济组织成员不仅作为村民享有这些权利，还对集体所有的土地等集体财产享有权利，有权参与集体财产的民主管理和监督，并且有权分享集体财产的利益，例如，享有依法承包集体土地的权利、宅基地分配请求权、集体收益分配请求权，以及集体土地被依法征收征用时分享征地补偿费的权利。村民如果不是集体经济组织成员，一般对集体财产不享有权益。这既是村民与集体经济组织成员的关键区别，也是许多矛盾和纠纷的产生根源。

### 三、农村集体经济组织成员的定义

农村集体经济组织法是否规定农村集体经济组织成员的定义，在起草过程中存在争议。有意见认为，既然已经明确由农村集体经济组织成员大会按照规定的原则确认本集体经济组织成员，就没有必要规定成员的定义。理论上，农村集体经济组织成员是农村集体经济组织的基本组成部分，明确规定农村集体经济组织成员的基本要件是立法的应有之义，规定成员定义顺理成章；实践中，地方人民政府、人民法院解决确认农村集体经济组织成员的纠纷，需要有基本的法律依据。而且，各方面普遍期望法律对农村集体经济组织成员的资格条件作出明确、具体的规定，但是各地农村情况千差万别，基于法律的抽象性和普适性，法律难以对农村集体经济组织成员的资格条件作出明确具体、针对性很强且普遍适用的规定。从现实出发，通过法律明确确认成员的基本原则，同时对于特殊情况的处理授予司法机关根据当地具体情况的裁量权，不失为一种可选择的立法技巧，亦可对实践给予规范和引导。① 因此，农村集体经济组织法第 11 条总结各地和人民法院确认农村集体经济组织的实践经验，规定了农村集体经济组织成员的定义，明确成员的基本要件，作为农村集体经济组织确认成员的基本遵循，同时为行政机关、人民法院解决确认农村集体经济组织成员的纠纷提供基本法律依据。

依照该条规定，农村集体经济组织成员应当具备如下三个方面要件。

**（一）户籍在或者曾经在农村集体经济组织**

农村集体经济组织是农民的经济组织，农村集体经济组织的成员，一般来说应当是农民。要确认特定人员为农村集体经济组织成员，首先必须确定他（她）具有农民身份，是农民才能成为农村集体经济组织成员。按照现行人口管理制度，确定农民身份的基本依据就是户籍或者户口。具有农业户口的农村人口被看成农民。户籍是确定农民身份最可靠的依据，因此，将户籍在农村集体经济组织作为确认农村集体经济组织成员的要件，既简便易行，容易操作，又有较强的客观性和准确性，通常不会产生争议。实践中，户口在本集体经济组织，也是各地确认农村集体经济组织成员时普遍要求的

---

① 赵风暴：《关于农村集体经济组织成员资格问题的几点思考》，载《人民法院报》2022 年 9 月 1 日，第 7 版。

基本资格条件。

在改革户籍制度、推进城乡一体化的过程中，户籍仍然是确认农村集体经济组织成员需要考虑的重要因素。一些城郊村、城中村开展农村集体产权制度改革的实践表明，这些村庄的农民整体变为城市居民，但仍然将户籍作为确认集体经济组织成员必不可少的重要因素。可见，即使不再区分城市户口与农业户口，将户籍在本集体经济组织作为确认成员的要件，仍然是必要且可行的。

不少地方在开展农村集体产权制度改革的过程中，按照尊重历史、照顾现实的原则，将部分曾经在本集体经济组织劳动、工作但已经离开集体经济组织的人员，确认为本集体经济组织成员，分配一定数量的收益权份额参与集体收益分配。例如，上海市 2015 年开展农村集体产权制度改革，郊区 9 个区县共有 1432 万户籍人口，其中农业人口 142.76 万人，具有集体经济组织成员资格的 591.5 万人。[①] 为搞好与农村集体产权制度改革的衔接，同时考虑到，有些村民因就学、服役、服刑等户籍暂时不在集体经济组织，以及妇女出嫁后因离婚、丧偶重新回到娘家生产生活等特殊情况，通常应当确认其集体经济组织成员身份。因此，将"户籍曾经在农村集体经济组织"作为特殊情况下确认成员的要件。

户籍在农村集体经济组织是确认农村集体经济组织成员的要件，成为农村集体经济组织成员后将户籍迁出是否丧失成员身份？实践中比较复杂，主要与资源禀赋、历史背景、传统习俗特别是集体经济实力有关，有些农村集体经济组织对成员的户籍要求比较严格，户籍迁出原则上即丧失成员身份；但大部分农村集体经济组织并不单纯因为成员户籍迁出就丧失成员身份，同时要考虑其他因素，特别是基本生活保障，一般来说，户籍迁出后享受城镇社会保障待遇的，可能丧失成员身份；户籍迁出后仍需要以集体土地为基本生活保障的，通常不会丧失成员身份。

---

① 孙雷主编：《上海农村集体经济组织产权制度改革实践与思考》，上海财经大学出版社 2016 年版，第 3 页。

### (二) 与农村集体经济组织形成稳定的权利义务关系

要成为农村集体经济组织成员，应当与农村集体经济组织形成稳定的权利义务关系。农村改革以前，农村人口很少流动，农村集体经济组织成员，大多是长期甚至世代居住在村庄的农民，他们生于斯长于斯，农村集体经济组织就是他们的家园，显然与集体经济组织形成了稳定的权利义务关系。在当前农村人口流动加速、许多农民进城务工的新形势下，如何判断与农村集体经济组织形成稳定的权利义务关系，变得更加复杂。实践中通常根据是否在农村集体经济组织生产生活；是否尽了相应的义务（如缴纳农业税和"三提五统"费用，提供义务工、劳动积累工等劳务或者为修建村庄道路之类公共设施建设的一事一议事项出资出劳等）；是否参与集体收益分配或者享有集体福利待遇（如上学补贴或者奖励、老年补助等）；是否参与承包集体土地等进行判断。有些农村集体经济组织将这一要件称为稳定的生产生活关系。

因此，这一要件的实践运用比较复杂，通常主要用于排除某些人的农村集体经济组织成员身份。有些农村集体经济组织强调这一要件，主要是针对外来人员，特别是防止空挂户、挂靠户的投机行为，他们只是为某种目的将户籍迁入农村集体经济组织，并未在农村集体经济组织生产生活或者只是临时生活一段时间，未履行相应的义务，并未与农村集体经济组织形成稳定的权利义务关系，一般不能确认为农村集体经济组织成员。

这一要件的适用容易产生的疑虑是，有些农村集体经济组织成员的子女自读中学时就离开村庄到乡镇甚至县城上学，成年后又外出打工，或者上大学后在外地就业，他们实际上已经多年不在农村集体经济组织生产生活，是否与农村集体经济组织形成稳定的权利义务关系？理论上似有疑问，但实践中很少出现争议。农村集体经济组织成员的子女离家外出上学读书、务工的，农村集体经济组织通常不会因此而否认其集体经济组织成员身份。事实上，随着城镇化工业化迅速推进，大部分青年农民外出务工，有些长年在外，只在春节等节假日回到家乡，但他们与农村集体经济组织保持一定的联系，必要时亲自履行或者由家人代为履行相应的义务（如为修建村庄公路等一事一议事项出资出劳），只要他们的户籍在农村集体经济组织，并且未加入城镇社会保障体系，农村集体经济组织通常就不应也不会因在外务工而轻易否认其成员身份。为了防止外出务工经商的农民因多年不在集体经济组织生产生活而被否认集体经济组织成员身份，法律将这一要件确定为含义更广的"与农村集体济组织形成稳定的权利义务关系"，而不是"形成稳定的生产生活关系"。

### （三）以农民集体所有的土地等财产为基本生活保障

以农民集体所有的土地为基本生活保障，是农村集体经济组织成员的基本要件，有些人民法院和不少地方将其作为最重要甚至决定性要件。如果说户籍是农村集体经济组织成员的形式要件，基本生活保障可以看成实质要件。

土地是农民的基本生产资料，是发展农业生产和农村经济的物质基础，同时也是农民的基本生活保障来源，承载着广大农民的基本生活保障功能。如同城镇居民享有的城镇社会保障是为了保障退休后的基本生活一样，以集体所有的土地作为基本生活保障的含义是，农民即使丧失劳动能力，没有其他生活来源，还能以集体土地作为最后的生活保障。

以集体土地为基本生活保障并不排除其他生活来源，不能理解为以集体土地为唯一生活来源。[①] 建立社会保障特别是养老制度的目的，就是为劳动者退休或者丧失劳动能力后提供生活保障，劳动者工作期间自然可以依靠劳动报酬生活。农村集体经济组织成员以集体土地为基本生活保障，是指他们在没有劳动能力、没有收入来源时，仍然能够以集体土地作为基本生活来源。农村集体经济组织成员进城务工，以务工收入作为当时的日常生活来源，并不影响以集体土地为最终生活保障来源。许多农民外出务工，生活来源是务工收入，但当他们丧失劳动能力或者在城市遇到困难时，还要回到农村并依靠集体土地维持基本生活，即使不能亲自种地，也可以流转土地经营权获得租金收入，事实上仍然以集体土地为最终的基本生活保障。

以集体土地为基本生活保障并不一定要求已经实际承包了集体土地，不能机械地理解为以实际承包土地并且依靠耕种承包地的收入作为生活来源，

---

① 林丽霞：《关于农村集体经济组织成员资格权立法的思考与建议——打破外嫁女维权的死循环》，载《中华女子学院学报》2022 年第 5 期。

不能因为未实际承包、未耕种承包地而否认以集体土地为基本生活保障。农村土地实行家庭承包经营，承包主体是农户，承包期内农户增加的成员自然享有家庭承包地的权益。现实生活中，有些承包户在承包期内出生的子女可能没有机会承包土地，但他们通常都被确认为集体经济组织成员。以集体土地为基本生活保障是相对于城镇社会保障而言的，未加入城镇社会保障体系的农村居民，一般都应当被认为是以集体土地为基本生活保障的。

在农村社会保障体系不断健全的过程中，集体土地的基本生活保障功能仍将发挥重要作用。目前，农民养老保障水平较低，大部分农民还难以完全依靠养老金保障丧失劳动能力后的基本生活，集体土地仍然需要承载农民的基本生活保障功能，至少是托底或者补充功能。从长远看，随着人口下降趋势的形成和老龄社会的来临，现有城镇社会保障体系的持续稳健运行将面临严峻形势，再进一步扩大到农民，并且不断提高农民的养老保险待遇，会遇到更大的考验。发展中的人口大国为农业人口提供现代意义上的社会保障是不容易的。[1] 因此，集体土地的基本生活保障功能，在今后相当长的时期内仍然是不可或缺的。基本生活保障仍然是确认农村集体经济组织成员需要考虑的重要要件。

此外，提请全国人大常委会审议的农村集体经济组织法草案规定的农村集体经济组织成员的要件还有农村居民。审议过程中有意见提出，为推进城乡一体化，国家正在进行户籍制度改革，许多地方已经实行统一的居民户口，不再区分城镇户口与农业户口；有些城中村、城郊村实行村改居后，成员全部或者大部分转为城市户口，农民集体所有的土地全部被征收，集体财产主要是建筑物和土地使用权，但农村集体经济组织仍然存在。为适应和涵盖这些情况，农村集体经济组织法第 11 条将"农村居民"修改为"居民"，将"土地"修改为"土地等财产"。

**四、农村集体经济组织成员与股份经济合作社股东的联系与区别**

在农村集体产权制度改革过程中，有些农村集体经济组织采取股份合作

---

① 温铁军：《三农问题与世纪反思》，生活·读书·新知三联书店 2005 年版，第 166 页。

形式，成立股份经济合作社，将集体经营性资产（有些还包括农户的土地承包经营权甚至其他集体财产）以股份形式量化到成员，并且以户为单位固定下来，作为成员参与集体收益分配的依据，实行量化到人、固化到户、户内共享、长期稳定。有些地方实行相对固化，定期根据农村集体经济组织人员变化对量化的股份进行调整。取得量化股份的成员和其他人员称为股份经济合作社股东。

需要强调的是，农村集体经济组织实行股份合作制，主要是将集体经营性资产以股份或者份额的形式量化到成员，作为其参与集体收益分配的依据。与一般意义的"股份"含义不同，股份经济合作社的"股份"主要作为集体向成员分配收益的依据，不是股东对集体财产享有的份额。集体产权制度改革中出现的所谓"股"，只是指每个成员在集体资产收益中的具体分配份额，并不像一般意义上的"股"那样代表资产，因为集体的资产是不可分割给个人的。①

既然量化的股份主要作为集体收益分配的依据，各地普遍将曾经对集体作过贡献的人员（包括已经离开农村集体经济组织的人员）作为量化的对象，只要曾经对集体和集体财产积累作出过贡献的，都给予一定的份额或者股份。因此，股份经济合作社股东既包含农村集体经济组织现有成员，称为成员股东，也包括已经离开集体经济组织的人员，称为非成员股东。实行股份固化管理的，农村集体经济组织新增成员不能成为股份经济合作社股东，于是出现非股东的成员。这就使农村集体经济组织成员与股份经济合作社股东之间的关系变得更加复杂。

就两者之间的联系而言，股份经济合作社的股东绝大部分都是农村集体经济组织成员，农村集体经济组织成员绝大部分都是股份经济合作社的股东。就两者之间的区别而言，主要体现在三个方面。

其一，股东的范围大于成员。在农村集体经济组织进行集体产权制度改

---

① 陈锡文：《从农村改革 40 年看乡村振兴战略的提出》，载《中国党政干部论坛》2018 年第 5 期。

革时确定的时点，农村集体经济组织所有成员都成为股份经济合作社股东，这是股东的主要部分。但股东通常还包括农村集体经济组织成员以外的人员，主要有：（1）因以前的贡献而享有股份的外部人员，例如，曾经在农村集体经济组织参加过生产劳动、作过贡献而获配股份，已经离开农村集体经济组织的人员；（2）因出资而享有股份的外部人员，如享有资金股、社会股的外部人员；（3）因继承、接受赠与而取得股份的外部人员；（4）因购买而获得股份的外部人员，有些股份经济合作社允许符合一定条件的外部人员（主要是与农村集体经济组织存在一定关联的人员）出资购买股份而成为股东。显然，股份经济合作社股东的范围大于农村集体经济组织成员。

其二，成员的权利多于非成员股东。农村集体经济组织成员有权参与集体经济组织（股份经济合作社）的民主管理和民主决策，享有选举权和被选举权、表决权等，并且对集体财产享有权益；股份经济合作社的非成员股东不享有选举权和被选举权、表决权，不能成为集体经济组织权力机构的成员，主要享有分享集体收益的权利，即获得股份分红。成员的权利明显多于非成员股东。

其三，权利的流动性不同。农村集体经济组织成员的权利具有人身属性，成员的权利一般不可转让、继承，成员死亡或者离开集体经济组织，其权利随之丧失，已经依法取得的财产权益，可以与农村集体经济组织协商，在一定期限内予以保留。股份经济合作社的股东享有的权利通常可以在一定条件下转让、继承，特别是股东享有的股份收益权可以自由流转。而且，有些股份经济合作社股东甚至可以自愿有偿退出，由股份经济合作社按照一定价格赎回股东的股份。

## 第二节　农村集体经济组织成员的确认

确认农村集体经济组织成员直接关系广大农民的基本权利和切身利益，是农村集体经济组织成员，就有权承包本集体经济组织发包的土地；有权参与集体收益、集体土地征收征用补偿款的分配等；有权参与或者监督农村集体经济组织的管理、决策，对集体经济组织事务享有知情权、参与权、监督权等。确认农村集体经济组织成员身份，理论上是农村集体经济组织法必须明确的基本规范，实践中是依法维护农民权益迫切需要解决的现实问题。

**一、确认农村集体经济组织成员概述**

确认农村集体经济组织成员就是要确定在某个时点或者在某一段时间内，哪些人是特定农村集体经济组织的成员。实践中，有些地方称为确认或者认定农村集体经济组织成员身份，有些地方称为农村集体经济组织成员资格。

（一）确认农村集体经济组织成员身份而不是资格

按照《现代汉语词典》的解释，资格是从事某种活动应具备的条件、身份等，或者由从事某种工作或活动的时间长短所形成的身份。也可以看成是为获得某一特殊权利或者从事某种活动所必须具备的先决条件。[1] 通常采用的资格考试，就是要通过考试获得从事某种职业的资格，可以进入该职业，取得资格是进入特定职业的前提条件，但并不等于具有该职业从业人员的身份。在更广泛的意义上，有时也把一个人从事某种工作或者活动的经历及其在社会上的地位看成资格，例如通常所说的"老资格"。身份通常指人的出身和社会地位，体现自然人在社会关系中所处的地位。不同身份的拥有者在社会资源的分配上是有区别的。现代民法中，身份代表了一定人格利益，是一定人格利益的外在表征。[2]

在一般意义上，资格是获得某项权利或者某种身份、从事某种活动的前提条件，符合一定资格条件，才能获得相应权利、身份或者从事相应的活动。为了确定一部分人符合规定的资格条件，通常要组织特定的考试，经考试合格的颁发资格证书，如法律职业资格证、证券从业人员资格证等，合格

---

[1]　中国社会科学院语言研究所词典编辑室编：《现代汉语词典》（第7版），商务印书馆2016年版，第1732页。

[2]　包学刚：《论现代民法的身份权本质——从身份含义考察出发》，载《当代法学论坛》2011年第2辑。

者具有从业资格。符合相应的资格条件,只是获得相应权利、身份和从事特定活动的前提条件,并不等于取得了相应权利、身份或者已经从事相应活动,资格明显不同于身份。

就确认农村集体经济组织成员而言,只有符合法律法规和农村集体经济组织章程规定的资格条件,才能成为农村集体经济组织成员。具有相应的资格条件,是取得集体经济组织成员身份的前提,符合条件的,才能依据法律和章程被确认为农村集体经济组织成员。确认农村集体经济组织成员,实际上就是确认特定的人员是否满足农村集体经济组织成员的资格条件,符合资格条件的直接确认为农村集体经济组织成员。就是说,确认特定人员符合资格条件与确认其成员身份的过程是统一的,结果就是确认(确定、认定)符合资格条件的人员具有农村集体经济组织成员身份。因此,将确认农村集体经济组织成员身份看成确认成员资格是可以理解的,但严格地说,应当称为确认(确定、认定)农村集体经济组织成员或者成员身份,而不是成员资格。

(二)确认农村集体经济组织成员身份的主要情形

确认农村集体经济组织成员的具体情况比较复杂,不同情况下确认农村集体经济组织成员的法律效果也不完全相同,概括起来大体可以归为三种主要情形。

一是实行集体土地承包时确认农村集体经济组织成员。农村集体经济组织按照国家有关规定统一开展家庭承包,将集体所有和国家所有依法由集体使用的耕地、林地、草地,承包给本集体经济组织农户,实行家庭承包经营,包括第一轮土地承包和二轮土地延包。在开展承包、实行延包之前,首先必须确认本集体经济组织成员,以确定谁有权参与承包土地。这些情况下,通常由农村集体经济组织,按照中央有关文件精神和地方性法规及规范性文件规定的资格条件和程序,确认本集体经济组织成员。确认为成员的,依法享有承包土地的权利,通常也享有其他相关的权益,例如,集体土地被征收后,有权参与分配征地补偿款。

二是开展农村集体产权制度改革时确认集体经济组织成员。农村集体经济组织按照国家规定实行集体产权制度改革，在摸清集体财产底数的基础上，需要确认本集体经济组织成员，以便将集体经营性财产收益权以份额的形式量化到本集体经济组织成员，作为其参与集体收益分配的基本依据。这种情况下，通常由农村集体经济组织按照有关中央文件和地方政府相关文件的规定，确认本集体经济组织成员。确认为成员的，有权获配相应的份额并按照量化的份额参与集体收益分配，但是能否享有其他权益，取决于农村集体经济组织章程的规定，例如，在有些农村集体经济组织，不能依据量化的份额享有集体资源性财产的权益。

三是进行利益分配时确认农村集体经济组织成员。农村集体经济组织按照章程规定分配集体收益，以及集体土地被依法征收后分配征地补偿款，都需要事先确认本集体经济组织成员，以明确参与分配的人员，实现成员权益。这种情况下，农村集体经济组织通常参考实行土地承包时确认的成员，结合具体情况，根据农村集体经济组织章程或者村规民约，确认参与分配的成员。确认为农村集体经济组织成员，有权参与分配集体收益、集体土地征地补偿款，但是不一定据此享有其他权益。特别是，参与分配集体土地征地补偿款的权利，有可能是一次性的，例如，已经离开农村集体经济组织的人员主张参与分配集体经济组织的征地补偿款，其成员身份的效力限于该次分配，不能据此主张其他权益。

农村集体经济组织统一开展家庭承包或延包后，当事人依据农村土地承包法第 5 条的规定申请承包土地的，也可能需要确认当事人是不是农村集体经济组织成员，但这种情况下，成员身份不具有决定性意义，具有成员身份有权提出承包土地的请求，能否现实地承包土地，取决于农村集体经济组织有无土地可以发包。此外，有些涉及土地承包经营权、宅基地使用权的纠纷，也需要确认当事人的集体经济组织成员身份。

（三）确认农村集体经济组织成员的相关制度规范

法律没有对确认农村集体经济组织成员的资格条件和程序等作出明确规定，并不意味着实践中确认农村集体经济组织成员完全无法可依。实际上，地方人大、地方人民政府、人民法院，分别针对确认农村集体经济组织成员制定了地方性法规等规范性文件,对确认农村集体经济组织成员予以指导和规范。这些规范性文件可以分为三类。

第一类是相关地方性法规。农村改革实行家庭承包经营,地方人大先后制定相关地方性法规,对确认农村集体经济组织成员的资格条件、程序等作出规定。这些地方性法规主要有:(1)有关农村土地承包和承包合同管理的地方性法规,如农村土地承包合同管理办法等,特别是农村土地承包法颁布实施后,各省(自治区、直辖市)人大普遍制定农村土地承包条例、农村土地承包法实施办法等法规,其中对农村集体经济组织成员的资格条件及其确认作出规定。(2)有关农村集体资产管理的地方性法规。20多个省(自治区、直辖市)人大制定了农村集体资产管理条例等地方性法规,其中的相关条款对确认农村集体经济组织成员作了规定。(3)农村集体经济组织条例。近年来有些地方人大(如黑龙江、四川、浙江等)制定了农村集体经济组织条例,对确认农村集体经济组织成员作出全面、具体的规定。此外,国务院有关主管部门、有些省级人民政府制定了相关文件,对确认农村集体经济组织成员作出相应规定。

第二类是地方人民政府的规范性文件。在开展农村土地承包、二轮延包和农村集体产权制度改革的过程中,为顺利推进相关工作,县级以上地方人民政府普遍根据相关法律法规和中央文件的精神和要求,结合本地实际情况,制定规范性文件指导相关工作。其中的一项重要内容,就是明确农村集体经济组织成员的资格条件、确认程序、原则等;有些乡镇人民政府制定相关文件作出更具体、更有针对性的规定。这些规范性文件是农村集体经济组织实际确认成员时的重要依据。

第三类是人民法院相关规范性文件。为指导司法实践,最高人民法院研究制定适用农村土地承包法的司法解释时,曾经在征求意见稿中提出若干条文,对确认农村集体经济组织成员作出规定,但有意见认为,在法律没有规定的情况下,司法解释不宜对农村集体经济组织成员资格作出规定。经最高人民法院审判委员会讨论后认为,农村集体经济组织成员资格问题事关广大农民的基本民事权利,按照立法法有关规定,其法律解释权在全国人大常委会，不宜通过司法解释对此重大事项作出规定。因此，2005 年 7 月颁布的《最高人民法院关于审理涉及农村土地承包纠纷案件适用法律问题的解释》，没有确认农村集体经济组织成员的条文。

为满足司法裁判的现实需要，重庆、陕西、天津、安徽、福建、贵州等省（市）高级人民法院根据司法实践经验和相关政策文件，分别制定规范性文件，对确认农村集体经济组织成员作出可操作性规定。有的中级人民法院结合当地情况，针对确认农村集体经济组织成员制定更具体、更有针对性的规定。这些制度规范，对于指导人民法院有效审理确认农村集体经济组织成员的案件发挥了积极作用。

（四）确认农村集体经济组织成员相关立法的基本考虑

确认农村集体经济组织成员直接关系广大农民的切身利益，而且涉及社会主义集体所有制的巩固和农村社会的稳定。法律对确认农村集体经济组织成员作出规定，是立法不可或缺的基本内容，为确认农村集体经济组织成员提供基本依据，必须统筹考虑各方面因素。

一是总结、确认地方和司法实践的经验。农村改革开放以来，在各地实行农村土地承包、延包的过程中，已经依据法律规定的原则和地方性法规、地方政府相关文件的规定，结合当地实际情况，确认了农村集体经济组织成员。特别是 2016 年以后各地普遍开展农村集体产权制度改革，按照中共中央、国务院《关于稳步推进农村集体产权制度改革的意见》提出的原则和程序，已经确认农村集体经济组织成员 9.2 亿人。立法应当总结各地的实践经验，把具有普遍性的做法确定下来。同时，人民法院审理涉及农村集体经济组织成员的案件已经积累一些经验，有些地方人民法院还根据司法实践，制定确认农村集体经济组织成员的指导性意见，立法应当注意确认、吸纳司法实践经验。总之，立法应当总结、确认各地和人民法院的实践经验，不能因为立法给地方和司法实践带来困难甚至造成混乱。

二是尊重不同农村集体经济组织的现实情况和差别。我国地域辽阔，不同农村地区的资源禀赋、经济和社会发展水平、人口流动情况、风土人情和习惯各有不同，特别是五十多个民族的传统文化各具特色，不同农村集体经济组织的具体情况各不相同，确认农村集体经济组织成员的具体规则既有普遍认可的共同做法，也有一些具有特殊性的做法。立法需要重点考虑普遍适用的规则，对一些地方的特殊做法可不作规定，留待地方性法规、农村集体经济组织章程依据法律，结合具体情况作出规定，出现争议时由人民法院作出裁定。

三是处理好法律的抽象性与适用性之间的紧张关系。要增强法律的针对性，法律条文就应当明确、具体一些；要保证法律的普适性，法律条文就应当原则、抽象一些。我国农村地区的情况千差万别，确认农村集体经济组织成员涉及十分复杂的因素，法律难以确立全面、具体、针对性强又具有普适性的规则。立法明确确认农村集体经济组织成员的基本原则，同时尊重不同地区的差异性，坚持原则性与灵活性相结合，给地方和农民群众留出必要的自主选择空间，使法律更符合实际、更便于实施。①

**二、确认农村集体经济组织成员的原则**

一般地说，确认农村集体经济组织成员应当遵循以下原则。

（一）依法自治原则

农村集体经济组织法总结各地和人民法院的实践经验，对农村集体经济组织成员作了定义，并且明确由农村集体经济组织通过成员大会确认其成员。农村集体经济组织应当按照法律规定确认本集体经济组织成员。实践中，在开展土地延包、农村集体产权制度改革的过程中，需要确认集体经济组织成员时，法律法规有明确规定的，应当认真按照法律法规的规定办理；法律法规没有明确规定，但国家政策有明确规定和要求的，应当严格执行国家政策；没有明确的法律法规和政策依据的，应当按照农村集体经济组织章程办理，由农村集体经济组织决定。无论哪种情况下，都应当由集体经济组织成员大会，经过法律和章程规定的程序，确认本集体经济组织成员，防止

---

① 陈锡文：《关于〈中华人民共和国农村集体经济组织法（草案）〉的说明》，载《中华人民共和国全国人民代表大会常务委员会公报》2024 年第 4 号。

少数人控制和集体经济组织负责人随意决定。

同时，确认农村集体经济组织成员也要考虑农民的生活实践和思想观念的认同，尊重村庄传统习俗，发挥德治的作用。在广大农村，不同村社确认农村集体经济组织成员身份的具体规则可能有所不同，因为这些具体规则不仅来自现行法律、制度，也倚赖在乡村社会生活中约定俗成的规范、文化和价值观念基础上形成的社会的普遍性认可①，因此，在确认农村集体经济组织成员的过程中，当地的风土人情和传统习俗在不违背法律的前提下，也可能发挥一定作用。法律没有规定，但有农村合理的风俗习惯规范的，应当依据农村合理的风俗习惯规范界定农村集体经济组织成员。② 确认集体经济组织成员是集体经济组织内部事务，主要涉及集体经济组织及其成员的利益，农村集体经济组织在遵守法律法规和政策的前提下，有权按照成员大会的决议，自主确认本集体经济组织成员，不受其他组织和个人的干预和干扰。

（二）基本生活保障原则

农民集体所有的土地是集体经济组织成立的基础，也是农村集体经济组织成员的基本生活保障来源。与社会主义政治制度和平均地权的政治理想相适应，农村地权设计的最主要目标是解决数亿人的生存问题，而不是为了培育土地市场。③ 由于历史原因和财力限制，国家建立社会保障体系之初主要针对城市人口，而不包含农民，农民实际上以集体所有的土地作为社会保障。随着社会主义建设事业的不断发展，国家经济实力不断增强，2009 年国家逐步建立新型农村养老保险制度，按照保基本、广覆盖、有弹性、可持续的原则，建立个人缴费、集体补助、政府补贴相结合的筹资模式，养老待遇实行社会统筹与个人账户相结合，与家庭养老、土地保障、社会救助等其

---

① 朱涛：《集体成员资格何以认定？——以土地安置费案件中的司法认定为例》，载《社会学评论》2022 年第 2 期。

② 丁关良：《农村集体经济组织立法若干重要问题研究》，载《湖南农业大学学报（社会科学版）》2022 年第 4 期。

③ 吴昭军：《动态系统论下农村集体经济组织成员身份取得的立法范式转型》，载《中国农村观察》2022 年第 2 期。

他社会保障政策措施相配套，保障农村居民年老时的基本生活。但总体来看，农民的养老保障水平远低于城镇居民，在当前和今后一个时期，国家社会保障体系还很难给农民提供与城市居民相同的社会保障待遇，农民集体土地客观上仍然是广大农民最可靠的基本生活保障。这是社会主义土地公有制的重要优势，土地集体所有可以为农民提供基本生活保障，有效防止农民两极分化，在此基础上促进农民走向共同富裕。确认农村集体经济组织成员，必须确保集体经济组织社区范围内的每一个农民都能够享有基本生活保障，这是社会主义集体所有制的本旨要求。以集体土地作为基本生活保障，就是确认农村集体经济组织成员必须坚持的重要原则。而且，每一个农村居民如果享有城市居民的社会保障待遇，就不应当同时享有农民的基本生活保障，这也是公平原则的要求。

（三）公平公正公开原则

确认农村集体经济组织成员直接涉及广大农民的切身利益和基本生活保障权益，必须坚持公平公正公开的原则。公平要求每一个集体经济组织成员的权利义务平等，公平地行使权利，参与确认集体经济组织成员，不能让少数人享有特殊权利，防止少数人控制或者村组干部随意决策。公正要求严格按照国家法律法规和农村集体经济组织章程规定的资格条件和程序，确认本集体经济组织成员，公正地、一视同仁地对待每一个申请人，不能偏袒或者歧视其中的某个或者某些申请人。公开要求确认农村集体经济组织成员的资格条件、程序、过程和结果，都必须公开，接受监督。实践中通常都采用三榜公示的办法，经过两次公示、提出异议、协商解决，基本达成一致后，召开集体经济组织成员大会讨论作出决定，确认本集体经济组织成员并公示。确认的整个过程做到公开透明，充分接受监督，确保农民的知情权、参与权、表达权和监督权，维护每一个农民的合法权益，防止产生矛盾，及时化解矛盾，促进农村社会和谐稳定。

（四）成员身份唯一原则

基于集体土地所有权的唯一性，作为集体土地所有权主体的农民集体，对于每一个集体土地所有权来说也是唯一的。因此，每一个农民都是、也只能是一个农民集体的成员。具体到农村集体经济组织而言，每一个农民都是一个集体经济组织的成员，这就是集体经济组织成员的唯一性。据此，每一个农村居民都应当是一个集体经济组织的成员，不能落空；同时，每一个农村居民只能在一个集体经济组织享有成员身份，不能同时成为两个集体经济组织的成员，既不能落空，也不能"两头占"，这主要是因为，集体所有的土地是农民最可靠的基本生活保障，农民的集体经济组织成员身份落空，就会丧失基本生活保障来源，造成社会问题，影响农村稳定，而且也是为了体现公平，每个人都不能同时享有两个农村集体经济组织的权益。正是在这个意义上，每个人只能是一个农村集体经济组织成员是针对集体土地作为基本生活保障而言的，有些地方的村、村民小组均设立农村集体经济组织，有些村民同时是村、村民小组农村集体经济组织的成员，但是以村民小组集体所有的土地为基本生活保障，可以认为是一个农村集体经济组织成员。有的地方性法规只限制村民同时成为同一层级两个农村集体经济组织成员，实际上允许同时成为不同层级的两个农村集体经济组织的成员，如上述村、组农村集体经济组织的成员。[①]

### 三、确认农村集体经济组织成员的主体和程序

（一）确认农村集体经济组织成员的主体

由谁确认农村集体经济组织成员，不同地方有不同做法，有些地方由农村集体经济组织确认，有些地方由村民委员会确认。

有些地方在人民公社解体后实行政社分开的过程中，由于种种原因未能建立健全农村集体经济组织的组织机构，或者农村集体经济组织与村民委员会实行"两块牌子一班人马"，实际上由村民委员会负责集体土地承包等经济管理事务，集体经济组织成员的确认也由村民委员会组织实施。农村改革

---

[①]　例如，《四川省农村集体经济组织条例》第 9 条第 2 款规定，农村集体经济组织成员不得同时成为同一层级两个以上农村集体经济组织的成员。

之初，村庄之间人员流动较少，许多村庄几乎没有外来人员，农村集体经济组织成员与村民基本是重合的，由村民委员会确认农村集体经济组织成员并未引起多少争议。有些地方的村规民约规定了确认农村集体经济组织成员的有关事项。这就容易使人误认为，确认农村集体经济组织成员的主体应当是村民委员会。例如，认定农村集体经济组织成员是村民自治范围内的事项，应按照村民委员会组织法第 2 条第 1 款规定，集体经济组织成员资格认定的主体由村民委员会担任最为恰当。①

村民委员会负责确认农村集体经济组织成员，是在农村集体经济组织不健全的情况下，由村民委员会代行农村集体经济组织职能而作出的现实选择，不能以此表明村民委员会应当是确认农村集体经济组织成员的主体，主要理由是：（1）从法律上说，确认农村集体经济组织成员不属于村民自治范围。按照宪法和村民委员会组织法的相关规定，村民委员会主要负责村公共事务和公益事业，而确认农村集体经济组织成员涉及农民的切身经济利益和基本生活保障权利，属于私法范畴的事项，不属于公共事务。有些村规民约规定了确认农村集体经济组织成员的相关事项，但这并不能表明确认农村集体经济组织成员属于村民自治事项。（2）从实践来看，在破除城乡二元结构、稳步推进城乡一体化的新形势下，城乡之间、村庄之间的人员流动不断增多，越来越多的外来人员到村庄工作、生活，在集体经济实力较强的农村集体经济组织，外来人员甚至多于村庄原住民，这些外来人员依据村民委员会组织法属于村民，但不是农村集体经济组织成员，外来人员与农村集体经济组织成员（原住民）之间的矛盾和利益纠纷日益突出，原住民不愿接受由村民委员会确认农村集体经济组织成员。

农村集体经济组织成员集体是集体财产的所有权人，农村集体经济组织成员依法对集体财产享有相应的权益，例如，承包集体土地的权利、申请宅基地的权利、参与分配集体收益和集体土地征收补偿款的权利等，村民只享

---

① 李建平、李际鹏：《农村集体经济组织成员资格研究——基于农村集体产权制度改革视角》，载《生产力研究》2018 年第 5 期。

有村民自治的权利，对集体财产不享有权利。农村集体经济组织成员同时是村民，享有村民自治的相应权利。因此，村民委员会召开村民会议确认农村集体经济组织成员，在外来人员较多的农村集体经济组织，就会出现明显不符合逻辑的现象：由不是农村集体经济组织成员、不享有集体财产权益的村民召开会议，来决定谁是农村集体经济组织成员。农村集体经济组织登记赋码后，这样做明显缺乏法理基础，不符合行使权利的基本逻辑，也容易造成村民与农村集体经济组织成员之间的利益冲突和矛盾。

依据法理和实践，由农村集体经济组织作为确认成员的主体最为适宜，因为确认农村集体经济组织成员本系农村集体经济组织内部事务，主要影响农村集体经济组织及其成员的权益，对他人的权益影响不大。而且，农村集体经济组织是地区性经济组织，客观上限定在相对封闭的区域范围内，具有熟人社会的乡土特色。农村集体经济组织成员大多是世代居住、生活在当地的农民，只有他们最了解本集体经济组织的演变过程以及人员变动情况，外部人员很难准确地搞清楚这些复杂的情况。而且，长期的共同生产生活使他们在生活方式、风俗习惯、伦理道德规范、人际关系准则等方面形成自身特色，确认农村集体经济组织成员可能涉及复杂的社会因素和历史背景，既要维护成员的合法权益，也要考虑社会效果和集体经济组织内部和谐，由农村集体经济组织召开成员大会确认其成员，一方面能够便利、准确地收集和掌握相关的信息，包括相关人员的现实情况和历史背景，另一方面能够比较全面、贴切地考虑相关的经济社会因素和可能比较复杂的历史背景，能够得到大部分成员认可，最大限度地避免、减少可能产生的争议，有利于维护农村集体经济组织的和谐与农村社会稳定，是最适宜的。

农村集体经济组织召开成员大会确认成员，并不排除政府有关部门发挥应有的作用。在农村土地承包、延包和农村集体产权制度改革过程中，地方人民政府都制定了切合当地实际的具体实施办法，对确认农村集体经济组织成员予以指导。有些地方人民政府还成立了相关工作领导小组，农村集体经济组织确认成员后，依据法律和政策文件审核把关，防止出现重大争议和遗留问题。

（二）确认农村集体经济组织的程序

根据一些地方人民政府的规范性文件和地方实践，确认农村集体经济组织成员一般遵循以下程序。

一是成立工作小组。为顺利开展集体经济组织成员确认工作，大部分地方先成立工作小组，由村党支部书记担任组长，村党支部委员、村委会成员和熟悉集体经济组织发展历史并且办事公道、群众认可的原村干部、社员代表为成员，在乡镇人民政府、街道办事处指导下，承担本集体经济组织成员身份确认的具体工作。

二是制订方案。工作小组按照地方人民政府发布的相关文件，结合本集体经济组织的具体情况，起草确认本集体经济组织成员身份的工作方案，报乡镇人民政府、街道办事处或者县级人民政府农业农村主管部门审核。有些地方在报送审核前，还要先召开党支部会议、村民（代表）会议讨论通过。

三是发布登记公告。工作小组根据地方人民政府有关文件精神和要求，按照经审核同意的本集体经济组织成员身份确认方案，研究提出并发布开展集体经济组织成员身份确认的登记公告，明确登记的条件和对象、登记基准日、登记时间、登记方式等。

四是提出申请。符合登记条件的人员提出书面申请，其中应当载明申请人的基本信息和申请理由。实践中，有些地方由工作小组统一制作摸底登记表，内容主要包括姓名、性别、出生日期、身份证号码、户籍所在地、户籍变动情况等，由申请人填写，交工作小组汇总。还有些地方并未严格要求申请人采取书面形式主动提出申请，而是根据集体经济组织内部人员情况，采取口头形式提出申请由工作小组核实，或者以家庭为单位提出登记申请。

五是初次公示、再次公示与复核。在登记公告确定的登记期限届满后，工作小组将全部申请人员汇总，制作提出初步名单，载明每一位申请人的基本信息、申请理由等内容，公之于众，在集体经济组织内部进行初次公示，接受公开审查和监督。公示期间一般为7—10日。

初次公示期间，对初步名单的信息有疑问或者异议的，可以向工作小组提出并附相应的证据，有些地方可以口头提出，有些地方要求采取书面形式提出。疑问或者异议涉及的申请人可以作出相应的说明。工作小组应当一一进行研究，依据法律法规和政策文件，结合本集体经济组织实际情况，提出相应的处理意见，作出修改或者不修改初步名单的决定，并向当事人反馈。

初次公示期满后，工作小组按照研究、核实疑问或者异议的情况，修改初步名单后，再次将修改后的名单予以公示，继续接受审查和监督。公示期间一般为7—10日。

六是民主议定。经过修改的名单再次公示后，公示期间基本没有异议的，可以适时召开集体经济组织成员大会进行表决；公示期间仍有人提出疑问或者异议的，或者个别特殊情况存在争议的，工作小组应当请相关当事人作出说明，必要时提供相应证据，研究提出处理意见，经沟通协商基本达成一致的，及时召开成员大会进行表决；仍不能达成一致意见的，可以在成员大会上单独表决作出决定，或者请申请人依法采取其他方式解决争议（例如，请求地方人民政府依法处理，或者向人民法院起诉）。

农村集体经济组织成员大会表决通过的，确认为本集体经济组织成员；表决未通过的，不能确认为本集体经济组织成员。确认集体经济组织成员涉及全体成员的利益，成员大会表决时应当有全体成员的三分之二以上同意方为通过，以确保成员身份的确认得到大部分成员的认可。

七是公布和备案。经成员大会表决同意后，应当及时公布会议确认的本集体经济组织成员名单，第三次公示的名单为本集体经济组织成员的最终结果。同时，工作小组制作成员名册，整理本集体经济组织成员确认工作方案、会议文件、会议记录等相关材料，一并报乡镇人民政府、街道办事处和县级人民政府农业农村主管部门备案。有些农村集体经济组织在正式公布成员名单前，工作小组还要入户对终榜公示的成员进行确认，由户主代表家庭成员签字认可。

有些农村集体经济组织对其成员数据进行动态管理，每年年底根据成员变动情况进行核实调整，变更成员名册。

以上是根据实践总结的一般程序，各地的具体程序可能稍有差别。其中，比较典型的做法是，大部分地方实行"三榜定案"，即成员名单应当先后经过三轮公布公示，接受审查和监督，方为有效，强调确认程序的公开性。

### 四、确认农村集体经济组织成员需要考虑的因素

按照地方人大、地方政府和人民法院的规范性文件的相关规定，根据各地和人民法院确认集体经济组织成员的实践来看，在确认农村集体经济组织成员时主要考虑户籍、生产生活关系、稳定的权利义务关系、基本生活保障四个方面因素。

（一）户籍因素

一般来说，户籍作为成员的资格条件具有明显的客观性，可操作性强，通常不会产生争议。而且，无论理论上还是实践中，具有农民身份是成为农村集体经济组织成员的前提条件。确认特定人员的农村集体经济组织成员，首先必须确定他（她）具有农民身份，归根到底，农村集体经济组织成员首先应当是农民，目前确定农民身份的主要依据就是户籍。因此，户籍作为确认集体经济组织成员的考虑因素是适当的。有学者在重庆、广东开展的问卷调查表明，82%的农民认为"户口在本村"是确认集体经济组织成员应当考虑的因素，可见，依农民的固有观念，户籍仍然是判断成员资格的最主要因素。[1] 还有学者对12省的74个村庄的田野调查表明，98%的受访村民认为，具有村集体所在地户籍是取得农村集体经济组织成员资格的标准，并且有97%的受访村民表示，自己所在村采用了户籍标准。无论是从应然态度和实际做法来看，户籍仍然是当前农村地区确认农村集体经济组织成员资格的主要标准。[2] 事实上，无论在承包集体土地、分配集体收益或征地补偿款时，还是开展农村集体产权制度改革过程中，以及人民法院审理涉及集体

---

[1]　房绍坤、崔炜：《农村集体产权制度改革的法律问题研究——基于对两省（市）农村集体产权制度改革异同的实践考察》，载《中国不动产法研究》2021年第1辑，社会科学文献出版社2021年版，第7页。

[2]　陈小君等：《我国农村集体经济有效实现的法律制度研究》，法律出版社2016年版，第6页。

经济组织成员身份的案件，都将户籍作为确认农村集体经济组织成员的重要考虑因素。

以户籍作为确认集体经济组织成员的考虑因素，既与户籍的确定性有关，户籍因素简单明确，便于操作，也涉及农村集体经济组织的历史继承性，因为大部分农村集体经济组织都是在人民公社体制时期的生产队、生产大队基础上形成的，大部分成员长期甚至世代居住在当地，户籍基本稳定。有的地方规范性文件对此作了明确规定。例如，《广东省农村集体经济组织管理规定》第 15 条第 1 款规定，原人民公社、生产大队、生产队的成员，户口保留在农村集体经济组织所在地，履行法律法规和组织章程规定的义务的，属于农村集体经济组织的成员。

当然，户籍作为确认集体经济组织成员的主要考虑因素也存在问题。理论上说，户籍只是对自然人基本情况进行登记管理的手段，起到公示和证明作用，属于行政管理范畴；农村集体经济组织成员与集体经济组织之间更多属于经济关系，以行政管理关系来确认经济关系，无法体现成员与集体在民法上的关系。[①]

户籍因素的运用产生的主要问题有：（1）随着人口流动加速，村庄人户分离、生活居住地与户籍不一致的情况越来越多，许多地方都出现人在户籍不在、户籍在人不在的现象，甚至夫妻二人的户籍不在同一个地方，单纯考虑户籍因素确认农村集体经济组织成员，可能带来不公正的结果，甚至导致家庭内部的不和谐；（2）不利于推进城市化，户籍因素可能使得一些在城市就业，有意愿到城市定居甚至已经定居的农民，不想放弃农村集体经济组织成员的利益，即使长期不在集体经济组织生产生活，仍将户籍留在集体经济组织，既影响城市化进程，也容易造成进城农民与留村农民之间的利益冲突和不公正；（3）受利益驱动，可能诱使一些人采取各种手段，将户籍迁入、挂靠在集体经济实力较强的农村集体经济组织，造成这些集体经济组织的人口数量畸形膨胀。针对上述问题，实践中各地都将户籍作为一个重要

---

① 韩松：《论成员集体与集体成员——集体所有权的主体》，载《法学》2005 年第 8 期。

考虑因素，但不是唯一因素，同时必须考虑生产生活、权利义务关系，特别是基本生活保障因素，来确认农村集体经济组织成员身份。

为推进城乡一体化发展，国家正在进行户籍制度改革，建立城乡统一的户籍制度，不再区分城市户口与农村户口。有意见认为，户籍作为确认集体经济组织成员身份的资格条件可能会失去意义，因为不存在农业户口，而且市民与农民可以双向自由流动，城市居民可以流动到农村从事农业生产经营，农民的职业与身份将发生分离，农民逐渐成为一种职业而不再是一种身份，户籍将丧失确认农村集体经济组织成员的作用。

这种看法需要深入研究。事实上，户籍是确认农村集体经济组织成员时必须考虑的一种简便、明确、可靠并且得到普遍认可的因素，在城乡一体化过程中，户籍仍然应当作为确认农村集体经济组织成员考虑的重要因素。一方面，当前建立统一的户籍制度，只是在户籍登记的名义上取消城乡户口差别，附着于城乡户口的权利和福利的实质差别，将在相当长的时期内继续存在。例如，城乡社会保障待遇的明显差别仍将长期存在，农民集体土地在一定程度上仍要发挥农村人口的基本生活保障功能，户籍作为一个客观而准确的因素仍然是必须考虑的。另一方面，一些城市郊区、城中村进行农村集体产权制度改革的实践表明，这些村庄的农民整体变为城市居民后，仍然将户籍作为确认集体经济组织成员的必不可少的重要因素。因此，即使不再区分城市户口与农业户口，将户籍在农村集体经济组织作为确认集体经济组织成员应当考虑的因素，仍然是必要且可行的。

（二）生产生活因素

生产生活因素通常是指在集体经济组织生产、生活。一般来说，一个人是不是在集体经济组织生产、生活，是他（她）是否与集体经济组织存在联系的最直接的客观表现，从农民普遍的认知来看，只有在农村集体经济组织生产、生活，才应当被认定为集体经济组织的成员。

对于实际生产生活因素，不同地方赋予不同的重要性。有些地方把它与其他因素放在一起统筹考虑，但有些情况下，有些农村集体经济组织强调这一因素的重要性。例如，妇女出嫁到其他农村集体经济组织，事实上已经在丈夫所在农村集体经济组织生产、生活，甚至生儿育女，但户籍并未迁入丈夫所在农村集体经济组织，有些农村集体经济组织认为，这种情况下妇女已经脱离原集体经济组织生产、生活，其生活基础已经不在原集体经济组织，而在丈夫所在农村集体经济组织，无论其户籍是否迁入丈夫所在农村集体经济组织、在娘家的承包地是否收回，都应当认定为丈夫所在农村集体经济组织成员，同时丧失娘家所在农村集体经济组织成员身份。反过来，有些农村集体经济组织明确，其他农村集体经济组织的妇女嫁入本集体经济组织，已经在本集体经济组织生产、生活，即使户籍并未迁入，也应当确认为本集体经济组织成员。另外，妇女出嫁后仍然在娘家生产、生活，户籍留在娘家的，通常也被确认为娘家所在农村集体经济组织成员。这些情况就把实际生产、生活作为确认集体经济组织成员身份的主要因素。

表面看来实际生产生活是一种事实状态，似乎一清二楚、不言自明，但实践中如何判断，不同农村集体经济组织可能采取不同标准。有些农村集体经济组织直接按照当事人实际生产生活的情况判断，实际在集体经济组织生产生活才符合这一因素。有些农村集体经济组织强调集体土地的基本生活保障功能，不拘泥于当事人实际生产生活情况，而是以承包集体土地作为具体标准，承包集体土地就视为在集体经济组织生产、生活；还有更多的农村集体经济组织以享受集体财产权益和福利、履行集体义务，作为实际生产生活的判断标准。总体来看，西部地区更加注重集体土地的生活保障功能，考虑是否享有承包地来判断生产生活关系，有承包地显然符合生产生活关系因素；东部地区更多地强调在集体经济组织实际生产生活、对本集体积累有贡献等具体情况。

实践中，农村集体经济组织成员的子女离家上学读书，特别是随着城镇化工业化迅速推进，大部分青年农民外出务工经商，这些学生和外出务工人员长年在外，实际上不在农村集体经济组织生产生活，但只要他们的户籍在集体经济组织，并且与集体经济组织保持一定程度的联系，就不会因在外务工而轻易否认其成员身份。

（三）权利义务因素

权利义务因素的出发点是权利义务的对应性和一致性，享有权利就应当履行相应义务。只有履行农村集体经济组织成员的义务，才能享有相应权利，才能被确认为成员，未尽成员义务就不应确认为集体经济组织成员。按权利义务一致原则，考虑权利义务因素显然是合理的。

权利义务因素是一些农村集体经济组织在实践中提出来的，通常主要考虑当事人是否对集体履行了义务，着重强调对集体的贡献，进而强调权利义务对等，通过劳动获得财产权的正当性基础，被认为是一种符合人性本能的朴素正义观，在乡土社会认同度颇高。① 权利义务因素的一个作用是，有些"人户分离"人员履行了与其他人相同的义务，可以要求享有同等权利，并据此主张集体经济组织成员身份。

制定农村集体经济组织法以前，法律对农村集体经济组织成员的权利义务没有明确规定，根据相关地方性法规等规范性文件，农村集体经济组织成员享有的主要权利是，参加集体经济组织成员会议，享有表决权、选举权和被选举权；按照章程规定参与集体经济组织的民主管理和民主决策；参与分配集体收益以及集体土地征收征用的补偿费；依法参与承包集体土地，依法申请取得宅基地等；成员的义务主要是缴纳农业等税费，向集体经济组织上交"三提五统"等费用，为集体提供劳务，接受农村集体经济组织管理和监督，维护集体利益等。

权利义务因素可能存在的三个主要问题。

一是理论上可能有违建立集体所有制的宗旨。集体所有制的目的就是避免人剥削人，以农民集体所有的土地保障农民的生产生活，实现共同富裕。具有成员身份是享受权益、获得生活保障的前提，但有些农民（如未成年人、老年人、残疾人等）客观上无力履行义务，最需要保障，如因未履行义务而否认其成员身份，有违集体所有制和集体所有权的本旨。而且，农村集体

---

① 代辉、蔡元臻：《论农民集体成员资格的认定标准》，载《江南大学学报（人文社会科学版）》2016 年第 6 期。

经济组织成员身份因出生而当然取得，若因未履行义务而剥夺某些人的成员身份，显然有失公平。① 这种担心主要是理论上的，实践中并未成为现实问题。

二是有因果颠倒之嫌。按照一般因果关系，是集体经济组织成员就享有成员权利、承担成员义务，权利义务以具有成员身份为前提，享有权利并承担相应义务是确认为农村集体经济组织成员的自然后果，确认成员身份是因，享有权利承担义务是果。反过来依据是否履行义务来确认集体经济组织成员身份，明显颠倒了因果关系。②

三是实践中难以判断。2006 年以前，农户承包集体土地依法缴纳农业税，向集体支付"三提五统"等费用，还提供义务工、积累工等劳务，这些都是履行义务的明显而确定的证明，许多地方开展二轮延包时直接把土地承包关系看成享有权利和履行义务的体现。2006 年国家取消农业税和"三提五统"费用后，农民没有缴纳税费的义务，主要义务是一事一议（如修建村庄道路等公共设施）的出资出劳，其他劳务义务（如维护村庄道路、看护集体山林等）客观上难以由成员普遍参与，实践中难以判断成员是否履行义务。

（四）基本生活保障因素

以农民集体所有的土地为基本生活保障，是确认农村集体经济组织成员身份必须考虑的重要因素，有些人民法院和不少地方甚至将其作为最重要的因素或者决定性因素。确认某个人是不是农村集体组织的成员，关键就要看他是否依赖该集体经济组织农民集体所有的土地作为基本生活保障。③

① 宋建辉、秦静：《农村集体经济组织成员身份认定问题探析》，载《湖北农业科学》2022 年第 17 期。

② 肖新喜：《论农村集体经济组织成员身份的确认标准》，载《湖南师范大学社会科学学报》2020 年第 6 期。

③ 有些学者将集体土地看成农民的基本生存保障，与基本生活保障的实质含义基本相同。考虑到生存保障的含义更广泛，这里采用生活保障。还有学者更广泛地称为农民集体土地的社会功能，包括解决了生活在底层的农民的生计问题，以及为进城农民工提供失业保障。见姚洋：《中国农村土地制度的法律思考》，载王利明主编《在人大法学院听讲座》，中国法制出版社 2007 年版，第 345—346 页。

土地不仅是农民最基本的生产资料，也是农民的基本生活保障来源。以集体所有的土地作为基本生活保障的基本含义是，即使没有其他生活来源，还能够以集体土地作为最后的保障。集体土地的保障功能是指底线保障，是最后退路；农民致富的主要机会在城市，农民进城后无法获得体面安居的就业和收入，还可以返乡种地，这样一种可能性让所有进城农民有安全感，当他们在城市难以立足时，他们可以底气十足地说：大不了回去种地。①

农村集体土地对农民的基本生活保障功能，对于经济发展和社会稳定发挥着十分重要的作用。习近平总书记在 2020 年中央农村工作会议上的重要讲话指出："2008 年国际金融危机爆发，2000 多万农民工返乡。今年受新冠肺炎疫情冲击和国际经济下行影响，一度有近 3000 万农民工留乡返乡。在这种情况下，社会大局能够保持稳定，没有出什么乱子，关键是农民在老家还有块地、有栋房，回去有地种、有饭吃、有事干，即使不回去心里也踏实。"可见，农民在城市遇到困难后返回农村，他们在家乡有地种、有房住、有饭吃，基本生活有保障，不仅保障了农村稳定，而且维护了整个社会的稳定。

准确把握这一因素，需要正确认识两个问题：一是以集体土地为基本生活保障并不一定要求已经承包了集体土地。不能以是否取得、耕种承包地作为判断标准；二是以集体土地为基本生活保障并不排除有其他生活来源，农民进城务工取得收入，不影响以集体土地为最终生活保障来源。具体请看"农村集体经济组织成员的定义"部分。

以上四个方面因素是实践经验的归纳总结，它们之间并非完全独立，而是相互关联的，特别是生产生活因素与权利义务因素明显相互重叠。这些因素的实践运用有三个主要特点。

一是每一种因素的重要性不同。户籍通常是必须考虑的基本因素，可以看成形式要件，基本生活保障则是实质要件，生产生活、权利义务因素是补充性的，用于增加考虑的内容，或者用于否认某些人的成员身份。

---

① 贺雪峰：《谁是农民》，中信出版集团 2016 年版，第 69 页。

二是不同地方确认农村集体经济组织成员的主要考虑因素各不相同。一般来说，经济发达地区比较强调户籍因素，户籍迁入迁出，是确认、否认成员身份的重要因素，在有些农村集体经济组织，只要户籍迁出，就不再是本集体经济组织成员。经济欠发达地区通常更多地强调基本生活保障因素，对于在集体经济组织生产、生活，需要以集体土地为基本生活保障的人员，即使户籍迁入小城镇，通常也会确认为集体经济组织成员。

三是不同情况下确认成员身份的主要考虑因素也有所不同。例如，确认外来人员的集体经济组织成员身份，户籍和基本生活保障因素通常是必须考虑的基本因素；二轮土地延包过程中，许多农村集体经济组织直接依据权利义务关系因素确认集体经济组织成员，存在家庭土地承包关系的直接被确认为成员，不必考虑其他因素。确认外嫁妇女的集体经济组织成员身份时，实际生产生活因素成为重要考虑因素，外嫁妇女实际在丈夫家生产生活的，即使户籍未迁入，通常也会确认为丈夫所在集体经济组织成员。在确认离婚、丧偶后回到娘家所在农村集体经济组织生产生活的妇女的成员身份时，更加重视基本生活保障因素，以确保这些妇女获得基本生活保障，在婆家有承包地的，通常确认为婆家所在农村集体经济组织成员；在婆家没有承包地的，并且回到娘家生产生活的，通常确认为娘家所在农村集体经济组织成员。

### 五、特殊情形下农村集体经济组织成员身份的确认

按照农村集体经济组织法第 12 条的规定，农村集体经济组织通过成员大会依法确认本集体经济组织成员。对因成员生育而增加的人员，农村集体经济组织应当确认为农村集体经济组织成员。对因成员结婚、收养或者因政策性移民而增加的人员，农村集体经济组织一般应当确认为农村集体经济组织成员。第 18 条第 1 款规定，农村集体经济组织成员不因就学、服役、务工、经商、离婚、丧偶、服刑等原因而丧失农村集体经济组织成员身份。各地确认农村集体经济组织成员身份的实践中，对因结婚、生育、收养而增加的人员，以及政策性移民等，一般会确认为成员，很少发生争议。容易产生

争议的，主要是一些特殊情况下确认成员身份。这里根据各地在实行家庭承包、开展农村集体产权制度改革过程中的普遍做法和经验，结合人民法院相关司法实践，对一些特殊情形下确认农村集体经济组织成员进行具体分析。

（一）出嫁妇女

出嫁妇女的农村集体经济组织成员身份问题非常复杂，因为它不仅直接关系妇女现实的经济利益，还涉及妇女未来的生活保障；不仅可能引发成员之间的利益之争，甚至会导致农户家庭内部的权益纠纷。确认出嫁妇女的农村集体经济组织成员身份，既受到预期利益和现代思想的影响，又受到现实政策和传统观念的约束。由于各地的资源禀赋、地理位置、经济发展水平、文化传统和风俗习惯的差别，农村妇女出嫁后的生活情况各有不同，通常情况下，妇女出嫁后与丈夫共同生产、生活，将户口迁入丈夫所在地，但在有些情况下，出嫁妇女由于各种原因并未将户口迁出，例如，受经济利益驱动，比较富裕的农村集体经济组织的妇女出嫁后与丈夫共同生产生活，但户口留在娘家所在农村集体经济组织，造成户口与实际生产生活地不符（人户分离）；有些农村妇女嫁入城镇后与丈夫共同生活，户口迁入城镇，但未加入城镇社会保障体系，实际上仍然以原集体经济组织农民集体土地为基本生活保障；有些妇女出嫁后，户口并未迁出，仍在娘家所在农村集体经济组织生产生活，并以集体土地为基本生活保障；有些妇女出嫁后，为方便照顾父母，户口并未迁出，生产生活上兼顾婆家与娘家。

根据地方实践，农村妇女出嫁后如何确认其集体经济组织成员身份，大体可以分为如下五种情况：（1）出嫁后户口迁入丈夫所在农村集体经济组织，与丈夫共同生活的，应当确认为丈夫所在农村集体经济组织成员。（2）出嫁后到丈夫所在农村集体经济组织生产生活，但由于种种原因未将户口迁入丈夫所在农村集体经济组织，或者因执行承包地三十年不变政策未能在婆家取得承包地，该妇女已经不在原集体经济组织生产生活，生活基础实际上已在婆家，一般应当确认为丈夫所在农村集体经济组织成员。（3）出嫁后因各种原因户口未迁出，仍在原集体经济组织生产生活，或者本人独自或与丈夫一起外出务工，并未较为固定地在婆家生产生活，未享受丈夫所在农村集体经济组织的收益分配权，仍然以原农村集体经济组织农民集体所有的土地为基本生活保障的，一般应当确认为原集体经济组织成员。（4）出嫁后将户口迁入丈夫所在农村集体经济组织，但由于各种原因仍在原农村集体经济组织生产、生活，仍以原集体经济组织农民集体所有的土地为基本生活保障的，一般应当确认为原集体经济组织成员。（5）嫁入城镇后，户口未迁出，主要在娘家居住生活的，一般应当确认为原农村集体经济组织成员；户口迁出并变为城镇户口，在城镇居住生活，但未享受城镇社会保障待遇的，根据具体情况可以确认为原农村集体经济组织成员，已经享受城镇社会保障的，一般不再确认为原农村集体经济组织成员。

（二）离婚、丧偶妇女

农村妇女出嫁后丧偶、离婚的，情况更为复杂，带来的问题也最难解决，是实践中的难中之难。这类妇女在丧偶、离婚前，通常已经因为结婚从娘家所在农村集体经济组织成员变为婆家所在农村集体经济组织成员，在丧偶、离婚后又面临回到娘家还是留在婆家的困难选择，其实际生活地与户籍、承包地也可能不一致。应当根据具体情况，按照维护丧偶、离婚妇女基本生活保障的原则，分别加以确认：（1）丧偶、离婚的妇女继续在原农村集体经济组织生产生活的，或者结婚时已将户口迁入丈夫所在农村集体经济组织并且参与分配了承包地，丧偶、离婚后回到娘家生产生活，但户口仍在原农村集体经济组织的，一般应当确认为原集体经济组织成员，或者说不单纯因丧偶、离婚而丧失集体经济组织成员身份。（2）丧偶、离婚的妇女将户口迁回娘家所在农村集体经济组织，回到娘家生产生活的，或者结婚时未将户口迁出，离婚或丧偶后回到娘家所在农村集体经济组织生产生活的，一般应当确认为娘家所在集体经济组织成员。（3）丧偶、离婚的妇女再婚嫁入其他农村集体经济组织，并与丈夫共同生产生活的，一般应当确认为再婚丈夫所在农村集体经济组织成员。（4）丧偶、离婚的妇女再婚嫁入城镇，已经取得城镇户口并加入城镇居民社会保障体系的，一般不应认定为农村集体经济组织成员；未取得城镇户口或者未加入城镇居民社会保障体系的，可以根据实际生产生活情况和基本生活保障来源，认定为娘家或者前夫所在农村集体经济组织成员。

需要指出的是,因父母离婚等原因,子女跟随父亲或者母亲一起将户籍迁入农村集体经济组织,只要父亲或者母亲履行了集体经济组织的相应义务,被确认为集体经济组织成员,该子女也应当确认为集体经济组织成员,以保障其基本生活。

(三)上门女婿(入赘男)

农村的上门女婿能否取得集体经济组织成员身份,实践中争议较大,学者们意见不一,有的主张,按照男女平等原则,上门女婿应当与出嫁女一样,在哪里落户生活,就应当认定为该农村集体经济组织成员。有的主张,应当主要按照农村合理的风俗习惯,来确认上门女婿的集体经济组织成员身份。①

按照民法典第 1050 条的规定,登记结婚后,按照男女双方约定,女方可以成为男方家庭的成员,男方可以成为女方家庭的成员。现实生活中,男女结婚后,绝大多数情况是女子成为男方家庭成员,共同居住生活;少数情况下,男子成为女方家庭成员,俗称上门女婿(入赘男)。依照男女平等原则,无论女子成为男方家庭成员,还是男子成为女方家庭成员,他们的权利义务都应当相同。就结婚后成为家庭成员而言,男女确实是平等的。但是,男子入赘成为女方家庭成员,是否当然成为女方所在农村集体经济组织成员,受父权制、从夫居等传统观念的影响,加上不同农村集体经济组织的人口结构、经济实力、福利待遇可能存在很大差别,实践中的情况较为复杂。

根据中共中央办公厅、国务院办公厅《关于切实维护农村妇女土地承包权益的通知》的精神,对有女无儿,或儿子没有赡养能力,其女儿尽了主要赡养义务的入赘婿及其入赘后所生子女,要求享有与村民同等待遇和收益分配权的,应予支持。该通知主要针对有女无儿或者儿子没有赡养能力、女儿尽主要赡养义务的入赘婿及其子女,这与一些地方的传统风俗是一致的。实

---

① 丁关良:《农村集体经济组织立法的若干重要问题研究》,载《湖南农业大学学报(社会科学版)》2022 年第 4 期。

践中经常产生争议的，主要是一些城中村、城郊村、经济发达村的妇女不愿意出嫁到外村，以便继续分配集体收益、享受集体福利，并非因无人赡养老人而招婿入赘，容易遭到本集体经济组织成员的非议。

解决问题的关键在于如何处理法律规范与传统风俗的关系。按照一些地方的风俗习惯，农户只有女儿没有儿子的，为了传承香火，为长辈养老，可由一个女儿招上门女婿顶门立户，该上门女婿及其子女与同村庄其他人员享有完全相同的权利，但该农户如果还有其他女儿再招上门女婿的，则不能享受同等待遇。农户有儿有女，但儿子因各种原因（如残障或者受伤、生病等）难以承担顶立门户、养家糊口和养老责任的，可由一个女儿招上门女婿并享有同等待遇。这些风俗习惯是长期生活形成的。

根据有关文件精神和各地实践，确认上门女婿是不是女方所在农村集体经济组织成员大体可以分为以下四种情况：（1）女方家庭只有独生女，女儿招上门女婿的，通常将户口迁入女方所在农村集体经济组织，并在此居住、生活。按照传统家庭观念，该上门女婿顶门立户，延续香火，各地普遍确认其集体经济组织成员身份。（2）女方家庭有儿有女，但儿子因特殊原因缺乏赡养能力，需由女儿尽主要赡养义务，这种情况下的上门女婿通常将户口迁入女方所在农村集体经济组织，并在此居住、生活，一般会确认为女方所在农村集体经济组织成员。（3）女方家庭有多个女儿，但没有儿子，其中的一个女儿招上门女婿顶门立户的，一般会确认为女方所在集体经济组织成员。其他女儿再招上门女婿的，能否确认为女方所在集体经济组织成员，由农村集体经济组织民主议定，实践中存在不确定性，有些集体经济实力较强、集体福利水平较高的农村集体经济组织，可能不确认上门女婿的成员身份。（4）女方家庭有儿有女，儿子正常结婚，女儿招上门女婿的，能否确认为女方所在农村集体经济组织成员，由农村集体经济组织民主议定。有些集体经济实力较强、集体福利水平较高的农村集体经济组织，可能不确认该上门女婿的成员身份，有些农村集体经济组织对这类上门女婿享有的集体的财产权益加以限制。

确认上门女婿的农村集体经济组织成员身份，应当尊重婚姻自由，落实男女平等，同时要考虑传统习俗和社会现实的影响。单纯强调婚姻自由，有些情况下可能有悖风俗习惯，并且造成不公平，影响农村集体经济组织内部和谐；完全遵从风俗习惯，有些情况下可能影响甚至限制婚姻自由。实践中可由农村集体经济组织根据法律原则和具体情况加以确认，当事人有异议的，可依法由人民法院审查确定。

（四）空挂户人员

空挂户人员主要是指农村集体经济组织的空挂户和寄挂户的人员。空挂户通常指户籍在农村集体经济组织但家庭人员不在集体经济组织生产生活的情形，即"户在人不在"。主要是为方便务工经商、子女就学、家庭生活等，将家庭成员的户籍挂在集体经济组织，但其家庭成员并不在集体经济组织生产生活，一般也不以该集体经济组织农民集体所有的土地为基本生活保障。空挂户人员大体可以分为三类：（1）经农村集体经济组织民主议定程序同意该户口迁入集体经济组织的，表明该农户与农村集体经济组织就权利义务关系达成一致，可以确认该农户家庭成员的集体经济组织成员身份。有的情况下，因历史或者个人原因，经本集体经济组织同意迁入户口已经多年，实际生活中得到大多数成员认可的，可以认定为农村集体经济组织成员。（2）经农村集体经济组织民主议定程序同意该农户迁入集体经济组织，但同时约定只迁入户口、不享受集体经济组织成员待遇，在这种情况下，根据约定，一般不确认其家庭人员为农村集体经济组织成员。（3）未经农村集体经济组织民主议定程序决定，通过其他方式将户籍迁入农村集体经济组织的，一般不应确认其家庭人员为农村集体经济组织成员。

实践中还有些特殊的空挂户应当区别对待。例如，为促进城镇化，有些地方曾经制定政策，允许农民购买城镇户口。按照政策购买城镇户口的农民把户口落在城镇的某个居民委员会，但相应的社会保障等福利并未落实，成为城镇的空挂户，他们实际上仍在原农村集体经济组织生产生活；再如，有些农民外出务工，在外地购房居住、生活，但户口仍在农村集体经济组织，成为空挂户（户在人不在）。这两种情况下的农民仍然以农村集体经济组织农民集体所有的土地为基本生活保障，不同于外来人员迁入户口形成的空挂户，一般应当认定为农村集体经济组织成员。

（五）回乡退养人员

回乡退养人员是指从农村进入城镇工作的人员退休后，重新回到农村的家乡居住、生活。其中，有些人将户口留在城镇，有些人将户口迁回农村集体经济组织，有的甚至按照当时的政策申请取得了宅基地。这些回乡退养人员早就离开农村集体经济组织到城镇工作，退休后回到家乡主要是养老，他们作为城镇退休人员已经纳入城镇社会保障体系，享有城镇居民的退休金及各项社会保障福利待遇，并不依靠集体土地作为基本生活保障，一般不应认定为农村集体经济组织成员；特殊情况下，国家机关、企事业单位干部职工响应国家政策号召回原籍农村落户，未享有城镇社会保障待遇，需要以集体土地为基本生活保障的，可以确认为农村集体经济组织的成员。

**六、确认农村集体经济组织成员争议的解决**

农村集体经济组织确认本集体经济组织成员发生争议的，应当如何处理，实践中情况比较复杂。通常来说，当事人先进行协商，或者由有关调解组织进行调解，协商和调解不能解决问题的，可以向人民法院起诉，请求人民法院作出判决，但是，鉴于确认集体经济组织成员的复杂性，特别是确认外嫁女、入赘男等特殊人员的成员身份所面临的特殊困难，有些地方要求当事人向人民法院起诉前，先请求行政机关作出处理决定。

（一）解决确认农村集体经济组织成员争议的现实救济

对于确认农村集体经济组织成员身份有异议的，可由当事人与集体经济组织或者集体经济组织成员确认工作小组进行沟通协商，努力达成一致意见，解决争议。但当集体经济组织在统一发包集体土地、开展集体产权制度改革等过程中统一组织进行成员确认时，按照确认成员的程序要求，一般都实行三榜公布，对确认成员身份有异议的人员，在前两次公示期间通常都已经提出了疑问或者异议，并且会得到答复。因此，这些情况下再出现争议，希望通过协商解决争议，难度可能比较大。实践中主要由行政机关和人民法院解决。

其一，行政机关作出处理决定。

由行政机关对确认集体经济成员的争议作出处理决定，是一些地方在实践中形成的一种有效做法。产生这种做法的现实依据和理由主要是：（1）人民法院特别是基层人民法院客观上不愿意受理关于确认农村集体经济组织成员的争议。有学者实地调查表明，基层人民法庭会尽量避免受理山林、土地纠纷，因为这些纠纷涉及农民赖以为生的主要生产资料，还与家庭内部分家析产、老人赡养、小孩抚养等深层次问题密切相关，稍有不慎极容易引发极端事件。① 因确认农村集体经济组织成员而产生的争议，起诉到人民法院的，通常都涉及土地承包、征地补偿费分配等，背后往往涉及传统习俗、地方风俗和村庄的历史背景等复杂因素，大多属于确认农村集体经济组织成员的"疑难杂症"，法律没有也难以作出明确规定，人民法院既难以作出裁决，作出裁决后也很可能难以执行，因此，普遍希望由行政机关解决争议。（2）按照地方组织法第73条第6项的规定，乡、（民族乡、镇）人民政府的职权包括保障公民的人身权利、民主权利和其他权利。按照村民委员会组织法第27条的规定，村民自治章程、村规民约以及村民会议或者村民代表会议的决定不得与宪法、法律、法规和国家的政策相抵触，不得有侵犯村民的人身权利、民主权利和合法财产权利的内容，有违反的，由乡、民族乡、镇的人民政府责令改正。有些地方以这些规定作为乡镇人民政府对关于确认集体经济组织成员的争议作出处理决定的法律依据，使行政机关的处理决定于法有据。（3）真正解决关于确认集体经济组织成员的争议，关键还在于保障和具体落实相关当事人的合法权益，由行政机关作出处理决定，有利于处理结果得到落实，从根本上解决争议，保障集体经济组织成员权益。

基于这些情况，在确认农村集体经济组织成员争议较多的地方（如广东省部分地区），为更加有效、彻底地解决确认成员的争议，采取了先请求行

---

① 张青：《"乱象"中的公正与秩序：鄂西南锦镇人民法庭的实践逻辑》，法律出版社2015年版，第116页。

政机关作出处理决定，再由人民法院审理的解决办法，较好地处理了有关确认农村集体经济组织成员的争议和纠纷。具体来说，有些地方政府、人民法院专门制定规范性文件明确，对确认农村集体经济组织成员发生争议的，可以向乡镇人民政府或街道办事处提出行政处理申请，由乡镇人民政府或街道办事处依职权作出行政处理决定书；对行政处理决定不服的，可以就行政处理决定向上级人民政府提起行政复议，或者直接向人民法院提起行政诉讼，即在申请人民法院裁决前，先请求行政机关作出决定。

有学者指出，行政机关介入村集体成员身份认定，为法院审理该类争议提供了较大便利，它意味着法院只需要审查村集体成员身份的行政认定是否符合形式合法的要求，而不需要审查其实质内容。[①] 实践中，有些案件里，人民法院不仅要进行形式审查，还要进行实质审查。

其二，人民法院作出司法裁决。

从近年司法实践看，向人民法院起诉的有关确认农村集体经济组织成员身份的争议大体可分为两种类型。

一类是当事人向人民法院提起诉讼，直接请求确认其农村集体经济组织成员身份。这种情况下，人民法院的通常做法是不予受理，有时受理后判决驳回当事人的诉讼请求，主要理由是，确认农村集体经济组织成员属于农村集体经济组织内部事务，应当由农村集体经济组织按照章程规定和民主议定程序自主决定，不宜由人民法院予以确认；当事人请求确认农村集体经济组织成员身份的争议，不是平等主体之间的民事纠纷，不属于人民法院受理民事诉讼的范围[②]，不能通过单独提起诉讼由人民法院进行审查。

另一类是间接请求人民法院确认农村集体经济组织成员身份。当事人向人民法院起诉，主张其享有的承包土地的权利、参与分配集体收益或者集体土地征收补偿费的权利等受到侵害，请求依法保护其权益。在人民法院审理

---

① 蒋月、潘锦涵：《外嫁女的农村集体经济组织成员身份认定问题研究——基于人民法院审结的 244 个相关诉讼案件统计分析》，载《人权研究》2023 年第 3 期。

② 江晓华：《农村集体经济组织成员资格的司法认定——基于 372 份裁判文书的整理与研究》，载《中国农村观察》2017 年第 6 期。

确定其诉讼请求能否成立时，必须确定当事人是否依法享有或者应当享有其主张的权利，这往往又取决于当事人是不是农村集体经济组织成员。当村民认为自身利益受到集体经济组织侵害时，要通过司法途径维护权益，争议的焦点，在大多数情况下，最终都要归结为当事人是否具有农村集体经济组织成员资格。[1] 对于这些诉讼，人民法院通常予以受理，依法审理后，确认当事人是不是农村集体经济组织成员，并作出相应的判决，依法维护当事人权益或者驳回当事人的诉讼请求。[2]

（二）农村集体经济组织法确立的解决方式

基于农村集体经济组织内部纠纷的特点，总结一些地方和人民法院解决确认农村集体经济组织成员纠纷的实践经验，农村集体经济组织法第 56 条从实际出发，规定了解决确认农村集体经济组织成员纠纷的三种主要途径，即行政调解（请求乡镇人民政府、街道办事处或者县级人民政府农业农村主管部门调解解决）、仲裁解决（请求农村土地承包仲裁机构仲裁解决）、司法裁决（向人民法院起诉，由人民法院裁决），并且，三种救济措施并列，由当事人根据情况选择。具体分析，请看第七章第一节。

# 第三节　农村集体经济组织成员的权利和义务

## 一、农村集体经济组织成员的权利

按照农村集体经济组织法第 13 条的规定，农村集体经济组织成员享有下列权利：

选举权和被选举权。集体经济组织成员有权依照法律和章程，选举和被

---

[1]　刘高勇、高圣平：《论基于司法途径的农村集体经济组织成员资格认定》，载《南京社会科学》2020 年第 6 期。

[2]　关于这几类纠纷的司法处理，请参看本书第七章第一节的具体分析。

选举为成员代表、理事会或者监事会成员（监事），包括参与选举的权利，以及被选举为集体经济组织成员代表、理事会或者监事会成员（监事）的权利。

重大事项和重要事务决定权。宪法第 17 条第 2 款明确规定，集体经济组织实行民主管理，依照法律规定选举和罢免管理人员，决定经营管理的重大问题。农村集体经济组织法第 13 条第 2 项规定，农村集体经济组织成员依据章程参加成员大会、成员代表大会并参与表决决定农村集体经济组织重大事项和重要事务。第 26 条规定了成员大会的职权，其中列举的需要由成员大会决定的事项，可以看成是农村集体经济组织的重大事项和重要事务，或者说是经营管理的重大问题。

农村集体经济组织成员有权依照法律和章程参与召集、出席农村集体经济组织成员大会、成员代表会议，并行使表决权，参与决定农村集体经济组织重大事项和重要事务，包括依照法律和章程参与选举、罢免农村集体经济组织管理人员（理事会成员、监事会成员或者监事）的权利、被选举为农村集体经济组织管理人员的权利，行使集体土地所有权等。

知情权。根据民法典第 264 条的规定，农村集体经济组织应当向本集体成员公布集体财产状况，集体成员有权查阅、复制相关资料，包括财务会计报告、会议记录等，了解相关集体财产经营管理和处分情况。土地管理法第 49 条第 1 款规定，被征地的农村集体经济组织应当将征收土地的补偿费用的收支状况向本集体经济组织的成员公布，接受监督。农村集体经济组织法第 13 条进一步明确农村集体经济组织成员有权查阅、复制财务会计报告、会议记录等资料，了解有关情况。这就赋予农村集体经济组织成员对集体财产的知情权，以监督和保障集体财产的合理使用和分配，使集体财产得到更好保障。同时，农村集体经济组织成员对农村集体经济组织有关重大事项、重要事务的决定，同样享有知情权。

监督权。农村集体经济组织法第 13 条规定，农村集体经济组织成员有权监督集体财产经营管理活动和集体收益的分配、使用，并提出意见和建议。农业法第 73 条第 3 款规定，农村集体经济组织和村民委员会对涉及农民利益的重要事项，应当向农民公开，并定期公布财务账目，接受农民的监督。根据这些法律规定，农村集体经济组织成员有权监督本集体经济组织管理人员依照法律和章程正当经营管理、处分集体财产和正当分配、使用集体收益，并且有权对集体资产的经营管理和处置、对集体收益的分配和使用、对集体事务的处理提出意见和建议。

依法承包集体土地的权利。根据农村土地承包法第 5 条和第 19 条等规定，农村集体经济组织成员有权依法承包由本集体经济组织发包的农村土地，农村集体经济组织按照规定统一组织发包时，农村集体经济组织成员依法平等地行使承包土地的权利，并以承包户的形式取得土地承包经营权。任何组织和个人不得剥夺和非法限制农村集体经济组织成员的这项权利。需要注意的是，这项权利实质是一项请求权，农村集体经济组织统一发包集体土地时，农村集体经济组织成员要求承包集体土地的，农村集体经济组织应当向成员分配承包地。但在统一组织发包以后，农村集体经济组织成员再要求承包土地的，农村集体经济组织应当依照法律规定和集体土地的具体情况，确定是否给该成员分配承包地，农村集体经济组织已经没有集体土地可以发包的，可以不给该成员分配承包地，该成员就不能现实地取得承包地。

依法申请取得宅基地使用权的权利，即宅基地分配请求权。按照土地管理法第 62 条的规定，农村村民的宅基地以户为单位，实行一户一宅。按照集体所有制实现耕者有其田、居者有其屋的基本理念和长期以来的政策，农村集体经济组织负责落实成员居有所住，农村集体经济组织成员有权请求农村集体经济组织分配宅基地，符合获得宅基地使用权的条件且没有住房的，农村集体经济组织应当分配住宅用地；不符合条件或者已有住房的，农村集体经济组织可不分配住宅用地。因此，农村集体经济组织成员有权依法申请取得宅基地使用权，享有的是请求分配宅基地或者取得宅基地使用权的请求权，能否现实地取得宅基地使用权，还要取决于国家相关政策及该成员是否符合取得宅基地使用权的条件。只有经成员提出申请、农村集体经济组织审核、乡镇或县级人民政府依法审批后，农村集体经济组织成员才能实际分配到宅基地，取得宅基地使用权。

依法参与集体收益分配的权利。即请求依照法律和章程获得集体收益分配的权利。一方面，这是一项请求权，农村集体经济组织有权提出参与分配集体收益的请求，但只有在农村集体经济组织有可供分配的收益并且依照法律和章程进行分配时，农村集体经济组织成员的这项请求权才能得以实现，并现实地获得集体收益的分配，得到集体分配的货币财产；另一方面，只要农村集体经济组织依照法律和章程进行集体收益分配，农村集体经济组织成员都有权获得分配相应的收益，农村集体经济组织不能拒绝给某个或者某些成员分配集体收益。

参与分配土地补偿费的权利。集体土地被征收征用时，农村集体经济组织依法获得土地补偿费，农村集体经济组织成员有权参与分配土地补偿费。根据民法典第243条第2款，征收集体所有的土地，应当依法及时足额支付土地补偿费、安置补助费以及农村村民住宅、其他地上附着物和青苗等的补偿费用。根据土地管理法第48条和土地管理法实施条例第26条的规定，土地补偿费归农村集体经济组织所有；地上附着物补偿费、青苗补偿费归地上附着物及青苗的所有者所有；安置补助费根据不同情况确定归属，住宅的补偿费归住宅所有者所有。

土地补偿费实际是对集体土地所有权的补偿，因为集体土地被征收后，集体土地所有权和农户的土地承包经营权归于消灭，国家应当对此给予补偿。因此，土地补偿费一部分支付给被征用土地的承包户，其余部分应当按照农村集体经济组织确定的办法分配给农村集体经济组织成员，只要是农村集体经济组织成员，就有权参与这部分土地补偿费的分配，并按照农村集体经济组织确定的办法获得分配。

农村集体经济组织成员参与分配集体收益、土地补偿费的权利具有某些特殊性。一方面，这两项权利只是一种请求权，农村集体经济组织成员均可以提出请求，但只有在农村集体经济组织有集体收益、土地补偿费并进行分配时，农村集体经济组织成员才能实际参与分配，并现实地取得相应数额的集体收益、土地补偿费。农村集体经济组织没有集体收益、土地补偿费可供分配时，该请求权就不能实现。另一方面，它又不同于一般的请求权。农村集体经济组织只要有足够的集体收益，或者只要获得了土地补偿费，就必须依照法律和章程进行分配，而且每一个农村集体经济组织成员都有权获得分配，农村集体经济组织不能排除、拒绝分配给某个或者某些成员。即只要农村集体经济组织进行集体收益、土地补偿费的分配，农村集体经济组织成员就应当获得分配，农村集体经济组织就应当落实其请求权，现实地向其分配相应的利益，使成员的请求权得以实现。①

享受集体服务和福利的权利。农村集体经济组织不仅要为成员的生产经营提供技术、信息等服务，还应当为成员提供教育、文化、卫生、体育、养老等服务和福利。农村集体经济组织成员有权享受集体的服务和福利，利用集体的公益设施，如公共休闲场所、文化体育设施等。

其他权利。其他有关法律、法规和农村集体经济组织章程可能赋予农村集体经济组织成员其他某些权利，主要包括以下四点。

一是自愿退出农村集体经济组织的权利。20世纪50年代农业社会主义改造时，按照相关法律规定，加入初级合作社、高级合作社的社员都有退社的自由。但人民公社化以后，人民公社实行政社合一，社员的身份同时具有行政和经济属性，加之人口迁移受到严格限制，社员实际丧失了退社自由。农村改革以来，法律虽然没有明确规定农村集体经济组织成员享有退出农村集体经济组织的权利，但随着工业化城镇化进程加快，有些农户离开农村进入城镇或者迁移到其他地方工作、生活，客观上退出了原农村集体经济组织，事实上享有退出的自由。农村集体经济组织法第16条对成员自愿退出作了规定。

二是一定情况下的优先权。根据农村土地承包法相关规定，农村集体经济组织成员享有承包"四荒"土地的优先权，以及土地经营权流转时的优先受让权。根据农村土地承包法第51条的规定，以其他方式承包农村土地的，在同等条件下，本集体经济组织成员享有优先承包权；该法第38条规定的土地经营权流转应当遵循的原则之一，就是在同等条件下本集体经济组

---

① 有学者因此将集体经济组织成员获得集体收益以及征地补偿款的利益称为获益权，强调其与收益请求权的不同，即获益权更多地强调成员获取利益的应然性。见宋天骐：《论农村集体经济组织成员的权利体系》，载《人民法治》2019年第9期。

织成员享有优先权。所谓同等条件，一般是指承包费、承包期限、流转价款、流转期限等主要内容相同。因此，土地经营权流转时，本集体经济组织成员应当享有优先受让权。

三是依法维护自身权益的权利。农村集体经济组织成员的权益受到侵害时，有权依据法律法规采取协商、调解、仲裁、诉讼等方式维护自身权益。根据民法典第 265 条第 2 款的规定，农村集体经济组织、村民委员会或者其负责人作出的决定侵害集体成员合法权益的，受侵害的集体成员可以请求人民法院予以撤销。即农村集体经济组织成员个人的合法权益受到农村集体经济组织及其负责人所作决定侵害的，有权直接请求人民法院撤销相应决定。农村集体经济组织法第 57 条对此作了更明确的规定，具体内容请看第六章。

四是参与诉讼维护集体权益的权利。农村集体经济组织成员作为集体的一员，当集体权益受到侵害时，有权依照法律采取诉讼措施维护集体权益。主要体现为，集体财产权益受到他人侵害时，农村集体经济组织成员有权参与推选代表人向人民法院提起诉讼；集体权益受到农村集体经济组织理事会、监事会成员等的侵害，农村集体经济组织管理人员怠于提起诉讼的，农村集体经济组织成员有权参与提起代位诉讼，代表农村集体经济组织直接向人民法院起诉。

### 二、非成员享有农村集体经济组织成员部分权益

农村集体经济组织以外的人，由于各种原因，可以享有农村集体经济组织的权益和福利。实践中主要有如下三类人员。

（一）长期在农村集体经济组织工作的外来人员

农村集体经济组织是一种特殊的经济组织，具有地域性和排他性。基于历史原因和长期实践，农村集体经济组织成员具有一定封闭性，主要来自集体经济组织成员因婚姻、生育等增加的人员。随着城镇化推进和人口老龄化，青年农民普遍进城务工，不少农村集体经济组织内部面临人口流失、农村集体经济组织负责人和经营管理人员老化、经营管理能力不足等问题，缺乏人才是农村集体经济组织持续健康发展的重要制约因素。2019 年中共中

央、国务院发布的《关于建立健全城乡融合发展体制机制和政策体系的意见》明确提出，允许农村集体经济组织探索人才加入机制。有些农村集体经济组织为发展新型农村集体经济，从外部聘请经营管理人员和专业技术人员，吸引外来人才，解决人才不足问题。

为吸引并留住人才，乡村振兴促进法第28条第3款规定，乡镇人民政府和村民委员会、农村集体经济组织应当为返乡入乡人员和各类人才提供必要的生产生活服务。农村集体经济组织可以根据实际情况提供相关的福利待遇。实践中，有些农村集体经济组织根据情况，允许外来人员享受集体的部分财产权益和福利待遇。农村集体经济组织法第15条允许长期在集体经济组织工作，对集体作出贡献的外部人员享有集体经济组织成员的部分权益。这一规定主要适用于长期在农村集体经济组织工作的外部人员。其中的"长期"具体指多长时间，可由农村集体经济组织根据具体情况自主确定。外部人员享有的权利主要是财产权益和集体福利，不包括农村集体经济组织成员的表决权、参与权等权利。允许外来人员享有本集体经济组织成员的财产权益和集体福利，直接涉及全体成员的切身利益，应当尊重大部分成员的意愿，因此，农村集体经济组织法第15条要求由农村集体经济组织成员大会四分之三以上成员同意，方为有效。

（二）曾经对集体作出贡献的人员

这些人员不是农村集体经济组织成员，因为对集体有贡献而享有集体的权益和福利。实践中非成员享有集体权益的也主要是这类人员，具体来说，主要是已经离开农村集体经济组织，但历史上曾经对集体有过贡献的人员。农村集体经济组织实行集体产权制度改革时，将集体经营性财产以份额形式量化到农村集体经济组织成员，作为其参与集体收益分配的基本依据，其中，许多地方根据集体财产形成和积累的历史状况，只要是对积累集体财产作出过贡献的人员，包括以前曾经向集体缴纳"三提五统"或者提供劳务，目前已经离开农村集体经济组织的人员，都作为量化的对象分配一定份额，以肯定其对集体的历史贡献，这些人员已经离开农村集体经济组织，有些已经转为城镇户口，严格地说已经不完全符合现行的农村集体经济组织成员资格条件，不能确认为农村集体经济组织成员，但是可以依据量化的份额参与集体收益的分配。①

（三）因继承而取得集体财产收益权份额的外部人员

农村集体经济组织实行集体产权制度改革后，集体经营性财产收益权以份额形式量化到成员，从各地的普遍情况看，大部分地方允许量化到成员的收益权份额，可以在农村集体经济组织内部转让，也可以继承。其中，成员去世后，已经量化到其名下的收益权份额可以依照章程，由其继承人继承，继承人可以是本集体经济组织成员，也可以是本农村集体经济组织以外的人。继承人如果是农村集体经济组织以外的人，其只享有依据继承的收益权份额获得收益分配的权利，但不能享有作为农村集体经济组织成员的其他权益。

**三、农村集体经济组织成员的义务**

权利与义务通常是相互联系、相对而言的，没有无义务的权利，也没有无权利的义务，享有一定的权利就要承担相应的义务。农村集体经济组织成员享有法律规定的权利，同时应当承担法律规定的义务。农村集体经济组织法第14条参考地方性法规和《农村集体经济组织示范章程（试行）》的相关规定，明确了农村集体经济组织成员的主要义务，具体包括如下各项。

遵守法律法规和农村集体经济组织章程。遵守法律法规是不言而喻的，农村集体经济组织章程是农村集体经济组织及其成员的基本规范，自然应当认真遵守。

执行农村集体经济组织依照法律法规和章程作出的决定。主要是农村集体经济组织成员大会、成员代表大会的决议，它们体现的是农村集体经济组织成员的共同意志，全体成员都必须遵守和服从。当然，成员大会、成员代表大会作出的决定侵害农村集体经济组织成员合法权益的，权益受到侵害的成员有权请求人民法院予以撤销。

---

① 有些农村集体经济组织在广义上也将这部分人员称为成员，但是他们只享有按照其份额参与分配集体收益的权利，不享有成员的表决权等其他权利。

维护农村集体经济组织合法权益。作为农村集体经济组织的成员，维护农村集体经济组织合法权益是一项基本要求。维护农村集体经济组织的合法权益，归根到底也是维护成员的权益。

合理利用和保护集体土地等资源。这是农业法、农村土地承包法等法律明确规定的一项重要义务。坚持家庭承包经营的基础地位，农户是农业生产经营的重要主体，合理利用和保护土地资源，特别是宝贵的耕地资源，在现实中很有针对性。

参与、支持农村集体经济组织的生产经营管理活动。农村集体经济组织依法开展生产、经营活动，是农村集体经济组织的基本职能，农村集体经济组织成员应当积极参与和支持。

参与、支持农村集体经济组织举办的公益活动。举办公益事业，为成员提供公益服务和相关的福利，是农村集体经济组织的重要职能之一，目的是增进成员的利益和福利。因此，农村集体经济组织举办公益活动，农村集体经济组织的成员应当积极参与。

法律法规和农村集体经济组织章程规定的其他义务。

# 第四节　成员的加入、自愿退出与身份丧失

## 一、农村集体经济组织成员的加入

允许外部人员加入，保持农村集体经济组织的适度开放性，有利于保持农村集体经济组织活力，并且解决农村集体经济组织缺乏人才问题。允许非本集体经济组织成员作出一定行为或者履行一定义务加入，是适应现实需求的必然选择。[①] 2023 年中央一号文件明确提出，允许符合一定条件的返乡回

---

① 梅维维：《农村集体经济组织法人的内在逻辑与制度表达》，载《华中农业大学学报（社会科学版）》2024 年第 2 期。

乡下乡就业创业人员在原籍地或就业创业地落户。为一些外部人员加入农村集体经济组织提供了政策支撑。有些地方性法规（如《浙江省村经济合作社组织条例》第19条）对农村集体经济组织接受外部人员作了明确规定。

有学者对12省的74个村庄的田野调查表明，65.7%的村民认可在民主决策的条件下赋予部分外来人员成员资格，尤其是赋予对本村经济发展有重要贡献的外来人员成员资格的做法得到广泛认同。[①]

广义来说，农村集体经济组织成员的确认可以包含成员的加入，因为都由成员大会作出决定。但严格地说，农村集体经济组织成员的加入与成员的确认略有不同。成员的确认主要针对农村集体经济组织内部人员或者与农村集体经济组织成员有血缘或者某种身份关系的人员，确定其是否符合农村集体经济组织成员的要件；成员的加入主要针对农村集体经济组织外部人员，他们明显不完全符合成员的要件，因为客观需要，农村集体经济组织按照一定程序（通常比确认成员更严格）同意其加入集体经济组织。加入农村集体经济组织的外部人员主要有以下两类。

一类是农村集体经济组织聘请的经营管理人员、专业技术人员。农村集体经济组织聘请的经营管理人员、专业技术人员，通常是农村集体经济组织发展集体经济急需的人才，对集体的贡献较大，让这些人员加入农村集体经济组织或者享有农村集体经济组织成员的部分权益，有利于农村集体经济组织的发展，特别是解决当前农村集体经济组织人才匮乏问题。因此，经农村集体经济组织成员大会表决同意，可以接纳他们为本集体经济组织成员，或者享有本集体经济组织成员的某些权利和福利待遇，激励他们更好地为农村集体经济组织服务。

另一类是在集体经济组织生产生活的外来人员。其他农村集体经济组织的成员，因生产生活需要（如便于开展经营活动、方便子女上学），将户籍迁入农村集体经济组织，并在农村集体经济组织生产生活一段时间，得到农

---

① 陈小君等：《我国农村集体经济有效实现的法律制度研究》，法律出版社2016年版，第6页。

村集体经济组织大部分成员认可后，可以加入农村集体经济组织，同时放弃原集体经济组织成员身份。比较常见的情形是，由人多地少的村庄迁入相对人少地多的农村集体经济组织（如跨地区种地的农民），由山区迁入平原地区的农村集体经济组织，由偏远村庄迁入靠近乡镇的农村集体经济组织等。这种情况通常限于其他农村集体经济组织成员，不包括城镇居民。

此外，原籍在农村集体经济组织的国家机关、事业单位、国有企业的工作人员等辞职返回家乡，或因其他原因回到农村集体经济组织创业、就业的，经过农村集体经济组织成员大会同意，也可以被接纳为农村集体经济组织成员或者享有成员的部分权利和福利。

有些农村集体经济组织实行股份合作制，将集体经营性财产以份额形式量化到成员、固化到户，同时，为保护新增人员的权益，允许集体经济组织新增人员等，按照成员大会的决议出资购买份额，并依据份额参与集体收益分配。这种情况下，出资购买份额的通常是与农村集体经济组织存在关联的人员，与农村集体经济组织外部人员加入农村集体经济组织明显不同。

### 二、农村集体经济组织成员自愿退出

自愿退出农村集体经济组织，是农村集体经济组织成员的一项基本权利。20 世纪 50 年代实行农业合作化成立的初级农业生产合作社，以及后来升级成立的高级农业生产合作社，社员都享有退社自由。到人民公社时期，人民公社实行政社合一，农民既是一种职业，是经济身份，也附有政治和社会身份，实际上丧失了退社自由。农村改革后实行政社分开，农村集体经济组织成员主要是一种经济身份，成员自愿退出是经济组织的基本原则，农村集体经济组织应当允许成员自愿退出。

实践中，有些农村集体经济组织成员由于种种原因（例如，进入城镇工作、生活，已有固定的住所和相对稳定的收入来源，甚至加入城镇社会保障体系，不再需要以农村集体土地为基本生活保障，或者，已经加入其他集体经济组织，需要退出原农村集体经济组织等），希望退出农村集体经济组织，应当允许其自愿退出。不过，现实中自愿退出的实例很少，主要原因是可以

享受长期稳定的分红收益，股份有偿退出的实际意义不大，担心由此丧失成员权等。① 特别是不愿意放弃宅基地、承包地的权益。

农村集体经济组织成员自愿退出农村集体经济组织，实际上是自愿放弃对农村集体经济组织享有的权利和承担的义务，特别是已经不再以集体土地作为基本生活保障。2004 年以后，国家取消了农民缴纳的农业税和"三提五统"费用，还向农民发放种粮补贴等各种补贴，农村集体经济组织成员享有的权利和利益较大，而承担的义务较少，退出农村集体经济组织就意味着放弃一定的权利和利益，因此，必须完全出于成员自愿，任何人不得强迫。

成员退出农村集体经济组织主要涉及成员和农村集体经济组织的利益，成员放弃在农村集体经济组织的权利和利益，特别是以集体土地为基本生活保障的重要权利，因此必须慎重。一方面，自愿退出的成员必须以书面形式提出放弃成员身份的申请，表明其确实出于自愿，未受他人强迫或者胁迫；万一发生争议，也是确实的证据。另一方面，应当经农村集体经济组织同意，因为涉及该成员与农村集体经济组织以及其他成员的关系，包括债权债务关系。农村集体经济组织法第 16 条对此作了规定。至于农村集体经济组织表示同意的方式，可以根据农村集体经济组织实际情况确定，可以召开成员大会或者成员代表大会讨论通过，或者由农村集体经济组织理事会会议讨论通过，并予以公示，以便本集体经济组织成员了解情况。

有意见认为，农村集体经济组织成员退出农村集体经济组织应当规定一定的条件，例如，在城镇有固定住所、有稳定的收入来源、已经加入城镇社会保障体系或者有集体土地以外的其他基本生活保障来源等。这样做有利于维护成员权益和农村社会稳定，实践中也可能存在现实问题，如怎样证明当事人符合规定条件、当事人不愿意提供证据怎么办、出现争议如何处理等。既然自愿放弃集体经济组织成员身份是成员的自主行为，并且采取书面形式提出申请，成员最关心自己的利益，同时最了解自身情况，每个人都是自身

---

① 房绍坤主编：《农村集体产权制度改革的法理阐释》，中国人民大学出版社 2022 年版，第 183 页。

利益的最佳判断者，法律没有必要对农村集体经济组织成员主动放弃成员身份施加前提条件，可由成员自己掌握、决定是否退出，农村集体经济组织认为必要的，可以提醒成员做好基本生活保障等安排。

成员自愿退出农村集体经济组织实际上放弃了一些利益和权益，可以与农村集体经济组织协商获得适当的补偿。有些农村集体经济组织主动对退出农村集体经济组织的成员给予一定的经济补偿，补偿的具体办法和补偿数额，由农村集体经济组织按照章程确定。同时，还可以在一定期限内保留其已经享有的财产权益，例如，在一定期限内继续依据其享有的集体收益分配份额参与集体收益的分配。事实上，实行股份合作制的农村集体经济组织，成员自愿退出时，其享有的份额可以按照章程的规定予以转让或者由农村集体经济组织赎回，也可以保留按份额参与集体收益分配的权利（成为非成员股东），不再享有表决权等类似权利。

农村集体经济组织成员的权利和权益，与其所在农户的权利和权益既相互联系，又各自独立。成员退出农村集体经济组织会丧失一些权利和权益，例如选举权和被选举权、参与决定集体经济组织重大事项的权利、参与集体收益分配的权利等，但是通常不影响其所在农户的权益。例如，农户依法取得的土地承包经营权、宅基地使用权，不因户内一位成员退出农村集体经济组织而丧失。

农村集体经济组织自愿退出的，不得要求分割集体财产，这是由集体所有权的本质所决定的。集体财产属于集体经济组织成员集体所有，成员集体作为一个整体是集体财产所有权主体，成员个人不是集体财产所有权主体。为坚持集体财产所有制度，集体财产不能分割到成员个人。而且，长期以来的实践经验是，农村集体经济组织成员离开集体经济组织时，不能要求分割和带走集体财产。

### 三、农村集体经济组织成员身份丧失

按照农村集体经济组织法第 17 条的规定，结合地方的实践经验，农村集体经济组织的成员出现下列情形之一的，通常会丧失其成员身份。

（一）农村集体经济组织成员死亡的

包括自然死亡和宣告死亡。按照民法典第 13 条的规定，自然人的民事权利能力于死亡时终止。因此，农村集体经济组织成员自然死亡或者被宣告死亡的，民事权利能力终止，其成员身份随即丧失。

自然人死亡是一个事实状态，自然人被宣告死亡则是一种法律行为。根据民法典第 46 条的规定，自然人下落不明满四年或者因意外事件下落不明满二年的，利害关系人可以向人民法院申请宣告该自然人死亡。人民法院依法宣告该自然人死亡的，宣告死亡的判决作出之日为其死亡之日。因此，农村集体经济组织成员被宣告死亡之日，其成员身份随之丧失。

不过，在自然死亡与宣告死亡两种情况下，农村集体经济组织成员身份终止的具体情况有所不同。农村集体经济组织成员自然死亡的，身体上已经死亡，其成员身份随着死亡而永久丧失。农村集体经济组织成员被宣告死亡的，应当自被宣告死亡之日丧失成员身份；但是，因下落不明或者失踪而被宣告死亡只是法律上的宣告，其身体上是否死亡尚不确定，有可能该人并未死亡，并且后来可能再回来。根据民法典第 50 条的规定，被宣告死亡的人重新出现，经本人或者利害关系人申请，人民法院应当撤销死亡宣告。因此，农村集体经济组织成员被宣告死亡后，如果重新出现，返回农村集体经济组织，可以申请人民法院撤销死亡宣告。这种情况下，人民法院撤销死亡宣告后，应当恢复或者重新确认该人的农村集体经济组织成员身份。

需要注意的是，根据民法典第 40 条的规定，自然人下落不明满二年的，利害关系人可以向人民法院申请宣告该自然人为失踪人。不过，自然人被宣告失踪后，其民事主体资格仍然存在，因而不发生继承，也不改变与其人身有关的民事法律关系。宣告失踪所产生的法律后果，主要是为失踪人设立财产代管人，由其代为管理失踪人的财产。据此，农村集体经济组织成员因下落不明被宣告失踪的，在被宣告死亡之前，其成员身份不应当受到影响，其成员权利和权益，可依据章程由其所在农户行使和代为管理。

实践中，有些农村集体经济组织直接把农村集体经济组织成员下落不明十年以上，作为丧失成员身份的情形之一①，表面看来似乎有道理，因为一个人下落不明十年以上，一般来说再回来的可能性不大，但随着经济社会发展，人员流动的方式和范围不断拓展，下落不明的情况更趋复杂。严格地说，农村集体经济组织成员因种种原因下落不明的，应当依据民法典的相关规定，向人民法院申请宣告其死亡，然后依据死亡宣告而丧失成员身份。直接以下落不明十年以上为由丧失农村集体经济组织成员身份，法律上不够严谨，实践中确有必要这样做的，应当依法明确，下落不明的农村集体经济组织成员重新出现，返回农村集体经济组织的，应当恢复或者重新确认其农村集体经济组织成员身份。

（二）丧失中华人民共和国国籍的

因各种原因丧失中国国籍的，已不是中国公民，自然不能继续作为农村集体经济组织成员。根据国籍法相关规定，定居在外国的中国公民，自愿加入或取得外国国籍的，即自动丧失中国国籍；中国公民依法提出申请并获得批准的，即丧失中国国籍。一旦丧失中国国籍，即应丧失农村集体经济组织成员身份。

因此，农村集体经济组织成员移居境外或者取得居留权、长期居留许可，已经在境外居住、生活的，已经丧失中华人民共和国国籍的，自然应当丧失集体经济组织成员身份；未丧失中国国籍，但已在境外居住、生活，客观上不再依赖农民集体所有的土地等财产为基本生活保障的，理论上也应当丧失集体经济组织成员身份，但是，根据具体情况，如果将来可能回到农村集体经济组织，也可以先中止其成员身份，将来回到农村集体经济组织时，再通过成员大会恢复其成员身份。

（三）农村集体经济组织终止的

集体经济组织因合并、分立等终止的，原农村集体经济组织已不复存在的，作为原农村集体经济组织成员的身份自然随之丧失。不过，农村集体经

---

① 陈小君等：《我国农村集体经济有效实现的法律制度研究》，法律出版社 2016 年版，第 269 页。

济组织合并、分立的，通常会成立新的农村集体经济组织，原农村集体经济组织的成员通常可能转为新成立的农村集体经济组织的成员。

农村集体经济组织现有的全部成员整体移民搬迁（例如，因修建水利工程将农村集体经济组织全体成员迁移到其他地方），导致原农村集体经济组织终止的，原农村集体经济组织成员身份自动丧失，原农村集体经济组织成员成为迁入地农村集体经济组织的成员。

随着城市化的推进，农村集体经济组织成员集体所有的土地全部被国家征收的，农村集体经济组织如果转制为其他组织形式，原农村集体经济组织的成员可能转为其他组织形式的成员，其原农村集体经济组织的成员身份因此丧失。

（四）成为其他农村集体经济组织成员的

农村集体经济组织是以土地集体所有为基础而成立的，基于土地所有权的唯一性，农村集体经济组织成员身份具有唯一性，每一个农民只能是一个农村集体经济组织的成员。特定农村集体经济组织的某个成员因各种原因（例如，因出嫁、入赘、被收养或者生产生活需要等迁出农村集体经济组织），成为其他农村集体经济组织成员的，即丧失原农村集体经济组织的成员身份。

不过，城中村、城郊村等因集体土地被征收，已经实行村改居（村民委员会改为居民委员会）的，只要农村集体经济组织继续存在，农村集体经济组织成员不因村改居、成员的农村户口变为城镇户口而丧失成员身份。这种情况下，农村集体经济组织成员的户口由农村居民变为城镇居民，但户籍仍在本农村集体经济组织，并非取得其他农村集体经济组织成员身份。

（五）成为国家机关公务员的，但聘任制公务员除外

农村集体经济组织成员因外出务工、参军、就学、民办转公办、农转非等种种原因离开农村集体经济组织，并将户口迁出农村集体经济组织的，就其离开农村集体经济组织后是否具有稳定的基本生活来源而言，大体可以分为两种情况：（1）部分成员因各种事由、通过各种渠道进入国家机关、事

业单位等，成为国家财政供养人员，加入城镇社会保障体系，不再需要以集体土地为基本生活保障，这部分人员原则上应当丧失农村集体经济组织成员身份。（2）大部分成员离开农村集体经济组织后未加入城镇社会保障体系，仍然需要以集体土地为基本生活保障，有些还要回到农村集体经济组织，则应当保留其农村集体经济组织成员身份。这样区分，既体现出集体土地的基本生活保障功能，也适应广大农民长期形成的公平观念，防止出现部分人员既享有城镇社会保障待遇、又享有农村集体经济组织成员权益"两头占"的不公平现象。

立法如何对财政供养人员丧失农村集体经济组织成员身份作出规定，争议很大。按理说，财政供养人员享有城镇社会保障待遇，不需要以农民集体土地为基本生活保障；长期实行城乡二元结构的结果，使农民普遍意识到，离开农村进入城镇的，福利待遇和生活水平明显高于农民，他们既获得了城镇的社会保障和各种福利，又享受农村集体经济组织的福利，这种"两头占"现象明显不公平。因此，公务员等财政供养人员不应享有农村集体经济组织成员身份。事实上，不少地方的相关规范性文件都将"成为公务员等财政供养人员"作为丧失集体经济组织成员身份的原因之一。

在立法过程中，成为公务员是否丧失农村集体经济组织成员身份存在不同看法。有意见认为，农村集体经济组织成员成为公务员的，主要是考上大学毕业后，通过考试进入国家机关的。自从大学扩招以后，上大学要交学费，大学毕业后国家也不再分配工作，大学毕业生考公务员与其他村民不上大学外出务工经商都是谋生的方式，应当享有相同待遇，公务员也是一种职业，不能因其职业而丧失农村集体经济组织成员身份。进城享有编制内待遇是他们努力的结果，不能成为丧失农村集体成员资格的条件。部分村民通过自己的努力成为有编制中的一员，最终却要放弃农村集体成员资格，是没有道理的。① 也有学者认为，农村集体经济组织成员权是一种财产权利，农村居民成为公务员后被强制要求退出农村集体经济组织，没有法律基础，逻辑

---

① 秦静云：《农村集体成员身份认定标准研究》载《河北法学》2020 年第 7 期。

上也无法推导出这一结论。但从公平角度而言，农村居民成为公务员后，应当将户口迁入城市并退出农村集体经济组织。①

　　鉴于公务员工作稳定，福利待遇较好，享受的社会保障水平较高，不需要以农民集体土地为基本生活保障。特别是公务员作为国家机关工作人员，其身份的性质发生变化，应当依法履行职责、行使职权，全心全意为人民服务，不应当在享受农村集体经济组织成员福利待遇方面与农民争利。而且，实践中各地普遍认可，成为公务员应当丧失农村集体经济组织成员身份。因此，农村集体经济组织法第 17 条第 1 款第 4 项规定，成为国家公务员的，丧失农村集体经济组织成员身份，但是聘任制公务员除外。因为聘任制公务员按照公务员法和聘任合同管理，其聘任年限、工资、福利等由聘任合同规定，聘任合同期限为一年至五年，聘任期满后可能还会回到集体经济组织，与一般公务员存在较大差别，不宜规定公务员一概丧失集体经济组织成员身份，因此将聘任制公务员除外。

　　农村集体经济组织成员成为事业单位工作人员或者国有企业职工的，是否丧失成员身份，实践中做法不一。有些地方性法规等规范性文件明确规定，包括部分事业单位职工在内的财政供养人员，均丧失集体经济组织成员身份。有些农村集体经济组织开展农村集体产权制度改革，确认本集体经济组织成员时，排除了事业单位工作人员、国有企业职工等财政供养人员。有些地方没有明确规定。鉴于事业单位情况复杂，有的不是财政全额保障，而且事业单位改革目前仍在进行中；国有企业用工形式趋于多样化，不同国有企业职工的待遇和工作稳定性也存在差别，国家立法宜保持适当的包容性，不宜在法律上对事业单位工作人员、国有企业员工等人员丧失农村集体经济组织成员身份问题作统一规定，根据农村集体经济组织法第 12 条第 5 款和第 17 条第 1 款第 5 项的授权，可以由地方立法或者农村集体经济组织章程根据实际情况确定。实践中，地方性法规或者农村集体经济组织章程已经规定，成为事业单位工作人员、国有企业员工丧失农村集体经济组织成员身份

①　何嘉：《农村集体经济组织法律重构》，中国法制出版社 2017 年版，第 180—181 页。

的，不违背农村集体经济组织法的规定。

（六）法律法规和农村集体经济组织章程规定的其他情形

这是一个兜底条款，防止有所遗漏，确保法律的周延性，具体由法律法规和农村集体经济组织章程作出规定，既可以是现有规定，也可以是未来作出的规定。例如，农村集体经济组织成员移居国外，获得其他国家国籍的，按照我国有关国籍的法律规定，加入其他国家国籍自动丧失中国国籍，不再是中国公民，自然丧失农村集体经济组织成员身份。在不违反国家法律法规的前提下，农村集体经济组织章程可以规定，在某些情形下，经农村集体经济组织成员大会讨论，可以决定特定的农村集体经济组织成员丧失成员身份。

此外，农村集体经济组织成员自愿退出农村集体经济组织的，经农村集体经济组织同意的，随之丧失农村集体经济组织成员身份。

有些农村集体经济组织章程还规定，农村集体经济组织成员因刑事犯罪在外服刑的，丧失成员身份。罪犯的人身权、财产权等人身权利受到法律的保护，根据民法典第13条的规定，自然人从出生时起到死亡时止，具有民事权利能力，依法享有民事权利，承担民事义务。农村集体经济组织成员因刑事犯罪被人民法院判处刑罚，其在监狱服刑期间仍然应当享有民事权利。一般情况下，在外服刑期间，成员身份不应受到影响。有些农村集体经济组织章程规定，农村集体经济组织成员服刑期间不丧失成员身份，但是农村集体经济组织可以根据情况决定，在服刑期间或者在一定期限内暂停其享受股份分红或者其他集体福利，这种做法可能更稳妥。

丧失农村集体经济组织成员身份的，一般同时丧失成员的各项权益。但是，为了维护成员权益，有的法律明确允许离开农村集体经济组织的成员保留一定的权利。例如，依照农村土地承包法第27条的规定，农村集体经济组织成员在承包期内离开农村集体经济组织的，农村集体经济组织不得收回其承包地。而且，实践中，有的农村集体经济组织成员取得其他农村集体经济组织成员身份，或者成为公务员而丧失成员身份的，可能与本集体经济组织协商，在一定期限内保留相关的权益。例如，已经实行集体产权制度改革的农村集体经济组织，离开农村集体经济组织的成员，可以在一定期限内继续享有按照章程量化的集体经营性财产收益权份额参与分配集体收益的权利，但不享有表决权等权利。还有些优秀的农村集体经济组织负责人（基层党组织书记）按照国家有关规定经考试选拔成为公务员，农村集体经济组织又迫切需要其继续为农村集体经济组织工作，可以放弃在农村集体经济组织的财产权益，在一定期限内保留参与管理农村集体经济组织事务的相关权利。农村集体经济组织法第 17 条第 2 款对这些实践做法加以肯定，允许这两种情况下丧失成员身份的，可以与农村集体经济组织协商，在一定期限内保留已经享有的相关权益。

一般来说，社团组织的成员在一定情况下可以被除名。但农村集体经济组织法未将除名规定为丧失农村集体经济组织成员身份的情形，因为农村集体经济组织成员大都长期在农村集体经济组织生产生活，具有相对封闭性，特别是以集体所有的土地为基本生活保障，一旦被除名，就可能丧失基本生活保障，影响其基本生存，容易变成社会问题，而且，实践中也很少发生将农村集体经济组织成员除名的情况。

### 四、不丧失农村集体经济组织成员身份的情形

面对各地确认农村集体经济组织成员的过程中面临的突出问题，总结地方解决问题的实践经验，农村集体经济组织法第 18 条强调了农村集体经济组织成员不丧失成员身份的几种情形。

（一）农村集体经济组织成员暂时离开农村集体经济组织的

随着城镇化工业化深入推进，越来越多的农民离开家乡进入城镇务工经商、就学等，他们因为工作和生活在一段时间内离开农村集体经济组织，其中，大部分人还会回到农村集体经济组织生产生活，少数人可能进入城镇工作、生活，并且享受城镇社会保障待遇，例如离开家乡到外地读书，毕业后进入国家机关工作，或者服兵役期满后转业进入国家机关工作。鉴于大部分青年农民由于各种原因都要离开农村进入城镇工作、就学，在一段时间里离开农村集体经济组织，他们最终能否加入城镇社会保障体系很不确定，其中

大部分人最终还要以农民集体所有的土地为基本生活保障，应当保留其农村集体经济组织成员身份，实践中通常都保留成员身份。农村集体经济组织法第 18 条第 1 款规定，农村集体经济组织成员不因就学、服役、务工、经商、服刑等原因而丧失成员身份。据此，农村集体经济组织成员因上述原因暂时离开农村集体经济组织期间，不因此丧失成员身份。不过，随后如果出现丧失成员身份的情形，例如，大学毕业后考入国家机关成为公务员，应当依法丧失成员身份。

（二）农村集体经济组织成员离婚、丧偶的

农村集体经济组织成员离婚、丧偶的，一般来说，男性成员通常还在原集体经济组织生活，他们的农村集体经济组织成员身份不会受到影响。但妇女成员离婚、丧偶的，情况比较复杂，有的可能继续在原农村集体经济组织生活，有的可能再婚，再婚可能嫁入其他农村集体经济组织，也可能嫁入城镇，甚至可能享受城镇社会保障待遇，这些都具有很大的不确定性，但无论如何，妇女成员在取得其他农村集体经济组织成员身份或者享受城镇社会保障待遇之前，应当确保其农村集体经济组织成员身份。因此，农村集体经济组织法第 18 条第 1 款规定，农村集体经济组织成员不因离婚、丧偶等原因而丧失农村集体经济组织成员身份。这一规定普遍适用于农村集体经济组织成员，重点在于防止离婚、丧偶的妇女的农村集体经济组织成员身份"两头空"。例如，妇女成员离婚、丧偶后，因为离婚、丧偶而离开婆家所在农村集体经济组织，其成员身份可能被否认或者被取消；回到娘家的，因为户籍已经迁出等原因，也不被接纳。本条明确规定，农村集体经济组织成员不因离婚、丧偶而丧失成员身份，主要是维护妇女或者上门女婿的成员权益。

（三）确保结婚成员的农村集体经济组织成员身份

农村集体经济组织成员结婚，一般情况下自然成为家庭所在农村集体经济组织成员。但有些情况下，农村集体经济组织妇女成员结婚后，娘家所在农村集体经济组织因其到婆家所在农村集体经济组织生活并且户籍已经迁走，取消其成员身份；同时，婆家所在农村集体经济组织由于各种原因未确认其成员身份，造成结婚妇女的农村集体经济组织成员身份不落实。对此，农村集体经济组织法第 18 条第 2 款规定，农村集体经济组织成员结婚，未取得其他农村集体经济组织成员身份的，原农村集体经济组织不得取消其成员身份，确保妇女结婚后的农村集体经济组织成员身份不落空。

# 第三章 农村集体经济组织的设立、合并分立、终止

农村集体经济组织有一个发展演变的过程，具有很强的历史继承性。一般认为，农村集体经济组织源于20世纪50年代农业合作化时期的高级农业生产合作社，随后很快发展形成"三级所有，队为基础"的政社合一的人民公社体制。农村改革后，人民公社体制解体，实行政社分开，在原三级所有的基础上形成乡镇、村、村民小组农业生产合作社等农村集体经济组织。

由于经济发展水平和地理位置、自然环境、资源禀赋、村庄布局、人口分布、传统习俗等方面的差别，不同的地方在人民公社时期就形成了不同的组织结构，大部分地方实行公社、生产大队、生产队三级所有，有些地方（主要是北方地区）实行公社、生产队（或者生产大队）两级所有。因此，农村改革后，各地在原三级所有基础上成立农村集体经济组织的情况就比较复杂，有些地方基本保留原三级所有形态，在乡镇、村、村民小组都设农村集体经济组织，有些地方在乡镇、村设集体经济组织，个别地方只设村集体经济组织。

## 第一节 农村集体经济组织法人的设立与登记

农村集体经济组织作为特别法人，首先应当满足法人的基本条件。

### 一、农村集体经济组织的条件

根据民法典规定的法人的条件，农村集体经济组织法第19条对农村集

体经济组织应当具备的条件作了规定，即有符合本法规定的成员、集体财产、章程、名称和住所、组织机构。本书第四章专门论述集体经济组织的组织机构，这里简要分析其他条件。

（一）农村集体经济组织章程

农村集体经济组织章程是农村集体经济组织的基本制度规范，可以看成农村集体经济组织的"宪法"，它不仅是农村集体经济组织及其成员必须遵循的基本规范，也是农村集体经济组织运行和发展的基本依据，是农村集体经济组织最重要的文件。

基于章程的重要性，农村集体经济组织法第 20 条专门规定了农村集体经济组织章程应当载明的事项：（1）农村集体经济组织的名称、法定代表人、住所和财产范围；其中的财产范围，是指本集体经济组织农民集体所有的财产，章程应当载明集体所有的资源性财产、经营性财产和非经营性财产的情况（如集体土地面积、经营性财产总额等）。（2）农村集体经济组织成员确认规则和程序；在符合本法规定的前提下，明确确认本集体经济组织成员的规则和程序。（3）农村集体经济组织的机构；包括成员大会（有些还有成员代表大会）、理事会、监事会（有些只设监事）等组织机构的设置、职权、表决方式等。（4）集体财产经营和财务管理；包括集体财产经营、管理制度，财务会计制度，集体收益分配等。（5）集体经营性财产收益权的量化与分配；有些集体经济组织将集体经营性财产的收益权份额量化到成员，章程应当明确量化的具体办法。（6）农村集体经济组织变更和注销；集体经济组织因合并、分立等需要变更、注销的，章程应当作出规定。（7）需要载明的其他事项；为适应农村集体经济组织发展的需要，体现不同农村集体经济组织的特性，农村集体经济组织可以根据自身实际，确定需要由章程作出明确规定的重大事项。有些农村集体经济组织章程可能对特定人群是否具有集体经济组织成员身份作出规定，例如，已成为国家公务员以及国家财政予以保障的事业单位工作人员、国有企业职工的，丧失本集体经济组织成员身份。

农村集体经济组织章程应当按照规定备案。农村集体经济组织章程对内是农村集体经济组织运行和管理的基本遵循，也是集体经济组织成员加强内部监督的重要依据，对外则是地方政府及其有关部门和社会各方面对集体经济组织进行有效管理、监督的重要依据，章程的规定为确定农村集体经济组织负责人和经营管理人员是否勤勉尽职地管理集体财产、处理集体事务，提供了基本的参照和判断依据。地方人民政府及其有关部门应当了解章程的内容。因此，农村集体经济组织法第 20 条第 2 款要求，农村集体经济组织章程应当报乡镇人民政府、街道办事处和县级人民政府农业农村主管部门备案，以便它们了解农村集体经济组织的基本规范，依据法律法规和章程加强对农村集体经济组织的指导、监督、管理，而且，如果发现章程中有违背法律法规的内容，可以责令改正。

实践中，农村集体经济组织制定、修改章程时，通常都在提出章程草案、章程修改草案后，先报经乡镇人民政府、街道办事处或者县级人民政府农业农村主管部门进行初步审核，再提请成员大会表决。成员大会表决通过后，及时向乡镇人民政府（街道办事处）和县级人民政府农业农村主管部门备案。

农村集体经济组织章程对于规范和促进农村集体经济组织至关重要，国家应当制定示范章程加以适当引导。20 世纪 50 年代我国推行农业社会主义改造，在发展初级和高级农业生产合作社的过程中，全国人大常委会先后制定了初级农业生产合作社章程和高级农业生产合作社示范章程，对合作社制定章程进行规范和引导。借鉴 20 世纪 50 年代制定合作社示范章程的经验，总结农村集体产权制度改革的实践经验，2020 年农业农村部制定了《农村集体经济组织示范章程（试行）》，对农村集体经济组织章程的主要内容等作出规定。农村集体经济组织法第 20 条第 3 款授权国务院农业农村主管部门制定农村集体经济组织示范章程。

（二）农村集体经济组织的名称

农村集体经济组织是中国特有的经济组织，具有鲜明的中国特色。按照民法典的规定，农村集体经济组织是特别法人，具有特殊性，农村集体经济组织法第 6 条等对农村集体经济组织的特殊性作了规定。例如，农村集体经济组织不能像普通市场主体一样对待，不适用有关破产的法律；农村集体经济组织不得以集体财产为他人债务提供担保等。这些特殊性体现出农村集体经济组织与普通法人的区别。为进一步明确农村集体经济组织的特别法人地位，同时让各类市场主体充分了解情况，便于它们与农村集体经济组织开展经济交往，农村集体经济组织法第 21 条第 1 款规定，农村集体经济组织的名称中应当标明"集体经济组织"字样。一般可以称为××县（区、市）××乡（镇）、××村（××村民小组）集体经济组织。这就使交易对象从农村集体经济组织的名称中就可以直观了解其特殊性，以便公平有效地开展交易活动。

实践中，农村集体经济组织的名称各不相同，许多地方称为经济合作社（集体经济合作社）、经济合作社联社（集体经济联社）。实行农村集体产权制度改革后，未开展集体经营性财产收益权量化的农村集体经济组织，普遍称为经济合作社，例如，"××乡（镇）××（村名）经济合作社"；已经开展集体经营性财产收益权量化的农村集体经济组织，普遍称为股份经济合作社，例如"××乡（镇）××（村名）股份经济合作社"，并且已经按照农业农村部、中国人民银行、国家市场监督管理总局联合发布的《关于开展农村集体经济组织登记赋码工作的通知》进行登记赋码，取得农村集体经济组织登记证书，依法开展民事活动和经营活动。

为了确认农村集体产权制度改革成果，确保立法与改革相衔接，避免因为更改名称而造成混乱和浪费，农村集体经济组织法第 65 条明确规定：本法施行前已经按照国家规定登记的农村集体经济组织及其名称，本法施行后在法人登记证书有效期内继续有效。至于登记证书有效期满后是否需要更改名称，可以根据情况再作决定。从严格实施法律的角度，可以考虑有序变更名称。

农村集体经济组织法没有像其他相关法律那样禁止其他组织在其名称中使用"农村集体经济组织"字样，因为农村集体经济组织特别法人作为一种特殊组织形式，已经得到法律确认，农村集体经济组织的特殊性及其享受有关优惠政策，前提是经过农业农村主管部门登记赋码，取得农村集体经济组织法人证书。不符合条件的，农业农村主管部门不予登记，实践中不太可能出现假借农村集体经济组织名义从事经营活动的现象，作出禁止性规定的必要性不大。

（三）农村集体经济组织的住所

农村集体经济组织的住所，是指农村集体经济组织主要办事机构所在地，通常就是农村集体经济组织所在村庄。农村集体经济组织应当有确定的住所，这不仅便于集体经济组织开展经营活动，据以明确农村集体经济组织的登记机关，而且更重要的是，便于依法确定农村集体经济组织在民事诉讼中的地域管辖和法律适用，因为农村集体经济组织开展民事活动（如签订合同、进行交易），通常都需要明确农村集体经济组织住所地；在民事诉讼中，司法文书的法定送达地是当事人的住所地；许多案件依法应当由当事人住所地人民法院管辖，或者适用当事人住所地的法律。同时，按照国家有关规定，农村集体经济组织由其所在地的县级人民政府农业农村主管部门登记颁证。因此，明确农村集体经济组织的住所地，既是农村集体经济组织开展经济交往的客观需要，也是确定特定的法律关系、法律行为发生地的重要依据，据以确定司法文书的法定送达地、民事诉讼的司法管辖地和农村集体经济组织的行政管辖地。

（四）集体财产

农村集体经济组织法第 19 条第 1 款第 2 项规定农村集体经济组织的条件是，应当有符合本法规定的集体财产，并未要求集体经济组织的财产。按照民法典第 58 条第 2 款的规定，农村集体经济组织作为法人应当有自己的财产或者经费。农村集体经济组织无疑具有自己的经费，但是，农村集体经济组织是否拥有独立的财产，学术理论界还存在争议。

按照 1986 年民法通则以来的相关法律规定，农村集体经济组织依法代表成员集体行使所有权，集体财产属于农村集体经济组织成员集体所有，而不是归集体经济组织所有，农村集体经济组织只是负责经营、管理集体财产。这就如同全民所有的财产由国务院代表国家行使所有权、国家财产不属于国务院所有一样,农民集体财产由农村集体经济组织代表成员集体行使所有权,集体财产也不属于农村集体经济组织所有。对此,民法典、土地管理法、农村土地承包法等相关法律都有明确规定,集体财产的所有权主体是农民集体(农村集体经济组织成员集体),不是农村集体经济组织,农村集体经济组织只是集体财产的经营管理主体。以前的有些规范性文件的相关表述,曾经有意无意地将农村集体经济组织看成农民集体财产的所有权主体,民法典施行后,应当统一按照民法典的规定确定集体财产的所有权主体。

**二、农村集体经济组织法人的设立**

如前所述,农村集体经济组织有一个发展、演变的过程,最初的高级农业生产合作社升级为人民公社,农村改革后,在人民公社三级所有的基础上演变为乡(镇)、村、村民小组三级农村集体经济组织。因此,农村集体经济组织的设立,就是一个比较复杂的问题。

(一)设立还是登记

农村集体经济组织法草案起初规定了农村集体经济组织的设立,征求意见过程中有同志提出,当前的农村集体经济组织不存在设立问题,因为早在20世纪50年代农业合作化时期就成立了农村集体经济组织,即高级农业生产合作社,农村改革后的三级农村集体经济组织,就是在公社、生产大队、生产队的基础上形成的,农村集体经济组织一直存在,只是有些农村集体经济组织没有建立组织机构和经营管理制度。

一方面,全国农村在实行农业合作化时就普遍成立农业生产合作社,初级合作社合并成立的高级农业生产合作社,被普遍认为是农村集体经济组织的起源,当时每个村庄都建立合作社,就此而言,农村早就普遍成立农村集体经济组织。人民公社时期,农村的生产大队、生产队全面成立政社合一的农村集体经济组织,有健全的组织机构和经营管理制度。农村改革后实行家庭承包经营,政社合一的人民公社体制解体,实行政社分开,原来的生产大队、生产队的组织机构随之解体,不少地方并未建立健全农民合作社等农村集体经济组织的组织机构,而是由村民委员会代行集体经济组织的职能,但是，原生产大队、生产队范围农民集体所有的土地基本没有变化。因此，可以认为，农村改革实行家庭承包经营后，人民公社时期的农村集体经济组织的组织机构解体，有些建立了农民合作社等，有些没有建立农村集体经济组织管理机构，而是由村民委员会代行集体经济组织的职能，但农村集体经济组织是继续存在的。

当然，这种历史现象也可以理解为，农村集体经济组织是代表农民集体经营、管理农民集体财产的组织，不论其组织形式如何变化，不论它是否建立了组织机构，农民集体依然存在，只是代表农民集体经营、管理集体财产的具体组织机构不同而已，在未建立农村集体经济组织的组织机构的地方，实际上由村民委员会代表农民集体经营、管理集体财产。

另一方面，进入 21 世纪，为了明确农村集体财产的产权归属，保障农村集体经济组织成员的权利，逐步建立中国特色社会主义农村集体产权制度，各地先后开展农村集体产权制度改革，建立健全了农村集体经济组织的组织机构和管理制度，实行集体产权制度改革后的农村集体经济组织，已经按照国家有关规定进行登记赋码，取得农村集体经济组织特别法人资格，依法开展经营活动，发展集体经济。客观上存在农村集体经济组织登记赋码的事实。

从立法和实践来看，在农村集体产权制度改革过程中，农村集体经济组织的登记赋码是否属于设立农村集体经济组织，这个问题没有重要现实意义。为避免引起不必要的理论争议，农村集体经济组织法总结并确认农村集体产权制度改革的实践经验，着眼于健全农村集体经济组织特别法人制度，将草案第 3 章的章名"设立、合并与分立"修改为"组织登记"，主要立足解决实际问题，而不纠结于设立农村集体经济组织的理论问题。其中的登记，可以在一般意义上理解为农村集体经济组织登记，也可以理解为农村集体经济组织特别法人登记。

（二）根据实际情况设立农村集体经济组织

根据农村改革后农村集体经济组织建立和发展情况，特别是 21 世纪以来开展农村集体产权制度改革的实践经验，没有必要强制要求各地农村的乡

（镇）、村、村民小组都必须设立农村集体经济组织。对此，农村集体经济组织法第 19 条第 2 款规定，符合条件的村，一般应当设立农村集体经济组织；村民小组可以根据情况设立农村集体经济组织；乡镇确有需要的，可以设立农村集体经济组织。

首先，村一般应当设立农村集体经济组织。从农村改革后政社分开的实际情况看，村一级通常有数个村民小组，地域范围较大，成员人数较多，具有一定的规模优势，便于开展经营活动。同时，农村基层党组织（党支部）普遍建立在村一级，村具有政治优势。村通常还负责处理一些行政事务，有公章，具有行政优势。而且，农村集体产权制度改革阶段性任务基本完成后，全国 90% 以上的村建立健全了农村集体经济组织。农村集体经济组织法总结了农村集体产权制度改革的实践经验，结合农村实际情况，规定村一般应当设立农村集体经济组织，既是必要的，也有实践基础。

其次，村民小组可以根据情况设立农村集体经济组织。村民小组是否设立农村集体经济组织，应当由村民小组全体农民根据集体经济发展现状和未来需要自主确定，不宜实行"一刀切"。随着农业农村法律制度体系不断健全，国家法律法规和相关政策文件对于集体土地等资源性财产和公益性财产的管理、使用，已经作出明确且比较具体的规定。例如，农村土地承包法对于耕地、林地、草地实行家庭承包经营，以及"四荒"土地等的市场化承包经营分别作了规定，集体所有的土地已经依法实行承包经营，承包方取得土地承包经营权或者土地经营权，依法自主开展生产经营活动。土地管理法对于农村宅基地的分配、取得、管理作了原则规定，相关法律法规对于集体经营性用地的出让、出租、入股等，以及公益设施和公益性建设用地的管理、使用等，已经形成了比较健全的法律制度规范和切实可行的实践经验。集体土地等资源性财产和公益性财产，只需要严格依照法律法规和国家政策加以管理、运用，村民小组一般没有更多工作要做。实践中，村民小组最迫切的任务是加强集体经营性财产的经营管理，这是发展集体经济、壮大集体实力、增加集体收益和成员福利的关键所在，也可以说是设立农村集体经济组织的重要考虑因素。

村民小组可以根据具体情况决定是否设立农村集体经济组织。一般来说，基于各种来源，有集体经营性财产需要经营管理的村民小组，可以根据需要设立农村集体经济组织，代表农民集体行使集体财产所有权，管理、运用集体财产（主要是集体经营性财产），维护集体和成员的利益。有些经济发达地区的村民小组已经设立农村集体经济组织。相反，只有集体土地等资源性财产和公益性财产，没有集体经营性财产的村民小组，设立农村集体经济组织的实际意义不大，还要增加集体支出（如农村集体经济组织的运行费用，包括管理人员的补贴等），可以不设立农村集体经济组织，继续由村民小组或者村民委员会代行农村集体经济组织的职能，依照法律法规和国家政策管理、使用集体土地等资源性财产和公益性财产，办理相关的具体事宜，以提高工作效率，降低管理成本，减轻成员负担。在许多经济发展较为落后的地区，农村集体经济组织无力开展经营活动，其应从事的集体土地发包工作完全可以由村民委员会代行。[1] 村民小组、村民委员会代行职能如何规范化，如何处理好产权与治权不对应的矛盾，是需要深入研究的问题。

最后，乡镇确有需要的，可以设立农村集体经济组织。由于历史原因，乡镇农民集体所有的土地数量不大。根据原国土资源部 1997 年 7 月对河南、湖北、辽宁、内蒙古、江苏、浙江、广东、重庆、甘肃等 9 省（区）的调查显示，按土地面积来说，乡镇、村、村民小组农民集体所有的土地所占的比例分别大约是 1%、9% 和 90%。[2] 一般来说，农民集体所有的土地主要是指村民小组、村农民集体所有的土地，乡镇农民集体所有的土地已很少见。

乡镇农民集体所有的土地，一般来源于人民公社时期属于公社所有的土地，以及公社兴办企业和建设苗圃、良种场、供销社、农机站、农技站等占用的土地，这些土地都来自原生产队或者生产大队，其中有些是无偿划拨的，有些按照当时的规定给予一定补偿。农村改革后人民公社解体，实行政

---

① 仝志辉：《村委会和村集体经济组织应否分设——基于健全乡村治理体系的分析》，载《华南师范大学学报（社会科学版）》2018 年第 6 期。

② 沈守愚、陈利根：《土地的自然性和村民小组的主体权利辨析》，载《南京农业大学学报（社会科学版）》2007 年第 2 期。

社分开，成立乡镇政府，将原公社承担的行政职能转移给乡镇政府，但人民公社作为农村集体经济组织承担的经济管理职能应当由集体经济组织承担，不能再交给乡镇政府，否则又会形成新的"政社合一"[①]，但由于种种原因，绝大部分地方并未按照政社分开要求设立乡镇农村集体经济组织。原公社的土地，有些归还给生产队或者生产大队演变形成的农村集体经济组织，有些地方由乡镇政府或者上级政府的下设机构占有和管理，适当用于以工补农、建农，打井办电或者修桥补路等；[②] 有些作为建设用地直接归属于乡镇政府所有，已经纳入规范的土地管理。只有少数地方建立了乡镇农民集体经济组织，原公社的土地归属于乡镇农民集体经济组织的农民集体所有，并根据1986 年制定的民法通则第 74 条第 2 款予以确认。

理论上说，乡镇农民集体所有的土地应当由乡镇全体农民集体行使所有权，但乡镇的范围一般较大，农民数量众多，客观上难以集体行使所有权，因此，在未建立农村集体经济组织的乡镇，通常由乡镇政府代表农民集体行使乡镇集体土地所有权。

从当前情况看，集体经济比较发达、集体经营性建设用地较多的乡镇，确有农民集体所有的财产需要经营管理的，可以设立乡镇农村集体经济组织，负责经营、管理乡镇农民集体所有的土地和其他财产，其中有的地方已经建立乡镇农村集体经济组织。其他绝大部分乡镇，原公社的土地，有些归还生产队或者生产大队，剩下的少量土地事实上已经由乡镇政府占有、管理，国家对此已经制定比较健全的法律制度规范，可继续由乡镇政府管理，同时没有乡镇集体经营性财产需要经营管理的，不必再设立乡镇农村集体经济组织。

设立农村集体经济组织不得改变集体土地所有权，农村集体经济组织法第 19 条第 3 款专门对此作出规定。农村集体经济组织以农民集体所有的土地为基础，特定地域的农村土地属于该地域范围内的农民集体所有，这是集

---

① 李永军：《民法总则》，中国法制出版社 2018 年版，第 452 页。

② 温铁军：《三农问题与世纪反思》，生活·读书·新知三联书店 2005 年版，第 33 页。

体所有制的重要制度基础，也是农村社会稳定的重要基础。设立农村经济组织不能随意改变集体土地所有权，这是确保农村集体经济组织顺利设立并持续健康发展必须坚持的原则。否则，随意改变农民集体土地所有权，不仅会造成农村集体经济组织的土地所有权基础的混乱，还可能严重影响集体经济组织的健康发展和农村稳定。

### 三、农村集体经济组织法人的登记

农村集体经济组织作为特别法人，应当适用法人登记的相关规定，依法根据情况进行设立登记、变更登记和注销登记。

（一）农村集体经济组织设立登记

农村集体经济组织的登记是近年来在实践中逐步完善的。多年来，农村集体经济组织的法人资格不够明确，虽有法律地位，却无法人地位。法律对农村集体经济组织的登记缺乏明确规范，有些地方人民政府为适应工作需要作出相应规定。例如，有些地方曾经规定，农村集体经济组织采取股份经济合作社形式的，可以适用农民专业合作社登记条例，依法进行工商登记，领取农民专业合作社法人执照，取得农民专业合作社法人资格。[①] 实践中，农村集体经济组织的登记五花八门，有的在市场监管部门登记，有的在民政部门登记，有的在农业部门登记；有的登记为集体所有制企业，有的登记为股份合作制企业，有的登记为农民专业合作社，有的甚至登记为公司法人；有的由地方人民政府发放组织证明书，还有不少农村集体经济组织并未登记。

2016 年在试点基础上开展农村产权制度改革，为结合实际解决农村集体产权制度改革过程中农村集体经济组织的登记赋码问题，中共中央、国务院《关于稳步推进农村集体产权制度改革的意见》提出，现阶段可由县级以上地方政府主管部门负责向农村集体经济组织发放组织登记证书，农村集体经济组织可据此向有关部门办理银行开户等手续，以便开展经营管理活动。2017 年民法总则明确了农村集体经济组织的特别法人地位，为农村集

---

① 刘俊：《农村股份合作社财产权制度研究》，知识产权出版社 2020 年版，第 38 页。

体经济组织的登记奠定了法律基础。2018年5月，为落实中央文件要求，农业农村部、中国人民银行、国家市场监督管理总局联合发布《关于开展农村集体经济组织登记赋码工作的通知》指出，各级农业农村管理部门作为农村集体经济组织建设和发展的主管部门，是农村集体经济组织登记赋码的管理部门。县级以上地方人民政府农业农村主管部门负责向农村集体经济组织发放组织登记证书，并赋予统一社会信用代码，农村集体经济组织凭登记证书办理公章刻制、银行开户、税务登记等相关手续，正常开展经营管理活动，更好地发挥应有的作用。2018年8月，农业农村部正式启用统一样式的农村集体经济组织登记证书，县级人民政府农业农村主管部门按照规定向农村集体经济组织颁发组织证书，农村集体经济组织凭证书办理相关手续，依法开展经营管理活动。

总结吸收农村集体产权改革过程中农村集体经济组织登记赋码的实践经验，农村集体经济组织法第22条第1款规定了农村集体经济组织法人登记程序。（1）满足法定条件。即由农村集体经济组织成员大会表决，决定成立农村集体经济组织的各项必备事项，包括通过本农村集体经济组织章程、确认本集体经济组织成员、选举本农村集体经济组织理事会成员、监事会成员或者监事，以满足农村集体经济组织法第19条规定的设立农村集体经济组织的基本要求。（2）申请登记。符合上述第19条的各项要求的，应当及时向县级人民政府农业农村主管部门申请登记。（3）审核发证。县级人民政府农业农村主管部门经审核，符合条件的，依法进行登记赋码，并发放农村集体经济组织登记证书。

农村集体经济组织设立登记，是确认农村集体经济组织的基本依据，是赋予农村集体经济组织特别法人地位的重要程序，也是农业农村主管部门对农村集体经济组织进行监督、指导、协调、服务的基础。农村集体经济组织作为特别法人，不是普通的市场主体，由县级人民政府农业农村主管部门负责登记赋码，符合农村集体经济组织发展的实际情况，不仅简捷、便利，而且有利于登记与监督、指导、服务的衔接和协调。同时，为规范农村集体经济组织登记工作，农村集体经济组织法第22条第2款规定，由国务院农业农村主管部门制定农村集体经济组织登记办法，这既是授权，也是赋予农业农村主管部门的责任。国务院农业农村主管部门应当认真总结农村集体经济组织登记赋码工作经验，依据本法和其他相关法律规范，及时制定农村集体经济组织登记办法，使农村集体经济组织的登记有法可依，有章可循，规范透明。

（二）农村集体经济组织变更登记

为确保农村集体经济组织登记事项的准确性，保障农村集体经济组织及其交易相对人的合法权益，维护交易安全，农村集体经济组织的相应登记事项发生变化的，应当及时进行变更登记。根据农村集体经济组织法第25条第1款的规定，结合农村集体经济组织的实际情况，在下面两种情况下，农村集体经济组织应当办理变更登记。

一种情况是农村集体经济组织合并、分立。农村集体经济组织合并、分立的，需要依法进行变更登记，例如，实行吸收合并的，吸收其他农村集体经济组织的集体经济组织因合并发生重大变化；实行派生分立的，原农村集体经济组织因分立发生重大变化，都需要进行变更登记。

另一种情况是农村集体经济组织的登记事项发生变动。例如，变更农村集体经济组织名称、修改农村集体经济组织章程、更换农村集体经济组织理事长、改变农村集体经济组织住所地等。这些登记事项发生变动，不仅涉及农村集体经济组织的经营活动，可能影响经济交易活动的正常开展，而且直接涉及交易相对方的合法权益，理应让交易相对方及时知情。为了促进农村集体经济组织有效开展经营活动，保护农村集体经济组织及其交易相对人的权益，维护市场交易秩序，这些登记事项发生变动的，应当及时向县级农业农村主管部门申请变更登记。按照《农村集体经济组织示范章程（试行）》第46条的规定，农村集体经济组织的名称、住所、法定代表人等登记事项发生变更的，应当申请变更登记。

（三）农村集体经济组织注销登记

依照农村集体经济组织法第25条第2款的规定，农村集体经济组织因合并、分立等原因需要解散的，依法办理注销登记后终止。例如，实行新设合并的，被合并的农村集体经济组织法人；实行吸收合并的，被吸收的农村集体经济组织法人；实行新设分立的，原农村集体经济组织法人，这三种法人在依法进行合并、分立后，债权债务按照债权人与债务人的约定加以处理，或者按照农村集体经济组织法的相关规定由相应的农村集体经济组织法人承继的，应当按照规定办理注销登记。

农村集体经济组织完成注销登记后，该农村集体经济组织法人正式终止。

## 第二节　农村集体经济组织的合并与分立

现行法律对农村集体经济组织的合并和分立没有明确规定，不过，2002年制定的农村土地承包法第 24 条规定，承包合同生效后，发包方不得因承办人或者负责人变动而变更或者解除，也不得因集体经济组织的分立或者合并而变更或者解除。这一规定隐含了农村集体经济组织合并、分立的可能性。

### 一、农村集体经济组织的合并

有些农村集体经济组织，特别是村民小组集体经济组织，人口规模普遍偏小，资源量不大，经济实力不强，运行成本较高，加上农村人才缺乏，市场竞争能力不强，发展潜力受限，难以形成规模经济，因此，农村集体经济组织在自愿基础上适当合并，是发展壮大集体经济的客观需要，也可能是未来的发展趋势。农村集体经济组织法第 23 条对农村集体经济组织合并作了原则规定。

农村集体经济组织的合并，是两个或者两个以上农村集体经济组织之间的民事法律行为，是否合并，应当由拟合并的农村集体经济组织自行协商确定，各个集体经济组织地位平等，不能强迫其他农村集体经济组织合并，其他单位和个人也不得强迫或者非法干预。但同时，农村集体经济组织合并不仅涉及各集体经济组织成员的切身利益，而且会影响特定农村地区的经济发展和社会治理，因此，农村集体经济组织合并不仅要先清产核资编制资产负债表和财产清单，明确各自的财产，再由农村集体经济组织成员大会作出决定，而且还要报请地方人民政府审核、批准。

近年来，有些地方实行合村并居，具体做法各不相同，有的着重于经济联合与合作，并不直接合并农户住房和集体财产，被合并的村的集体财产所有权甚至土地承包关系不发生变化，实质上不涉及农村集体经济组织的合并；有的则将被合并的村的集体财产并入新设立的农村集体经济组织，就会涉及农村集体经济组织的合并，应当严格按照规定的条件和程序进行，不能违背农民意愿、不顾农民利益强制推行合村并居。

（一）编制资产负债表和财产清单

农村集体经济组织合并可以采取吸收合并或者新设合并两种形式。（1）吸收合并是指两个以上农村集体经济组织合并时，其他农村集体经济组织并入其中一个农村集体经济组织，保留该农村集体经济组织名称，例如，甲乙丙三个农村集体经济组织合并，乙丙两个农村集体经济组织并入甲农村集体经济组织，乙丙两个农村集体经济组织归于消灭。（2）新设合并是指两个以上农村集体经济组织合并，各个农村集体经济组织合并新设一个农村集体经济组织，原来的各个农村集体经济组织均归于消灭，例如，甲乙丙三个农村集体经济组织合并，新成立丁农村集体经济组织，甲乙丙三个农村集体经济组织均归于消灭。具体采用哪种合并方式，由拟合并的各个农村集体经济组织协商确定。

农村集体经济组织合并涉及的一项十分重要的内容，就是集体财产可能发生变动。农村集体经济组织无论是吸收合并还是新设合并，都可能涉及各个农村集体经济组织成员集体所有的财产的合并和变动。而集体财产的变动直接涉及各个农村集体经济组织成员的财产权益和长远利益，是农村集体经济组织成员最关心的问题，必须清清楚楚、明明白白。因此，农村集体经济组织法第23条第1款规定，农村集体经济组织合并的，应当在清产核资的基础上编制资产负债表和财产清单。就是要求拟合并的农村集体经济组织先清产核资，在搞清集体资产的情况下编制资产负债表和财产清单，明确集体财产，为合并奠定比较准确的财产基础。

（二）农村集体经济组织合并的程序

农村集体经济组织合并表面看来是相关的农村集体经济组织之间的法律行为，但是不仅直接涉及相关农村集体经济组织及其成员的权益和利益，而且关系到农村集体经济发展和农村社会治理，特别是实现乡村振兴、建设社会主义新农村、促进农村农民共同富裕，因此，既需要相关的农村集体经济组织作出决定，还应当履行一定的审核程序。依据农村集体经济组织法第23条第2款的规定，结合有些地方实行农村集体经济组织合并的实践经验，农村集体经济组织合并的基本程序是：（1）首先由拟合并的农村集体经济组织分别召开各自的成员大会，作出合并的决定。农村集体经济组织的合并是重大事项，在作出决定前，各个农村集体经济组织之间应当反复沟通、充分协商，就合并事宜达成一致，再由各个农村集体经济组织按照"四议两公开"的要求，先由村党组织提议、村党组织和农村集体经济组织理事会会议商议、党员大会审议后，再由农村集体经济组织成员大会作出决定。（2）各个农村集体经济组织成员大会均作出合并的决定后，由乡镇人民政府或者街道办事处进行审核。（3）经乡镇人民政府或者街道办事处审核同意的，报县级以上地方人民政府批准。经批准后，再实施合并。

（三）农村集体经济组织合并的债权债务处理

农村集体经济组织合并不仅直接影响农村集体经济组织及其成员的权益，而且涉及农村集体经济组织债权人的利益，为维护农村集体经济组织债权人的合法权益，农村集体经济组织法第23条第3款规定，农村集体经济组织合并的，应当在获得批准合并之日起十日内通知债权人，债权人可以要求农村集体经济组织依法清偿债务或者提供相应担保。据此，合并的农村集体经济组织应当及时通知其债权人，债权人可以要求农村集体经济组织依法清偿债务，也可以要求农村集体经济组织提供相应的担保，该担保可以由农村集体经济组织提供，也可以由第三人提供，以确保债权人的债权能够得到实现。

民法典第 67 条第 1 款规定，法人合并的，其权利和义务由合并后的法人享有和承担。据此，农村集体经济组织法第 23 条第 4 款规定，农村集体经济组织合并后，合并各方的债权、债务由合并后的农村集体经济组织承继。因为合并后的农村集体经济组织继承了合并前各个农村集体经济组织的全部权利和义务，包括债权和债务。依据这一规定，合并后的农村集体经济组织承继了合并前各个农村集体经济组织的债权债务，各个农村集体经济组织的债权人可以向合并后的农村集体经济组织主张权利，以实现其债权，从而维护自身权益；同样地，合并后的农村集体经济组织可以向合并前的各个农村集体经济组织的债务人主张债权，要求债务人履行义务，从而维护农村集体经济组织的权益。

一般来说，农村集体经济组织合并不影响农村集体经济组织成员身份，即农村集体经济组织成员不因农村集体经济组织合并而丧失其成员身份，农村集体经济组织合并后，原农村集体经济组织成员应当成为合并后存续或者新设的农村集体经济组织的成员。

农村集体经济组织合并涉及复杂的财产和利益关系，应当审慎、稳步进行，不得不顾条件、不尊重农民意愿、不考虑农民利益强行推进。对此，2022 年 8 月，农业农村部、中央组织部等联合发布的《关于做好农村集体产权制度改革成果巩固提升工作的通知》强调，对一些经济条件接近、各项权利落实到户的村集体经济组织，在尊重农民意愿的基础上，可按照相关程序结合实际稳慎开展集体经济组织合并、集体资产统筹管理探索。对于开展村庄撤并、建制调整的，稳妥做好集体资产管理衔接工作，不得因村庄撤并打乱原集体所有的界限。《农村集体经济组织财务制度》第 32 条规定，村庄撤并的，不得混淆集体财务会计账目，不得随意合并、平调集体资产。

**二、农村集体经济组织的分立**

理论上说，农村集体经济组织作为一种经济组织可能发生分立，但在实践中很少出现农村集体经济组织分立的现象，立法缺乏实践基础。而且，农村集体经济组织的规模普遍不大，为统筹推进城乡公共设施建设一体化，促进城乡融合发展，需要根据情况适当进行村庄合并，以适当扩大村庄规模。因此，原则上不应鼓励农村集体经济组织分立，确定需要分立的，应当严格按照程序审批。农村集体经济组织法第 24 条规定了农村集体经济组织分立前的清产核资、分配财产、分解债权债务，分立的程序，分立后债权债务的承继等主要内容。鉴于农村集体经济组织的分立缺乏实践基础，而且，从现实情况看农村集体经济组织分立的必要性不大，因此，农村集体经济组织法只对农村集体经济组织分立作了原则规定。

（一）分配财产、分解债权债务

农村集体经济组织的分立可以采取派生分立或者新设分立两种形式。派生分立是指农村集体经济组织的部分财产独立出来，另行成立一个新的农村集体经济组织，原农村集体经济组织保留，但是需要根据财产分割情况进行变更登记。新设分立是指将农村集体经济组织分立为两个以上新的农村集体经济组织，原农村集体经济组织归于消灭，新成立两个以上农村集体经济组织。实践中，农村集体经济组织分立是很少见的现象。

无论是派生分立还是新设分立，农村集体经济组织分立必然涉及集体财产如何分配、已经存在的债权债务如何分解的问题，这通常是农村集体经济组织分立过程中需要解决的主要问题，因为集体财产的分配、农村集体经济组织债权债务的分解，直接涉及农村集体经济组织成员的经济利益和农村集体经济组织的发展基础，最好通过协商达成书面协议，以免分立后产生债权债务纠纷，影响农村集体经济组织正常运行和健康发展。

农村集体经济组织法第 24 条第 1 款规定，农村集体经济组织分立的，应当在清产核资的基础上分配财产、分解债权债务。就是要求拟分立的农村集体经济组织先进行清产核资，查清集体财产和债权债务的情况，在此基础上充分听取成员的意见，协商确定集体财产的分配以及农村集体经济组织债权债务的分解办法，确保农村集体经济组织的分立顺利进行。

（二）农村集体经济组织分立的程序

农村集体经济组织的分立是相关集体经济组织之间的法律行为，但是不仅直接涉及相关农村集体经济组织及其成员的权益和利益，而且关系农村集体经济发展和农村社会治理，特别是当前农村存在空心化现象，农村人口呈现不断减少的趋势，农村集体经济组织规模太小不利于发展壮大新型农村集体经济，也不利于统筹推进城乡公共基础设施一体化，影响社会主义新农村建设，因此，农村集体经济组织分立更应当慎重，应当认真遵循各项程序，防止农村集体经济组织随意分立。

农村集体经济组织法第 24 条第 2 款明确了农村集体经济组织分立的基本程序。首先，由拟分立的农村集体经济组织分别召开成员大会，依法作出分立的决定。农村集体经济组织分立是特别重要事项，农村集体经济组织在作出分立的决定之前，应当认真按照"四议两公开"的要求，由村党组织提议、村党组织和农村集体经济组织理事会会议商议、党员大会审议后，再由农村集体经济组织成员大会作出决定。其次，农村集体经济组织成员大会作出分立的决定后，由乡镇人民政府或者街道办事处进行审核。最后，经乡镇人民政府或者街道办事处审核同意的，报县级以上地方人民政府批准。经依法批准后，再实施分立。

（三）农村集体经济组织分立的债权债务处理

农村集体经济组织分立不仅直接影响农村集体经济组织及其成员的权益，而且涉及农村集体经济组织债权人的利益。农村集体经济组织分立面临的一个重要问题就是债权债务的处理，避免分立后产生新的债权债务纠纷。为了维护农村集体经济组织债权人的合法权益，农村集体经济组织法第 24 条第 3 款规定，农村集体经济组织分立的，应当在获得批准分立之日起十日内通知债权人。便于债权人了解情况，及时采取适当的措施维护自身权益，包括与农村集体经济组织协商达成清偿债务的协议。

民法典第 67 条第 2 款规定，法人分立的，其权利和义务由分立后的法人享有连带债权，承担连带债务，但是债权人和债务人另有约定的除外。农村集体经济组织法第 24 条第 4 款规定，农村集体经济组织分立前的债权债务，由分立后的农村集体经济组织享有连带债权，承担连带债务，但农村集体经济组织分立时已经与债权人或者债务人达成清偿债务的书面协议的，从其约定。

依照这一规定，农村集体经济组织分立的，分立前的债权债务根据具体情况，分别采取两种不同的处理方式：（1）农村集体经济组织在分立前与债权人、债务人就债权债务的清偿协商达成书面协议的，则按照书面协议的约定处理；（2）农村集体经济组织分立前未与债权人、债务人达成书面清偿协议的，则由分立后的农村集体经济组织享有连带债权，承担连带债务。所谓连带债权，是指债权人为二人以上的，部分或者全部债权人都可以请求债务人履行债务。所谓连带债务，是指债务人为二人以上的，债权人可以请求部分或者全部债务人履行全部债务。就是说，分立后的农村集体经济组织可以请求分立前的农村集体经济组织的债务人履行清偿义务，分立前的农村集体经济组织债权人也可以请求分立后的农村集体经济组织履行清偿义务。

## 第三节　农村集体经济组织的破产、终止问题

农村集体经济组织能否破产，法学理论界争议很大。主流观点认为，农村集体经济组织具有特殊性，不能破产；有些学者认为农村集体经济组织可以破产。

### 一、农村集体经济组织破产的理论争议

农村集体经济组织可否破产，理论上存在很大争议。

（一）农村集体经济组织不能破产的理由

不少学者认为，农村集体经济组织作为特别法人，不同于一般企业法人，具有自身的特殊性，不能像普通企业一样破产，主要理由可以概括为三个方面。

其一，农村集体经济组织不适用企业破产法。根据企业破产法第 2 条的规定，该法主要适用于企业法人破产重整和清算；适用破产法的非法人企业主要是合伙企业。农村集体经济组织作为特别法人，不同于企业法人，也不属于合伙企业，不能适用该法。在司法实践中，人民法院也不支持非企业经济组织适用破产法律制度。

其二，农村集体经济组织的职能具有特殊性。农村集体经济组织法人承载着坚持社会主义公有制的政治功能和保障农民基本生活、维护农村社会稳定的社会功能，在现行政治制度上不可能像一般企业法人那样破产；农村集体经济组织基于土地公有制而存在，其社区性、封闭性、职能综合性等特性都决定了不能适用破产制度而终止，只能被解散或撤销。[①] 农村集体经济组织即使具有法人资格，在资不抵债时也不能适用破产制度，因为只要对特定地域或社区登记管理上的原因继续存在，该地域或社区的农村集体经济组织就继续存在。[②]

其三，农村集体经济组织财产关系具有特殊性。农村集体经济组织代表农民集体经营、管理集体资产，既然农民集体不能破产，农村集体经济组织也不能破产。农村集体经济组织经营、管理的财产属于成员集体所有，并非农村集体经济组织的财产，不应作为农村集体经济组织的破产财产。特别是，集体土地所有权不得作为破产财产，因为土地所有权是保障集体成员生存的条件。[③] 农村集体经济组织举办的学校、养老院、卫生室（所）和体育健身设施等是否纳入破产财产，作为破产财产应当如何处置、如何维护成员的权益和利益等，涉及尚未深入研究的复杂问题。在我国集体土地改革还没有形成成熟的制度之前，解决这些问题都存在难以逾越的障碍，搞不好可能损害集体所有制。[④] 农村集体经济组织以集体土地为基础设立，依附于农民

---

① 陈甦：《籍合组织的特性与法律规制的策略》，载《清华法学》2018 年第 3 期；屈茂辉：《农村集体经济组织法人制度研究》，载《政法论坛》2018 年第 2 期。

② 陈甦：《籍合组织的特性与法律规制的策略》，载《清华法学》2018 年第 3 期。

③ 韩松：《农民集体所有权主体的明确性探析》，载《政法论坛》2011 年第 1 期。

④ 屈茂辉：《农村集体经济组织法人制度研究》，载《政法论坛》2018 年第 2 期。

集体及其成员的存续，持续地为集体成员提供服务和保障。一旦破产，该组织即不再存在，这与设立农村集体经济组织的初衷相悖。[①] 而且，农村集体经济组织需要从事高风险经营活动时，完全可以将核心经营资产剥离，用于出资设立具有破产能力的次级法人，农村集体经济组织并不从事经营活动，不存在破产的必要性和可能性。[②]

（二）农村集体经济组织应当具有破产能力

有些学者主张农村集体经济组织应当具有破产能力，可以破产，主要理由如下。

其一，拥有特别法人地位使农村集体经济组织具有破产能力成为可能。农村集体经济组织拥有自己的财产、经营场所，经登记后成为民商事法律上的主体，参与经济活动可以适用相关法律。

其二，市场主体应当可以破产。农村集体经济组织作为平等的市场主体，有些农村集体经济组织负有大量债务，如果不受破产法约束，是对市场经济规则的违背。农村集体经济组织具有破产能力，是市场经济公平原则的要求，是破产法的利益衡平功能的必然要求，有利于保护债权人利益，维护交易的公平与安全，也是督促农村集体经济组织合理高效运行的有效手段。[③] 农村集体经济组织参与市场经营活动，不适用破产制度是不合时宜的，不仅损害公平竞争原则，也会让其他民事主体在经济交往中有所顾忌，不利于农村集体经济组织的发展壮大。[④] 农村集体经济组织既然要公平参与市场竞争，同等受法律保护，那么，破产作为法人制度下的常态市场退出机

---

[①] 黄薇主编：《中华人民共和国民法典总则编释义》，法律出版社 2020 年版，第192 页。

[②] 谢鸿飞：《农村集体经济组织权利能力的限制与扩张——兼论〈农村集体经济组织法（草案）〉的完善》，载《中国社会科学院大学学报》2023 年第 8 期。

[③] 袁泉：《农村集体经济组织之破产适用》，载《西南石油大学学报》2022 年第 2 期；魏冉：《农村集体经济组织破产与法人特殊性：互动基础与路径选择》，载《大连海事大学学报（社会科学版）》2020 年第 3 期。

[④] 臧昊、梁亚荣：《农村集体经济组织破产制度研究》，载《农业经济》2018 年第10 期。

制，同样会发生在农村集体经济组织身上。①

其三，土地的社会保障功能等不影响破产。随着农村经济发展、城乡一体化的推进和社会保障体系的日益完善，土地的社会保障功能逐步消失，农民的生活保障主体将从土地转移到政府和社会，土地的交换价值被激活，土地作为破产财产将成为可能。特别是，土地使用权应当作为破产财产，因为宪法和法律并未禁止土地使用权流转；② 在政经分离大背景下，农村集体经济组织现有职能的综合性并不影响其破产，公有制也不能直接否定农村集体经济组织作为市场主体的破产能力。③

其四，破产有利于有些集体经济组织重生。民法典赋予农村集体经济组织法人地位，越来越多的农村集体经济组织参与市场活动，产生债务、发生经营风险在所难免，农村集体经济组织也有必要破产，因为破产重整制度有助于农村集体经济组织振兴，最终使其成员获益，而且破产清算程序具有债务免除功能。有些农村集体经济组织负有巨大债务，难以开展经营活动，可以通过破产重整程序恢复正常活动，或者免除其剩余债务，借以摆脱债务负担，重获生机。④

## 二、农村集体经济组织破产问题剖析

农村集体经济组织破产问题，理论上争议较大。对于农村集体经济组织可否破产，无论持肯定还是否定态度，从理论和实践的角度提出的各种理由，都有一定的道理。归根到底，农村集体经济组织作为一种特殊的经济组

---

① 陶钟太朗、沈冬军：《论农村集体经济组织特别法人》，载《中国土地科学》2018年第5期。
② 臧昊、梁亚荣：《农村集体经济组织破产制度研究》，载《农业经济》2018年第10期。
③ 吴昭军：《农村集体经济组织终止问题研究》，载《暨南学报（哲学社会科学版）》2021年第10期。
④ 吴昭军：《论农村集体经济组织立法》，载《荆楚法学》2022年第4期；温世扬：《农村集体经济组织法人特殊构造论》，载《政治与法律》2022年第10期；高海：《农民集体与农村集体经济组织关系之二元论》，载《法学研究》2022年第3期；袁泉：《农村集体经济组织之破产适用》，载《西南石油大学学报（社会科学版）》2022年第2期。

织，在财产关系、成员组成、地域范围、职能等方面都有特殊性，特别是涉及坚持农民集体所有权和集体所有制的底线，因此，显然不能像对待一般经济组织那样处理农村集体经济组织的破产问题。

农村集体经济组织代表农民集体行使集体财产所有权，负责经营、管理农民集体财产，以农民集体财产履行其经营、管理过程中承担的债务、支付相关费用，在这个意义上类似于信托关系的受托人，依照信托法的规定，受托人破产的，可以变更受托人，不影响信托关系的存续。理论上说，农村集体经济组织如果资不抵债，完全可以依法破产清算，然后另行成立新的农村集体经济组织，继续代表农民集体行使所有权，负责经营、管理集体财产，可以不涉及坚持集体土地所有权和集体所有制的底线问题。

但从实践来看，农村集体经济组织具有明确的地域性，特定地域范围内只能有一个农村集体经济组织，农村集体经济组织的成员只能是该地域范围内的村民，这种限定性和排他性是其他经济组织所不存在的。而且，农村集体经济组织代表农民集体行使集体财产所有权，并非农民集体财产的所有者，即使特定的农村集体经济组织可以破产，还需要另行成立农村集体经济组织，两者的成员也基本相同，因为只有该地域范围内的村民才能成为农村集体经济组织的成员。况且，农村集体经济组织如果破产，农村集体经济组织成员是否应当承担一定的债务责任，如何承担？法理上如何解释，实践中怎样落实？由此可见，农村集体经济组织破产问题客观上涉及比较复杂的因素，不像表面看来那样简单，也不单纯是一个理论问题，需要基于理论、结合实际，深入分析研究。

有的主张农村集体经济组织可以破产的学者直接把农民集体财产看成农村集体经济组织的法人财产，认为农村集体经济组织既然有法人财产作为责任财产，一旦出现资不抵债的情况，当然可以破产。但是，按照现行法律规定，农村集体经济组织只是农民集体财产的经营管理者，并非财产所有权主体。以此论证农村集体经济组织可以破产，既不符合法律，实践中也难以落实。

还有的学者将农村集体经济组织与农民专业合作社、农村集体所有制企业视为同一类组织，直接将农民专业合作社、农村集体所有制企业因资不抵债而破产，等同于农村集体经济组织的破产。无论在理论上还是实践中，农民专业合作社是农民自愿结合举办的，有些是农村集体经济组织出资领办或参与举办的，有些与农村集体经济组织没有直接联系，其法律性质、财产归属都不同于农村集体经济组织，其财产与债务均独立于农村集体经济组织。农村集体所有制企业是农村集体经济组织出资设立的企业，作为独立的市场主体从事经营活动，分别适用相关企业形态（如股份公司、股份有限公司）相应的法律制度。无论是农民专业合作社还是农村集体所有制企业，都是独立的市场主体，参与市场竞争，独立承担债权债务，如果资不抵债，应当依法破产，农村集体经济组织应当依法以其出资为限，对其出资设立的农民专业合作社、农村集体所有制企业等的债务承担责任，但农民专业合作社、农村集体所有制企业等的破产，不会造成农村集体经济组织破产，更不能类比于甚至等同于农村集体经济组织的破产。

有些学者主张农民集体土地使用权可以作为破产财产，因为宪法只是禁止土地所有权转让，并未禁止土地使用权转让。而且，1988 年宪法修正案第 2 条明确规定：土地的使用权可以依照法律的规定转让。同年修改的土地管理法第 2 条第 4 款增加规定：国有土地和集体所有的土地的使用权可以依法转让。土地使用权转让的具体办法，由国务院另行规定。表面看来，这种观点似乎有道理。但是，从法律的修改过程看，1998 年修改土地管理法时，将上述第 4 款中的"国有土地和集体所有的土地的使用权可以依法转让"修改为"国家依法实行国有土地有偿使用制度"，同时删除了"土地使用权转让的具体办法，由国务院另行规定"的内容，并且在第 63 条明确规定：农民集体所有的土地的使用权不得出让、转让或者出租用于非农业建设。据此，法律没有对农民集体所有的土地的使用权转让作出具体规定，反而明确禁止农民集体所有的土地的使用权出让、转让或者出租用于非农业建设。2013 年党的十八届三中全会提出建立城乡统一的建设用地市场后，一些地方按照全国人大常委会的授权开展集体经营性建设用地入市试点，着重盘活闲置的乡镇企业用地和废弃的宅基地，经过三年试点并总结经验，2019 年全国人大常委会修改土地管理法，允许土地利用总体规划、城乡规划确定为工业、商业等经营性用途，并经依法登记的集体经营性建设用地，土地所有权人可以通过出让、出租等方式交由单位或者个人使用。根据试点经验，可以入市流转的主要是闲置的乡镇企业建设用地、废弃的宅基地和公益性建设用地，经过整理，符合规划并且依法登记的集体经营性建设用地。农民集体所有的耕地、林地、草地已经实行家庭承包经营，土地承包经营权归农户；宅基地使用权属于修建住房的农户所有，荒山、荒滩、荒丘、荒沟等"四荒"土地，有些由农村集体经济组织治理开发，农村集体经济组织享有土地使用权；有些采取招标、拍卖、公开协商等方式实行承包经营，土地使用权归承包方。深入分析不难发现，依法可以流转的集体土地使用权，只有经整理、盘活的闲置乡镇企业用地及废弃的宅基地和公益性建设用地等依法可以入市流转的集体经营性建设用地，以及集体经济组织享有的"四荒"土地使用权，可以作为破产财产；作为集体土地主要部分的耕地、林地、草地的土地承包经营权（土地使用权）、宅基地使用权归农户，不属于集体财产，自然不能成为农村集体经济组织的破产财产。

农村集体土地实际上承载着农民的基本生活保障功能，这是长期以来城乡二元结构下形成的客观现实。国家建立城乡居民养老保险制度，对农民养老作了制度安排，但受国家财力限制，农民的养老待遇水平与城市居民存在较大差别，在相当长的一段时间里，集体土地仍然是农民最可靠的基本生活保障。抗击新冠疫情的经验证明，一旦经济遇到困难，进城农民在城市难以生存的，可以回到农村，有地种，有饭吃，有房住，农村就能稳住，就能为社会稳定奠定基础。就此而论，集体土地对农民的基本生活保障功能仍然具有重要的现实意义。不能因为农村集体经济组织破产使农民面临丧失集体土地的基本生活保障的风险。

### 三、农村集体经济组织的重整与破产防控

与破产密切相关的，还有农村集体经济组织重整问题。而且，为了预防农村集体经济组织破产，法律设置了相应的控制措施。

### （一）农村集体经济组织的重整

有些学者主张，农村集体经济组织不应具有破产能力，但是应当具有破产重整能力，即农村集体经济组织虽然不能破产，但可以适用或者优先适用破产和解、破产重整，因为农村集体经济组织兼具营利与公益的双重职能，若终止则其公共职能无所依附，故农村集体经济组织仅适用破产重整程序；① 或者，农村集体经济组织法人不适用破产清算，可以适用破产和解与破产重整，并且可首先选择破产和解，破产和解不能再进入破产重整程序。② 为充分发挥农村集体经济组织法人开展经济建设的职能，应当仅承认其具有破产重整能力。农村集体经济组织法人作为营利法人的亚类型，当然可以申请破产，只不过出于维系农村集体经济组织法人的共益功能，应当只为其设置破产重整程序。③ 鉴于农村集体经济组织特别法人担负经济发展的重要职能，保持其特别法人地位相对重要，故在适用破产程序时可首先适用破产和解与破产重整程序，尽量保全特别法人资格；破产和解与破产重整程序失败后，再通过破产清算程序终止。④

然而，也有学者深入分析指出，农村集体经济组织破产重整，不论在理论上还是实践层面，都不具有可行性。⑤ 实际上，经营困难的农村集体经济组织如果进行破产重整，烦琐复杂的程序、并不低廉的费用支出、集体财产的被动处分，很有可能使农村集体经济组织陷入更大的困境。

农村集体经济组织法草案最初规定了农村集体经济组织的重整，但在讨论修改过程中，主要基于如下三个方面考虑，删除了相关条文：（1）农村集体经济组织能否破产、重整，涉及集体土地所有权和集体所有制的重大原

---

① 周彬彬：《论农村集体经济组织法人的破产问题》，载《中国不动产法研究》2021年第1期。

② 崔艳峰：《论农村集体经济组织的破产能力》，载《学习与探索》2022年第3期。

③ 温世扬：《农村集体经济组织法人特殊构造论》，载《政治与法律》2022年第10期。

④ 张力、程敏：《农村集体经济组织特别法人的设立与终止》，载《北京航空航天大学学报（社会科学版）》2022年第5期。

⑤ 房绍坤、马鹏博：《农村集体经济组织具有破产能力吗？》，载《上海政法学院学报（法治论丛）》2022年第5期。

则问题，不仅理论上存在很大争议，实践中也缺乏经验，按照长期以来的立法实践，针对如此重大问题，立法不宜、通常也不会在没有实践经验的基础上直接确立农村集体经济组织重整制度。（2）农民集体财产既有土地等资源性财产，也有经营性财产，还有公益性财产，资源性财产和公益性财产的价值难以评估，农村集体经济组织是否资不抵债在实践中难以确定。（3）法律已经对防范农村集体经济组织的经营风险作了规定，农村集体经济组织依照法律规定从事经营活动，不应当承担过分的债务，通常不会陷入破产重整的境地。即使个别农村集体经济组织的经营由于各种原因陷入困境，可以作为特殊情况，由地方人民政府指导和协调解决。目前，通过立法建立农村集体经济组织重整制度，缺乏实践经验，亦非十分必要。

（二）农村集体经济组织破产防控

农村集体经济组织能否破产，理论上争议很大。不过，农村集体经济组织法和相关文件对于预防和控制农村集体经济组织的经营风险已经作了相应规定，实践中，农村集体经济组织只要严格依法开展经营活动，面临的破产风险不大。

一是适当限制直接开展经营活动范围。农村集体经济组织法第 6 条第 1 款规定，农村集体经济组织依法从事与其履行职责相适应的民事活动。原则上，应当是风险较小的经营活动。2023 年中央一号文件进一步明确，探索资源发包、物业出租、居间服务、资产参股等多样化途径发展新型农村集体经济，明确了农村集体经济组织的主要经营活动的范围，因为这些经营活动面临的风险通常都不大。据此，农村集体经济组织法第 41 条规定，农村集体经济组织可以探索通过资源发包、物业出租、居间服务、经营性财产参股等多样化途径发展新型农村集体经济。

二是明确从事较高风险经营活动的途径。农村集体经济组织法第 6 条还规定，农村集体经济组织可以设立公司、农民专业合作社等市场主体依法从事各种经营活动，并以其出资为限对其设立的市场主体的债务承担责任。因此，农村集体经济组织确有必要从事风险较高的经营活动的，可以另行成立公司、农民专业合作社等市场主体依法独立开展经营，实现与农村集体经济组织的风险隔离。

三是限制农村集体经济组织的担保、负债。农村集体经济组织法第35条第2款规定，农村集体经济组织理事会成员、监事会成员或者监事、主要经营管理人员不得以集体财产为本人或者他人债务提供担保，不得以集体财产加入合伙企业成为普通合伙人，不得违法违规为地方政府举借债务，即限制农村集体经济组织的负债和潜在债务风险。第58条第2款还进一步直接规定，农村集体经济组织法定代表人或者其他经营管理人员违反本法规定，以集体财产为本人或者他人债务提供担保的，该担保无效。即通过否认担保的法律效力，从根本上防止违规担保的发生。

按照上述制度安排，农村集体经济组织通常不会承担过分的债务，不会因为资不抵债而面临破产或者重整。实践中，万一有的集体经济组织因特殊事项承担了过分的债务，可以作为特殊情况，由地方政府协调解决其债务问题，探索和积累农村集体经济组织解决债务问题的实践经验。

**四、农村集体经济组织法人解散、终止**

基于农村集体经济组织法人的特殊性，其解散和终止在实践中也不同于普通经济组织法人。

（一）农村集体经济组织法人解散

法人解散包括自愿解散和强制解散。自愿解散是指法人依章程规定或者权力机构的决议而自行解散；强制解散包括法人依法被吊销营业执照或者登记证书、被责令关闭或者被撤销而被行政机构解散、法人因陷入内部治理僵局而被人民法院解散。民法典第69条规定，有下列情形之一的，法人解散：（1）法人章程规定的存续期间届满或者法人章程规定的其他解散事由出现；（2）法人的权力机构决议解散；（3）因法人合并或者分立需要解散；（4）法人依法被吊销营业执照、登记证书，被责令关闭或者被撤销；（5）法律规定的其他情形。

根据该条规定，法人的自愿解散包括三种情形，即法人的权力机构决议解散、法人依章程解散、法人因合并或分立而解散；法人的强制解散包括三种情形，即依法被吊销营业执照或者登记证书、依法被责令关闭、依法被撤销。

在农村集体产权制度改革过程中，只有个别农村集体经济组织因撤村建居，集体土地全部被征收、成员的社会保障和社会事务管理与城市完全接轨，经农村集体经济组织成员大会作出决议，并经地方人民政府批准，予以解散并注销。总体来看，各地普遍将农村集体经济组织自愿解散限定在因合并、分立而解散的情形。有些地方性法规明确规定，农村集体经济组织成员大会可就本集体经济组织合并、分立、解散作出决议，但是，对于农村集体经济组织章程可否规定其他解散事由，以及农村集体经济组织出现违法经营等情形如何强制解散，没有明确规定。

农村集体经济组织作为特别法人，从其性质、职能和现实情况看，其解散具有特殊性。首先，农村集体经济组织代表农民集体行使所有权，只要农民集体存在，农村集体经济组织就应当存在，因此，一般来说，农村集体经济组织应当长久存在，不设存续期限。其次，农村集体经济组织依法履行法定职能，其职能具有综合性，不同于普通经济组织，不得轻易自行解散。实践中，几乎没有集体经济组织法人因出现章程规定的其他解散事由而解散的现象，农村集体经济组织法人权力机构自行通过决议解散的情形极其少见。再次，农村集体经济组织如果出现违法经营行为等，实践中可以通过责令改正以及依法处分、罢免、调整农村集体经济组织负责人等方式，纠正违法行为，不宜也不必采取吊销登记证书、责令关闭、撤销等行政强制解散措施。最后，万一有的农村集体经济组织内部运营出现僵局或者其他困难（包括出现资不抵债的情况），可由地方政府采取措施协调解决问题，不必由人民法院依法强制解散。

总之，从实际情况看，农村集体经济组织法人可能因合并、分立（实践中主要是合并）而解散，当前情况下不大可能因民法典第69条规定的其他情形而解散。因此，农村集体经济组织法第25条主要规定了农村集体经济组织法人因合并、分立而解散。

### (二) 农村集体经济组织法人终止

按照民法典第72条和第73条的规定，法人解散的、被宣告破产的，应当依法清算并终止。农村集体经济组织作为特别法人，应当适用法人终止的一般规定，在一定情况下可以依法终止。鉴于农村集体经济组织不适用有关破产的法律，目前农村集体经济组织不能破产，因此，农村集体经济组织法人的终止主要体现在解散时的终止。

如前所述，基于农村集体经济组织的特殊性，实践中农村集体经济组织法人的解散，主要是因合并、分立而解散，暂时不存在因其他法定原因而解散的情况。因此，农村集体经济组织法人的终止，主要是因农村集体经济组织合并、分立而解散后予以终止。

理论上说，农村集体经济组织合并、分立而解散的，都可以终止。例如，新设合并中被合并的农村集体经济组织法人，吸收合并中被吸收的农村集体经济组织法人，以及新设分立的原农村集体经济组织法人，都应当依法终止。但实践中很少发生农村集体经济组织分立的现象，从促进乡村全面振兴、推进城乡一体化的现实需要来看，今后也不宜鼓励农村集体经济组织分立。因此，实践中发生的农村集体经济组织终止，主要是农村集体经济组织因合并（包括撤村建居、撤村并居而依法合并）后解散而终止，即新设合并中被合并的农村集体经济组织法人，吸收合并中被吸收的农村集体经济组织法人，在合并后均解散，并依法终止。

农村集体经济组织经依法注销登记后终止。按照农村集体经济组织法第25条第2款的规定，农村集体经济组织法人因合并、分立需要解散的，在依法进行合并、分立后，债权债务按照债权人与债务人的约定处理，或者按照相关法律规定由相应的农村集体经济组织法人承继，应当按照规定办理注销登记。完成注销登记后，该农村集体经济组织法人正式终止。

对于城中村农村集体经济组织的解散、终止，农村集体经济组织法未作出规定。如前所述，在农村集体产权制度改革过程中，有个别农村集体经济组织的集体土地全部被依法征收，成员全部转为城市居民，经农村集体经济组织成员大会作出决议，并报经地方人民政府批准，予以解散而终止。但农村集体经济组织不同于普通企业法人，其终止涉及多方面复杂因素，应当慎重。2018 年农业农村部、中国人民银行、国家市场监督管理总局联合发布的《关于开展农村集体经济组织登记赋码工作的通知》提出，稳慎探索农村集体经济组织的注销；对于撤村建居，且集体土地全部被征收、旧村改造全面完成、社会保障和社会事务管理与城市完全接轨、不具备继续经营运转条件、群众提出注销要求的农村集体经济组织，可以进行注销登记。即允许探索城中村等集体经济组织如何终止，其中强调"稳慎探索"是符合实际的。

随着城镇化工业化迅速推进，有些城中村、城郊村撤村建居，农村集体经济组织农民集体所有的土地全部被征收，成员全部转为城镇居民并且纳入城镇社会保障体系，基本实现城市化，但是，农民集体所有的财产还存在，其财产来源归根到底还是集体土地及成员入社时投入的资源；农村集体经济组织成员仍然存在，而且成员主要是原来的世居人员及其衍生人口；特别是集体财产仍然属于成员集体所有，不可分割到成员个人，性质上仍属于社会主义集体所有制。这些农村集体经济组织是否应当终止，农民集体所有的财产如何处分，不仅关系农村集体经济组织及其成员的利益，还涉及坚持农村土地集体所有权和集体所有制等问题，事关重大，但缺乏实践经验，目前还难以作出明确规定，可在试点基础上总结经验，再作出法律规范。[1]

---

[1]　陈锡文：《关于〈中华人民共和国农村集体经济组织法（草案）〉的说明》，载《中华人民共和国全国人民代表大会常务委员会公报》2024 年第 4 号。

# 第四章 农村集体经济组织的组织机构

建立健全农村集体经济组织的组织机构，是农村集体经济组织立法的重要内容。科学合理地设置农村集体经济组织的组织机构，健全其运行规则和行为准则，有利于维护集体经济组织及其成员的权益、促进农村集体经济发展、建立顺畅有效的乡村治理体系。一方面，2020 年民法典第 96 条明确农村集体经济组织为特别法人。农村集体经济组织特别法人作为一个拟制的组织，需要通过组织机构作出意思表示。没有组织机构，农村集体经济组织法人就难以表达自己的意思，实现法人功能。另一方面，从近年来发展壮大农村集体经济的实践看，迫切需要建立健全农村集体经济组织的组织机构和运行规则及行为准则，使农村集体经济组织成员真正能够参与集体重大事项的决策和集体事务的管理，从健全组织、完善运行机制和规则的角度，更好地实现农村集体经济组织的民主管理，更好地维护成员的权益。

## 第一节 农村集体经济组织的组织机构的演变

农村集体经济组织可以追溯到农业合作化时期在初级合作社基础上发展形成的高级农业生产合作社，其组织机构经过了不断演变的过程。

### 一、合作化时期的组织机构

1953 年实行农业社会主义改造和农业合作化运动，全国普遍建立初级农业生产合作社。1955 年 11 月，全国人大常委会通过的《农业生产合作社示范章程草案》第 11 章对初级农业生产合作社的管理机构作了规定：初级农业生产合作社的最高管理机关是社员大会，社员大会选出管理委员会管理社务，选出监察委员会监察社务，选出合作社主任领导日常工作。其中，管理委员会一般由五至十五个委员组成，根据合作社章程和社员大会的决议管理社务，必要时可以推选一个到几个副主任协助主任工作；监察委员会一般由三至九个委员组成，负责监督合作社主任和管理委员会委员遵守合作社章程和社员大会决议，必要时可以推选一到两个副主任协助主任工作。合作社主任、管理委员会委员、会计员、出纳员和保管员不得兼任监察委员会的职务。该示范章程草案还对社员大会的职权和召开会议等作了规定。

随着农业合作化快速推进，该示范章程草案通过后不久，全国各地的初级农业生产合作社迅速升级为高级农业生产合作社。1956 年 6 月，全国人大制定的《高级农业生产合作社示范章程》对高级农业生产合作社的组织机构作了规定：（1）高级农业生产合作社的最高管理机关是社员大会或者社员代表大会；在社员人数过多或者社员居住地点过于分散，召开社员大会确有困难的情况下，可以召开社员代表大会，行使社员大会的各项职权。（2）社员大会或者社员代表大会选出管理委员会管理社务；选出合作社主任领导日常工作，对外代表合作社；选出一个到几个副主任协助主任工作。合作社主任、副主任兼管理委员会主任、副主任。（3）高级合作社管理委员会根据章程和社员大会或者社员代表大会的决议管理社务。管理委员会由主任、副主任和委员组成。按照合作社的大小，管理委员会一般可以设九至十九个委员。（4）社员大会或者社员代表大会选出监察委员会监察社务。监察委员会一般由五至十五个委员组成，必要时可以推选一到两个副主任协助主任工作。合作社的主任、副主任和管理委员会的委员、会计员、出纳员、保管员，不得兼任监察委员会的职务。监察委员会监督合作社主任、副主任、管理委员会的委员是否遵守合作社章程和社员大会或者社员代表大会的决议，检查合作社的财务和财产情况，按期向社员大会或者社员代表大会报告工作，并且可以随时向管理委员会提出意见。

### 二、人民公社时期的组织机构

前述示范章程实施不久，高级农业生产合作社又迅速合并成立人民公社。1958 年 8 月，中共中央作出《关于在农村建立人民公社问题的决议》，要求全国各地普遍在小社合并成大社的基础上，建立农林牧副渔全面发展、工农兵学商互相结合的人民公社。当年 11 月，全国就建立人民公社 26572个，99% 的农民加入人民公社。①

1962 年 9 月，党的八届十中全会通过的《农村人民公社工作条例修正草案》（俗称《人民公社六十条》）对人民公社的性质、组织等作了规定：（1）农村人民公社是政社合一的组织，是我国社会主义社会在农村的基层单位，又是我国社会主义政权在农村的基层单位，即实行政社合一。（2）根据各地方不同的情况，人民公社的组织，可以是两级（公社和生产队），也可以是三级（公社、生产大队和生产队）。（3）人民公社的各级权力机关是公社社员代表大会、生产大队社员代表大会和生产队社员大会。（4）人民公社的管理机关是各级管理委员会。公社管理委员会在行政上就是乡人民政府，行使乡人民政府的职权；生产大队管理委员会在公社管理委员会的领导下，管理本大队范围内各生产队的生产工作和行政工作。生产队是人民公社的基本核算单位，实行独立核算、自负盈亏，直接组织生产和收益分配。生产队的生产和分配等一切重大事情，都由生产队社员大会讨论决定，不能由干部决定。生产队管理委员会至少每月向社员大会作一次工作报告，并且应当随时听取社员的各种不同意见，既要按照大多数人的意见办事，又要保障少数人的民主权利和经济利益。（5）人民公社的监察机关是各级监察委员会，规模较小的生产队可以只设一个监察员。（6）人民公社各级社员代表大会的代表和各级管理委员会、监察委员会的成员，都必须经过社员充分的酝酿，采取不记名投票的方式选举产生。（7）人民公社内的党委员会、总支部、支部，是中国共产党在农村中的基层组织，是农村工作的领导核心。

---

① 陈锡文：《读懂中国农业农村农民》，外文出版社 2018 年版，第 69—70 页。

据此，人民公社的组织机构比较复杂，公社、生产大队、生产队的党组织是农村基层的领导核心，各级社员大会或者社员代表大会是权力机关、各级管理委员会是决策机关、各级监察委员会或者监察员是监察机关，各级干部则是执行机关。从实际情况看，人民公社实行政社合一，同时是我国社会主义社会和社会主义政权在农村的基层单位。公社、生产大队、生产队三级组织虽然可以看成是农村集体经济组织，但同时也是基层政权组织，既负责农业生产的经营、管理，又负责公共管理和社会事务，并不单纯是经济组织。

### 三、农村改革后农村集体经济组织的组织机构

1978 年实行农村改革，各地普遍实行家庭承包经营，农户成为农业生产经营活动的主体，形成以家庭承包为基础、统分结合的双层经营体制，人民公社体制逐渐解体。农村集体经济组织的组织形式有了新变化，具体可以分为三个阶段。

（一）改革初期的农业生产合作社

1983 年中央一号文件提出，人民公社的体制要从两方面进行改革，即实行生产责任制，特别是联产承包责任制度；实行政社分设。同年 10 月，中共中央、国务院发布《关于实行政社分开建立乡政府的通知》，要求把政社分开，建立乡政府；同时根据生产的需要和群众的意愿逐步建立经济组织。1984 年中央一号文件进一步明确提出，政社分设以后，农村经济组织应根据生产发展的需要，在群众自愿的基础上设置，形式与规模可以多种多样。为了完善统一经营与分散经营相结合的体制，一般应设置以土地公有制为基础的地区性合作经济组织，可以叫农业合作社、经济联合社或群众选定的其他名称；可以以村（大队或联队）为范围设置，也可以以生产队为单位设置，可以同村民委员会分立，也可以"两块牌子一班人马"。

自 1983 年起，各地先后结合实际落实中央文件要求，实行政社分开，在原人民公社的范围普遍建立乡政府，在原生产大队的范围普遍建立村民委员会，实行村民自治，但同时，建立经济组织的情况却比较复杂，由于种种

原因，只有部分地方在原生产大队的范围建立了村农业生产合作社等经济组织，或者经济组织与村民委员会实行"两块牌子一班人马"；只有少数地方在原生产队范围内建立村民小组农业生产合作社，只有个别地方在原人民公社范围成立经济合作社总社、农工商总公司等经济组织。或者说，绝大部分地方未能在原人民公社范围建立经济组织，由乡镇人民政府的农经站负责乡镇农村集体经济管理工作；大部分地方未能在原生产队范围内建立经济组织，由村民委员会或者村民小组代为负责土地发包等集体经济事务，即代行集体经济组织职权。

建立农业生产合作社的，一般参照高级农业生产合作社建立健全组织机构：（1）设立社员大会作为权力机构①，其中，社员人数较多或者居住分散，确实不便召开成员大会的，可以设立社员代表大会，行使社员大会的部分职权。（2）设立管理委员会作为社员大会的执行机构，对社员大会负责；管理委员会成员由社员大会选举产生，管理委员会在其成员中推选产生社长，社长或者代表合作社行使职权的其他负责人，为合作社法定代表人。（3）设立监督委员会作为社员大会的监督机构，对社员大会负责。监督委员会成员由社员大会选举产生，监督委员会在其成员中推选产生监督委员会主任。

村民委员会、村民小组代行农村集体经济组织职能的，一般按照村民委员会组织法规定的程序，通过召开村民会议、村民代表会议作出相应的决定、决议，由村民委员会负责执行。

（二）1990 年后的土地股份合作社

20 世纪 90 年代初期，随着农村经济发展和城镇化推进，有些地方的农民大量进城务工经商，有些农村集体经济组织为推进适度规模经营，在家庭承包经营基础上，以农户的土地承包经营权入股成立土地股份合作社，土地承包经营权转为股权，集体土地由合作社统一组织耕种，或者交由农业企业

---

① 社员大会并非由全体社员组成，而是由年满十八周岁或者具有民事行为能力的社员组成。

经营，农户作为股东取得相应的分红，分享土地收益；农民可以根据情况参加合作社、农业企业的生产经营活动并取得劳动报酬，也可以外出务工经商。

还有一些经济比较发达地区，例如广东南海、顺德等地，农村工业发展较快，工农业争地矛盾日趋突出，土地价格迅速上涨，引发分配不公等纠纷。为解决矛盾，探索实行土地使用权入股的股份合作制路子，就是将本集体经济组织经营的土地、房屋、农产品加工企业等全部折价作股，将股份分配给集体经济组织成员，实现人人有份。成员的股份作为收益分配的依据，一般允许本集体经济组织成员继承，可以在本集体经济组织内部转让，但不允许对外流转，一般不得要求提现。土地股份合作制承认原有的土地承包权，可以入股，按股分红，既有利于生产力发展，又保障承包制中农民既得的利益，容易为农民接受。① 实行这种土地股份合作制，要求集体有比较稳定的经营收益，能够持续落实股份分红，否则可能带来新的问题。杜润生先生早就指出，搞土地股份合作制并不是到处可行。要按条件办事，不讲这一条，好事会走向反面。② 当时，土地股份合作社有广东南海、上海松江、浙江温岭、江苏苏州、辽宁海城等典型模式，其具体方式有所不同。③

顺便指出，20 世纪 80 年代后期，乡镇企业蓬勃发展，有些乡镇企业采取股份合作制形式，称为农民股份合作企业。为鼓励和引导农民股份合作企业健康发展，保护其合法权益，加强规范化管理，原农业部于 1990 年 2 月发布《农民股份合作企业暂行规定》，并附有农民股份合作企业示范章程。根据该暂行规定，企业股份资产属举办该企业的全体成员集体所有，由股东大会（股东代表大会）选举产生的董事会代表全体股东行使企业财产的所有权。农民股份合作企业实行按劳分配和按股分红相结合、以按劳分配为主的分配方式。股份是投资入股者在企业财产中所占的份额。入股者一般不得

① 张根生：《家庭联产承包责任制》，海天出版社 2004 年版，第 269—272 页。
② 杜润生：《杜润生改革论集》，中国发展出版社 2008 年版，第 90 页。
③ 段浩：《农村集体经营性资产股份合作法律制度构建研究》，法律出版社 2021 年版，第 41—42 页。

退股；个别特殊情况要求退股的，在注册资本不减少的前提下，经股东大会（股东代表大会）或董事会批准可以退股。股权可依法继承、转让、赠与，但须向股东大会（股东代表大会）或董事会申报，并办理有关手续。企业应实行股东大会（股东代表大会）制度，股东大会（股东代表大会）是企业的最高权力机构，可选举产生董事会作为常设机构；董事会向股东大会（股东代表大会）负责，决定企业生产经营中的重大问题。

在更广泛的意义上，当时农村的股份合作制可以归纳为四种类型：第一种是原有的集体所有制乡镇企业发展起来的；第二种是农村改革后新出现的个体私营企业，为解决发展遇到的问题而实行股份合作制改造；第三种是农村社区性合作经济组织中新出现的股份合作经济；第四种是以农业生产为主体的产前、产中、产后服务相结合的股份合作。①

（三）21 世纪以来的经济合作社、股份经济合作社

为解决农村集体产权归属不明、成员身份不确定、集体经营收益不清、分配不公开等突出问题，珠三角等沿海经济发达地区早就探索进行农村集体产权制度改革，将集体经营性财产收益权折股量化到本集体经济组织成员。北京、江苏、浙江、上海等地陆续探索开展农村集体产权制度改革。

2015 年农业农村部选择 29 个县（市、区）开展农村集体产权制度改革试点，重点是探索保障农民集体组织成员权利、发展农民股份合作、赋予农民集体资产股份权能。2016 年中共中央、国务院印发的《关于稳步推进农村集体产权制度改革的意见》提出，明确集体资产所有权，确认农村集体经济组织成员身份，开展集体经营性资产产权制度改革。该文件指出，农村集体经济组织是集体资产管理的主体，是特殊的经济组织，可以称为经济合作社，也可以称为股份经济合作社。各地按照该文件要求，积极开展农村集体产权制度改革，建立健全集体财产关系明确、集体成员边界清晰的农村集体经济组织。

---

① 马洪：《探索深化农村经济改革的新的经营组织形式　关于农村的股份合作制问题》，载《人民日报》1993 年 10 月 29 日，第 5 版。

2017 年民法总则确立了农村集体经济组织的特别法人地位，明确农村集体经济组织作为特别法人可以依法从事经营活动，但并未明确农村集体经济组织的组织形式等，各地开展农村集体产权制度改革，根据实际情况确定农村集体经济组织特别法人的组织形式和组织机构，不少地方采取"三会"的组织结构，即成员大会（成员代表大会）、理事会、监事会。到 2021 年底基本完成农村集体产权制度改革的阶段性任务，各地农村集体经济组织普遍采取经济合作社或者股份经济合作社的组织形式。

经济合作社的组织结构具有如下主要特征：（1）由十八周岁以上社员组成社员大会，社员大会是经济合作社的权力机构，依照法律法规和合作社章程行使职权。（2）社员大会选举产生管理委员会，作为社员大会的执行机构，对社员大会负责；管理委员会可在其成员中选举产生社长，社长或者其他代表合作社行使职权的负责人，为合作社的法定代表人。（3）社员大会选举产生监督委员会，作为社员大会的监督机构，对社员大会负责；监督委员会可以在其成员中选举产生主任。（4）经济合作社可以设社员代表大会，社员代表大会依社员大会的授权行使职权。社员代表大会的代表由社员大会选举产生。社员大会有权撤销或者改变社员代表大会和管理委员会、监督委员会作出的不适当决定。（5）社员（代表）大会每年至少召开一次。十分之一以上有选举权的社员提议，或者管理委员会、监督委员会提议的，应当召开临时社员（代表）大会。

有些农村集体经济组织在开展集体产权制度改革过程中，按照地方政府有关文件的精神和集体经济组织成员大会通过的具体办法，将本集体经济组织农民集体所有的经营性财产，以份额或者股份的形式量化到本集体经济组织成员，作为成员参与集体收益分配的依据。有些农村集体经济组织甚至将集体所有的土地等其他财产与经营性财产一起，以股份的形式量化到成员，集体经济组织成员（甚至包括以前的成员）人人有份，集体经济组织的组织形式变成股份经济合作社。

股份经济合作社的组织机构具有如下主要特征：（1）股东大会或者股东代表大会是合作社的权力机构。（2）董事会是合作社常设的执行机构和日常工作机构，由股东（代表）大会选举产生，对股东（代表）大会负责。董事会实行股东（代表）大会领导下的董事长负责制。董事会应当严格执行股东（代表）大会的决议，向股东（代表）大会报告工作，并接受监事会和股东的监督。（3）监事会是合作社常设的监督机构，由股东（代表）大会选举产生，对股东（代表）大会负责。监事会应当严格执行股东（代表）大会的决议，向股东（代表）大会报告工作。

分配给社员的股份属股东个人所有。① 股份一般可以按照法律和章程的规定继承，可以按照章程的规定在股份经济合作社内部转让，但是，一般不得对外转让，不得抵押，不得退股提现。社员的股份一般按户核发股权证书，对股权予以记载和确认。有些地方对股份实行动态管理，每年年底或者定期根据集体经济组织成员变动情况，对各户的股份进行调整。有些地方对股份实行静态管理，在一定期限内股份固化到户不作调整，期限内农户人口变化的，自行解决股份分配问题。

股份经济合作社量化到社员的股份，与一般公司企业的股份存在两个重要区别：（1）性质不同。股份经济合作社的股份主要作为集体经济组织成员参与分配集体收益的依据，不代表成员（股东）对集体财产享有的份额，股东无权要求按照其股份分享、分割集体财产。（2）参与表决的作用不同。股份经济合作社股东（代表）大会召开会议，实行股东一人一票的按人表决方式，而不是采取股东按持有的股份参与表决的按股表决方式。

## 第二节　农村集体经济组织成员大会

农村集体产权制度改革过程中，大部分地方的农村集体经济组织采取"三会"的组织结构，即成员大会（成员代表大会）、理事会、监事会，分

---

① 有些农村集体经济组织还将股份分配给集体经济组织以外的人员，他们通常被称为非社员股东或非成员股东，其股份通常只享有分红权，不享有其他权利。

别作为农村集体经济组织的权力机构、执行机构和监督机构。一些地方人大（如四川、黑龙江、浙江等）制定的农村集体经济组织条例等地方性法规，大都规定农村集体经济组织法人采取"三会"的组织结构。2020年农业农村部印发的《农村集体经济组织示范章程（试行）》明确规定，农村集体经济组织的组织机构为成员大会、理事会和监事会。农村集体经济组织法第四章根据农村集体产权制度改革后农村集体经济组织的组织结构的实际情况，参考上述规定，对农村集体经济组织的组织机构作了规定，明确农村集体经济组织设成员大会作为权力机构，成员较多的可以设成员代表大会履行成员大会的部分职权；设理事会作为执行机构，设监事会（监事）作为监督机构，各个机构的设置、职权、表决方式等，除法律有明确规定的，授权由农村集体经济组织章程作出规定。

### 一、成员大会的组成

法人的权力机构是依据法律法规和章程形成法人意志的机构。农村集体经济组织必须设立权力机构，才能形成和表达农村集体经济组织法人的意志。依据农村集体经济组织法第26条，农村集体经济组织成员大会是农村集体经济组织的权力机构，由具有完全民事行为能力的全体成员组成。显然，农村集体经济组织成员大会的组成具有特殊性：它不是由本集体经济组织全体成员组成的，而是由具有完全民事行为能力的那部分成员组成的。

这主要因为，民事行为能力是民事主体以自己的行为取得民事权利、承担民事义务的法律资格，具有民事行为能力是独立从事民事活动的前提条件。我国民法典根据自然人辨识能力的不同，将自然人分为完全民事行为能力人、限制民事行为能力人和无民事行为能力人三类，其中，完全民事行为能力人可以独立进行民事活动，限制民事行为能力人只能从事有限的民事活动，无民事行为能力人不能有效地从事民事活动。

按照长期以来的实践，农村集体经济组织成员是特定地域范围内的全体农民，既包括具有完全民事行为能力的农民，也包括老年人、未成年人、残疾和智障人员等不具有完全民事行为能力的农民，他们可以享受集体的福利和收益分配等利益，却难以独立有效地从事民事活动。参加成员大会的前提条件就是具有完全民事行为能力，因为成员大会作为权力机构，需要对集体经济组织重大事项作出决定，通过成员大会集中成员的意志，形成集体经济组织法人的意志，这就要求参加成员大会的人必须具备有效表达意志、参与决定重大事项的行为能力，即必须是完全民事行为能力人。

这一点与公司法人存在明显区别。公司法人对参加股东大会的股东的民事行为能力没有明确限制，因为股东可由其法定代理人代理投票，也可以委托他人投票。而且，公司股东投票的基本依据是股份而不是人头，实行股份平等而不是股东平等。农村集体经济组织成员平等，成员大会实行一人一票。理论上说，没有完全民事行为能力的成员可以委托他人投票，但实践中，委托投票涉及比较复杂的问题，可能产生更多纠纷，损害成员平等原则，因此一般没有采取无民事行为能力的成员委托投票的办法，而是由具有完全民事行为能力的成员组成成员大会。

实际上，20 世纪 50 年代农业生产合作社的社员是指具有劳动能力的农民。按照高级农业生产合作社示范章程的规定，社员是指年满 16 岁的农民和能够参加社内劳动的其他劳动者。人民公社的社员，也是指能够参加劳动的农民。农村改革后实行家庭承包经营，各地普遍按照农户的家庭人口（劳动力）数量承包土地，即分配承包地时，不分年龄、性别、是否具有劳动能力和民事行为能力，实行人人有份，逐渐形成了普遍接受的惯例：凡长期在农村集体经济组织居住、生活的人员，无论是否具有劳动能力和民事行为能力，都被确认为农村集体经济组织成员，因此，需要由具有完全民事行为能力的成员组成成员大会。

### 二、成员大会的职权

按照农村集体经济组织法第 26 条的规定，农村集体经济组织成员大会作为权力机构履行如下职权。

制定、修改农村集体经济组织章程。设立农村集体经济组织必须有农村集体经济组织章程。章程是农村集体经济组织的纲领性文件，是农村集体经济组织的基本遵循，不仅要明确农村集体经济组织成员的权利义务，还需要确定农村集体经济组织的组织结构、决策机制和利益分配等重要内容，是全体成员必须共同遵守的行为准则，也是农村集体经济组织运行的基本依据和遵循。章程是农村集体经济组织自治特征的重要体现，反映成员的集体意志，是实现成员权益的最直接保障。为保证章程的稳定性和权威性，制定、修改章程应当经集体经济组织成员大会表决通过。为防止随意修改章程，集体经济组织章程可以对成员大会修改章程的表决规定更高的比例。

制定、修改农村集体经济组织内部管理制度。农村集体经济组织内部管理制度，包括集体资产管理制度（如集体资产清查、保管、使用、处置、公开等制度）、财务管理制度（如财务会计制度、财务报告制度、财务公开制度），是集体经济组织遵守和落实法律法规要求的重要体现，是规范集体经济组织内部管理的具体规则，也是指导和规范集体经济组织理事会成员、监事会成员（监事）和主要经营管理人员的具体行为指南，由成员大会制定、修改，既增强其权威性，也有利于强化对集体经济组织理事会成员、监事会成员（监事）和主要经营管理人员的监督。

确认农村集体经济组织成员。农村集体经济组织成员身份对农民至关重要，是成员就有权参与、监督集体经济组织的管理、决策，有权承包集体土地，有权申请取得宅基地，有权参与集体收益、集体土地征收补偿款的分配等。因此，确认农村集体经济组织成员、决定加入的成员，属于农村集体经济组织的特别重要事项，必须由成员大会表决通过，才能充分体现全体成员意志，有利于增强决定的权威性、减少争议或纠纷。

选举、罢免农村集体经济组织理事会成员、监事会成员或者监事。理事会、监事会（监事）作为农村集体经济组织的执行机构和监督机构，其成员实际负责集体经济组织的日常工作，是集体经济组织能否健康发展的关键因素，由成员大会选举、罢免，能够充分发扬民主，真正选出能够带领成员发展集体经济、服务成员的人。

审议农村集体经济组织理事会、监事会或者监事的工作报告。理事会和监事会（监事）工作报告是对农村集体经济组织理事会、监事会（监事）

年度工作情况的总结,成员大会审议两个报告,可以对理事会、监事会(监事)的工作作出评价,在一定程度上也是一种监督。

决定农村集体经济组织理事会成员、监事会成员或者监事的报酬及主要经营管理人员的聘任、解聘和报酬。理事会成员、监事会成员(监事)的报酬由集体经济组织支付,不能由理事会自行决定,应当由成员大会决定。主要经营管理人员是农村集体经济组织聘用的专门人才,其聘任、解聘和报酬,事关集体经济组织运行质量,也应当由成员大会作出决定,防止理事会自行决定出现以权谋私、裙带关系等问题。

批准农村集体经济组织的集体经济发展规划、业务经营计划、年度财务预决算、收益分配方案。集体经济发展规划涉及集体经济组织长远发展及成员的根本利益,业务经营计划关系集体经济组织业务经营活动和集体经济发展,年度财务预决算、收益分配方案反映集体经济组织财务状况和收益分配情况,直接关系到每一位成员的切身利益,都应当由成员大会进行审议并批准。

对农村土地承包、宅基地使用和集体经营性财产收益权份额量化方案等事项作出决议。农村集体经济组织依法代表农民集体行使所有权,经营管理农民集体土地和其他财产,发展集体经济,具体负责土地承包、宅基地使用和集体经营性财产收益权份额量化等集体资产管理事务。这些事务是集体资产的重大处置,涉及成员的重要经济利益,关系到农村社会的和谐与稳定,属于农村集体经济组织重大事项,必须由成员大会作出决定。

对集体经营性建设用地使用、出让、出租方案等事项作出决定。集体经营性建设用地的使用、出让、出租是新形势下集体经济组织发展新型集体经济的重要经营活动。使用集体经营性用地发展农村产业,或者将集体经营性建设用地出让、出租给其他单位和个人使用,都是农村集体经济组织的重要事项,特别是有些农村集体经济组织的主要集体财产就是集体经营性建设用地使用权,这些事项应当由成员大会作出决定。

决定土地补偿费等的分配、使用办法。为了公共利益的需要,国家依照法律规定的权限和程序,可以征收农村集体所有的土地,依法支付土地补偿费、安置补助费、地上附着物和青苗补偿费用。其中，土地补偿费归集体经济组织，其分配涉及全体成员的利益，实践中很容易产生争议。因此，土地补偿费的使用和分配方案应当由成员大会作出决定。

决定投资等重大事项。对外投资是新形势下发展壮大集体经济的重要途径，涉及集体财产保值增值和集体经济组织稳健运行。对外投资等生产经营活动中的重大事项，不仅会带来集体财产变化，对外投资无论是营利还是亏损，都与成员利益息息相关。因此，对外投资等重大事项是否可行、是否符合成员利益，必须由成员大会作出决定。

决定农村集体经济组织合并、分立等重大事项。农村集体经济组织合并、分立以及因合并、分立等解散，实践中并不常见，但都是关系农村集体经济组织生存发展及全体成员根本利益的重大决策，必须由成员大会作出决定。

此外，法律法规可以规定成员大会享有其他职权。农村集体经济组织章程也可以在不违反法律法规的前提下，规定成员大会的其他职权，也可以修改章程增加其他职权。

### 三、成员大会的议事程序和议事规则

按照农村集体经济组织法第 26 条和第 27 条的规定，需由成员大会审议决定的重要事项，应当先经村党组织或者乡（镇）党委、街道党工委研究讨论；农村集体经济组织召开成员大会，应当有三分之二以上具有完全民事行为能力的成员参加；成员大会至少每年召开一次，由理事会召集，由理事长、副理事长或者理事长指定的成员主持；成员大会实行一人一票的表决方式，农村集体经济组织成员大会全体成员三分之二以上成员同意为通过，法律法规和本集体经济组织章程另有更严格规定的，从其规定。

（一）重要事项应当先经党组织研究讨论

为加强农村基层党组织对农村工作的领导，《中国共产党农村基层组织工作条例》第 9 条规定，需由乡镇集体经济组织决定的重要事项，经乡镇党委研究讨论后，由乡镇集体经济组织依照法律和有关规定作出决定。第 10 条

规定，需提请村集体经济组织决定的重要事项，经村党组织研究讨论后，由集体经济组织依照法律和有关规定作出决定。据此，农村集体经济组织法第26条第2款规定，需由成员大会审议决定的重要事项，应当先经乡镇党委、街道党工委或者村党组织研究讨论。具体来说，村集体经济组织、村民小组集体经济组织的成员大会审议决定的重要事项，应当先经村党支部研究讨论，再由成员大会作出决定；乡镇集体经济组织审议决定的重要事项，应当先经乡镇党委或者街道党工委研究讨论，再由成员（代表）大会作出决定。

依照《中国共产党农村基层组织工作条例》第19条的规定，村级重大事项决策由村党组织提议、村"两委"会议商议、党员大会审议、村民会议或者村民代表会议决议；所作决议公开、实施结果公开（简称"四议两公开"）。为了促进农村集体经济组织加强民主管理和民主监督，参照上述要求，《农村集体经济组织示范章程（试行）》第7条规定，农村集体经济组织重大决策参照执行"四议两公开"机制，即村党组织提议、村党组织和集体经济组织理事会会议商议、党员大会审议、集体经济组织成员（代表）大会决议；决议公开、实施结果公开。这就明确了农村集体经济组织落实"四议两公开"的内涵和具体程序，便于集体经济组织更好地接受基层党组织的领导，更好地与农村基层组织决策机制相衔接。

（二）成员大会前的通知

为保障集体经济组织成员的知情权和参与权，农村集体经济组织召开成员大会应当提前通知成员。对此，农村集体经济组织法第27条第1款规定，农村集体经济组织召开成员大会，应当将会议召开的时间、地点和审议的事项于会议召开十日前通知全体成员。成员可自行决定是否、如何参加会议。实践中，有些农村集体经济组织并未直接通知在外务工的成员，而是要求其家庭成员自行通知，这样做不利于维护成员的知情权和参与权，因为有的家庭成员由于各种原因并未通知在外地的成员参加会议，有的家庭成员之间对会议讨论的议题的态度和利益可能不一致。随着现代通信技术的发展，集体经济组织可以通过网络，直接将召开成员大会的情况通知在外地的成员。

### （三）成员大会的召集和主持

成员大会作为农村集体经济组织的权力机构，负责决定农村集体经济组织重大事项，其中包括集体收益分配方案等直接涉及成员切身利益的重要事项，而且，成员大会履行职责、行使职权的方式就是召开会议。因此，成员大会每年至少召开一次。需要召开成员大会的，应当由理事会按照法律法规和集体经济组织章程的规定召集成员大会。成员大会一般由理事长主持会议，理事长因故不能主持的，可以委托副理事长或者理事会其他成员主持。

### （四）最低出席人数要求与成员出席方式

农村集体经济组织法第 27 条明确了出席成员大会的农村集体经济组织成员的最低人数，即农村集体经济组织召开成员大会，应当有三分之二以上具有完全民事行为能力的成员参加。农村集体经济组织成员大会作为权力机构，就集体经济组织重大事项作出决定，形成集体经济组织法人意志，成员大会的决定对所有成员均有约束力。因此，应当有足够数量的成员参加成员大会，才能充分体现和集中全体成员的意志，作出符合大多数成员利益的决定。按照各地普遍做法，至少应当有三分之二以上具有完全民事行为能力的成员参加，才能有效召开成员大会。人数不足不能召开成员大会，即使召开会议，作出的决定也是无效的。这是对成员大会出席人数的最低要求，农村集体经济组织就特定事项作出决定时，可以依据章程的规定，要求有更多成员参加成员大会。

农村集体经济组织成员可以采取现场参加、在线参加、委托参加三种方式之一出席成员大会。通常情况下，集体经济组织成员特别是在家的成员，应当现场参加成员大会。由于外出等原因不能现场参加会议的，可以通过即时通讯工具在线参加会议；也可以书面委托本集体经济组织同一农户内具有完全民事行为能力的其他家庭成员代为参加会议。其中，书面委托的对象范围限于本集体经济组织内同一农户的家庭成员。这样规定，有利于保障外出务工的集体经济组织成员行使权利，同时防止随意委托他人参加会议可能带来的复杂问题。需要注意，委托家庭成员参加成员大会，只是不能现场或者在线参加会议的集体经济组织成员采取的参加会议的方式，不同于每户选派一位代表参加户代表会议，户代表会议只需要每户一位代表参加，不需要其他成员参加。

（五）成员大会的表决

依照农村集体经济组织法第 27 条第 3 款的规定，农村集体经济组织成员大会的表决具有如下三个特点。

一是实行一人一票的表决方式，强调成员的平等投票权，突出集体经济组织的劳动联合属性。这与农民专业合作社对出资额或交易量（额）较大的成员赋予附加表决权有所不同，更与公司法人存在本质区别，公司法人通常按股东所持股权比例或股份数额参与表决，体现资本决的表决方式。集体经济组织实行一人一票的人头决，能够更好地体现成员的共同意志，防止少数人控制农村集体经济组织。即使有些农村集体经济组织对集体经营性财产收益权进行量化，依据人头、劳龄、对集体的贡献等因素，向不同的成员分配不同的份额或者股份，但成员的份额或者股份只作为参与集体收益分配的依据，不能作为参与表决的依据。

二是要求成员大会作出决定应当经全体成员三分之二以上同意，确保成员大会的决定有超过一半成员赞同，避免由不足一半的成员作出决定，影响决定的代表性和权威性。提请全国人大常委会初审的农村集体经济组织法草案规定，召开农村集体经济组织成员大会应当有三分之二以上具有完全民事行为能力的成员参加，成员大会作出决定应当经参加会议的成员三分之二以上同意。审议过程中有意见提出，这样规定，不到一半的成员就可以决定农村集体经济组织的重大事项，影响成员大会决定的代表性和权威性。因此，改为经全体成员三分之二以上同意，确保由半数以上的成员作出决定。事实上也要求成员尽可能采取适当的方式参加会议、参与表决。

三是明确法律法规和章程可以对成员大会的表决提出更高要求。该条还规定，法律法规和农村集体经济组织章程对成员大会表决有更高要求的，从其规定。这表明，法律法规和集体经济组织章程，可以对集体经济组织表决通过特定事项提出更高的人数要求。农村集体经济组织法第 15 条就要求有四分之三以上成员同意。有些农村集体经济组织章程可能对特别重要事项的表决规定更高的比例，使作出的决议更加充分地体现全体成员的共同意志。

# 第三节  成员代表大会

按照农村集体经济组织法第 28 条的规定，农村集体经济组织可以根据情况设立成员代表大会，行使成员大会的部分职权。

## 一、农村集体经济组织可以设立成员代表大会

由于历史背景、文化传统、资源禀赋、经济发展水平等方面的差异，不同地方的农村集体经济组织的成员数量、居住情况等各有不同，有些农村集体经济组织规模较小，成员不多，居住相对集中，容易召集、召开成员大会。有些农村集体经济组织规模较大，成员较多，居住分散，客观上难以召开成员大会。例如，有完全民事行为能力的成员较多，而且依法应有三分之二以上成员参加大会，不仅难以把数量较大的成员集中起来召开会议，甚至找不到适当的会议场所，导致难以召开成员大会。[①]

### （一）成员代表大会的设立

为解决成员较多难以召开成员大会的现实问题，农村集体经济组织法第 28 条第 1 款规定，农村集体经济组织成员较多的，可以按照章程规定设立成员代表大会。即授权农村集体经济组织章程可以根据具体情况，对设立成员代表大会作出规定，并且按照章程规定和法律的相关要求设立成员代表大会。

农村集体经济组织设立成员代表大会的前提是成员较多，召开成员大会

---

① 人民公社时期，生产队的权力机构是社员大会，公社、生产大队的权力机构是社员代表大会。而且，公社社员代表大会就是乡人民代表大会。

确有困难。因此，成员代表大会不是集体经济组织必设机构，农村集体经济组织可以根据成员数量等实际情况，自主决定是否设立成员代表大会，确需设立的，应当在集体经济组织章程中作出规定，并且对成员代表大会的职权、任期、议事规则等作出规定。

农村集体经济组织设立成员代表大会应当慎重，特别是成员不是很多的农村集体经济组织，不必设立成员代表大会。因为成员大会决定的事项通常都直接涉及成员的权利和切身利益，特别是经济利益，成员普遍关注，农村集体经济组织内部农户的不同家庭成员（例如，同一农户的妇女成员与男性成员）之间可能存在不同意见，而且，在互联网时代，现代通信技术迅速发展，召开大规模会议的网络技术已经普及，运用网络技术，参考公司召开股东大会的方式，已经可以低成本、高效率地召开较大规模的成员大会。① 因此，除非召开成员大会确有困难，不必设立成员代表大会，而是由成员大会对集体经济组织重大事项作出决定，更好地体现民主决策，增强所作决定的代表性和权威性。由成员代表大会作出决定，成员选举出成员代表，就意味着认可成员代表在法律或者章程规定的职权范围内行使权利，成员代表大会决定的事项，其他成员无须再参与。② 因此，随意设立成员代表大会，容易架空成员大会，导致成员大会徒有虚名，可能由少数人决定集体经济组织重大事项，而有些成员一直没有机会参与集体决策。

（二）成员代表大会的代表

依照农村集体经济组织法第28条第2款的规定，设立成员代表大会的，一般每五户至十五户选举代表一人，代表人数应当多于二十人，并且有适当数量的妇女代表。实践中，代表可以按户推选，也可以从成员中推选产生。按户选举有利于减少或避免从成员中推选可能遇到的困难和麻烦，而且，农村土地家庭承包就是以农户为承包主体，村民自治中村民代表会议的代表也

---

① 谢鸿飞：《农村集体经济组织权利能力的限制与扩张——兼论〈农村集体经济组织法（草案）〉的完善》，载《中国社会科学院大学学报》2023年第8期。

② 戴威：《论农村集体经济组织成员权利的行使》，载《土地法制科学》第3卷，法律出版社2019年版，第56页。

是按户推选产生的，应当说，按户推选成员代表具有较好的实践基础，得到农民普遍认可。

要求成员代表人数应当多于二十人，主要考虑到，成员代表大会依照章程规定履行成员大会的部分职权，决定集体经济组织的重要事项，为了较好地体现和表达集体经济组织成员的意志，成员代表大会应当有较多的成员代表，至少应当在二十人以上，否则，成员代表人数太少，难以充分体现成员的意志。同时，为更好地反映妇女成员的意愿和要求，维护妇女权益，成员代表中应当有适当数量的妇女成员。为便于统一处理集体经济组织事务，成员代表的任期应当与理事会相同，每届任期五年，可以连选连任，这样有利于成员代表大会与理事会搞好工作衔接。

## 二、成员代表大会的职权和表决方式

成员代表大会是在成员大会难以召开会议形成成员集体意志的情况下，通过召开成员代表大会形成成员的集体意志。因此，成员代表大会在一定意义上行使成员大会的职权，其表决方式也具有一定特殊性。

### （一）成员代表大会的职权

农村集体经济组织设立成员代表大会，主要是为了解决难以召开成员大会的问题，由成员代表大会行使成员大会的部分职权。成员代表大会的决定，可以代表集体经济组织成员的意志，但是，成员代表大会由成员代表组成，不能等同于成员大会，不能充分体现全体成员的意志，因此不能完全行使成员大会的职权，一些特别重要事项，必须由集体经济组织成员大会决定。对此，农村集体经济组织法第 28 条第 4 款规定，成员代表大会按照集体经济组织章程规定行使本法第 26 条第 1 款规定的成员大会部分职权，但第 1、3、8、10、12 项规定的职权除外，因为第 26 条第 1 项（制定、修改农村集体经济组织章程）涉及集体经济组织基本制度的制定和修改，第 12 项（决定农村集体经济组织合并、分立等重大事项）涉及集体经济组织的合并、分立，都是集体经济组织最重要的问题，应当由集体经济组织成员大会决定；第 3 项（确认农村集体经济组织成员）、第 8 项（对农村土地承包，

宅基地使用和集体经营性财产收益权份额量化方案等事项作出决定）、第10
项（决定土地补偿费等的分配、使用办法）直接涉及成员的经济利益，而
且实践中经常产生争议和纠纷，由成员代表大会作出决定可能缺乏权威性，
容易引起争议，因此应当由成员大会决定。至于成员代表大会的具体职
权，由集体经济组织章程依据相关法律规定和集体经济组织实际情况予以
确定。按照该条的规定，成员代表大会召开会议，应当经三分之二以上成
员代表同意，方可有效作出决定。法律对于出席成员代表大会的最低成员
代表人数没有明确规定，但表决的要求表明不能少于全体成员代表的三分
之二。

（二）成员代表大会的表决方式

农村集体经济组织法第28条第5款规定，成员代表大会实行一人一票
的表决方式。成员代表大会作出决定，应当经全体成员代表三分之二以上同
意。强调一人一票的表决方式，体现农村集体经济组织的特色。成员代表大
会作出决定应当经全体成员代表三分之二以上同意，与成员大会的表决要求
相同。

# 第四节 农村集体经济组织理事会、监事会

农村集体经济组织理事会、监事会分别是集体经济组织的执行机构、监
督机构，主要职责是执行、落实、实施、监督农村集体经济组织权力机构的
决定、决议，对成员（代表）大会负责并报告工作。理事会还具体负责农
村集体经济组织的日常管理工作，是农村集体经济组织的实际运行管理
机构。

## 一、农村集体经济组织理事会

农村集体经济组织理事会是集体经济组织的执行机构，也是日常管理机
构，具体负责处理集体经济组织事务。实践中，有的农村集体经济组织称理

事会，有的称董事会，还有的称管委会。因此，首先应当明确其名称。

（一）集体经济组织理事会还是董事会

实践中，由于缺乏明确的法律规定，对于农村集体经济组织（包括经济合作社或者股份经济合作社）的执行机构，有些地方称理事会，有些地方称董事会。根据公司法相关规定，董事会是股份公司和有限责任公司的执行机构，负责执行股东大会的决议和公司的经营管理。董事会由董事组成，董事由股东（出资人）按照出资额或者股份数投票选举产生，股东的出资额或者股份数越多，投票数越多，实行资本多数决，即董事是依资本的多少决定的，董事会对股东负责。董事一般分为执行董事和非执行董事，执行董事是全职负责公司管理的人员，通常是公司的股东；非执行董事是从外部引入的具有相关专业知识和经验的专家，通常不是公司股东。

理事会是社会团体或社会组织的内部管理机构，负责团体或者组织的日常运营和管理。理事会主要适用于非公司形态的社会团体，如学术组织、研究机构等群众团体和社会团体。理事会成员通常由该组织的成员选举产生，组织的成员及理事会成员的组成与出资多少无关，主要是以事而成，不需要以出资作为基础。

农村集体经济组织理事会成员由集体经济组织全体成员，通过召开成员大会投票选举产生，成员大会按照一人一票的表决方式，实行人头多数决，成员投票与出资额、量化到成员的份额或者股份没有关系，量化到成员名下的份额或者股份只是参与集体收益分配的依据，与投票表决无关；这与公司股东通过股东大会、按出资额或者股份数投票选举董事等存在本质区别。集体经济组织执行机构的成员通常都是集体经济组织的成员，更适宜称理事会而不是董事会。

（二）理事会的组成

按照农村集体经济组织法第 29 条第 1 款的规定，农村集体经济组织理事会，一般由三至七名单数成员组成。理事会设理事长一名，可以设副理事长。理事长、副理事长、理事的产生办法由农村集体经济组织章程规定。理事会成员之间应当实行近亲属回避。

不同农村集体经济组织的成员数量、集体财产规模各不相同，理事会人数可以根据具体情况确定为三至七人的单数。成员人数较多、集体财产规模较大、经营管理活动较复杂的，可以设七名理事会成员；反之，成员较少、集体财产不多、经营管理较简单的，可以设三名理事会成员。理事会成员应当为三人、五人或者七人，不得为双数（四人或六人），主要是为了防止理事会审议相关议题进行表决时，可能因为赞成、反对的票数相等而难以作出决定。

农村集体经济组织应当设理事长，同时可以根据具体情况决定是否设副理事长。一般来说，农村集体经济组织人员较多、集体财产规模较大、经营管理较复杂的，可以设副理事长；人员较少、集体财产规模较小、经营管理较简单的，可以不设副理事长。理事长、副理事长是理事会的负责人，实际上也是农村集体经济组织日常生产经营管理活动的具体组织者和领导者，对于农村集体经济组织健康发展起着至关重要的作用。因此，应当由成员大会从本集体经济组织成员中选举产生，具体产生办法由农村集体经济组织章程规定。

农村集体经济组织理事会成员应当实行近亲属回避。农村集体经济组织理事会成员中如有两位以上系近亲属关系，一方面可能便利相互配合做好工作，但另一方面，也比较容易采取各种方式谋取私利，特别是在宗族势力较强的农村集体经济组织，他们能否公正办事难免引起疑虑。为了避免或防止近亲属同时担任理事会成员导致理事会被宗族、家族势力控制，从而损害集体和成员的权益，法律明确规定，理事会成员之间应当实行近亲属回避。按照民法典第 1045 条第 2 款的规定，近亲属是指配偶、父母、子女、兄弟姐妹、祖父母、外祖父母、孙子女、外孙子女。

农村集体经济组织理事长是农村集体经济组织的法定代表人。农村集体经济组织虽然是特别法人，但仍然是经济组织，按照经济组织的一般要求，应当明确法定代表人。根据农村集体经济组织法第 29 条第 2 款的规定，农村集体经济组织理事长是农村集体经济组织的法定代表人。法定代表人对外代表农村集体经济组织，可以以农村集体经济组织的名义开展活动。

党组织负责人可以通过法定程序担任村集体经济组织理事长。按照《中国共产党农村基层组织工作条例》第 2 条的规定，村党组织是村各种组织和各项工作的领导核心。按照该条例第 14 条的规定，村级党组织领导和支持集体经济组织管理集体资产，协调利益关系，组织生产服务和集体资源合理开发，逐步壮大集体经济实力。第 19 条还明确提出，村党组织书记应当通过法定程序担任村民委员会主任和村集体经济组织负责人。实践证明，基层党组织积极发挥领导核心作用，是发展壮大集体经济的关键。给钱给物，不如有个好支部。为切实发挥村党组织领导作用，大部分村党组织负责人都通过法定程序担任村集体经济组织理事长。还有一些乡镇党组织负责人兼任乡镇集体经济组织理事长。因此，农村集体经济组织法第 29 条第 3 款规定，乡镇党委、街道党工委或者村党组织可以提名推荐农村集体经济组织理事会成员候选人，党组织负责人可以通过法定程序担任农村集体经济组织理事长。所谓法定程序，主要是指依法经过推选成为候选人，召开成员大会进行选举等程序。

（三）理事会的职权

根据农村集体经济组织法第 30 条的规定，农村集体经济组织理事会对成员（代表）大会负责，行使下列职权。

召集、主持成员大会、成员代表大会，并向其报告工作。成员大会、成员代表大会作为农村集体经济组织的权力机构，依据法律和章程对农村集体经济组织重大事项作出决定。理事会是农村集体经济组织的日常管理机构，召开成员大会、成员代表大会，一般应当由理事会负责召集和主持会议，具体工作包括确定会议的时间、地点、审议事项等，发出会议通知，准备会议文件、材料等；会议一般由理事长主持或者理事长委托的副理事长、其他理事会成员主持。

执行成员大会、成员代表大会的决议。理事会作为农村集体经济组织的执行机构，基本职责就是执行权力机构的决议、决定。成员大会、成员代表大会作为权力机构作出的决议、决定，要通过理事会得以执行和落实，因为成员大会、成员代表大会不能直接领导和指挥农村集体经济组织的经营管理人员，理事会直接领导农村集体经济组织的经营管理人员，有权利和义务要求他们落实成员大会、成员代表大会的决议、决定。

起草农村集体经济组织章程修改草案。农村集体经济组织章程是农村集体经济组织的纲领性文件，具有法律约束力。章程不仅明确了成员的资格条件、权利义务，还涉及农村集体经济组织的组织结构、生产经营、民主管理、收益分配等各方面内容。章程的制定权和修改权属于成员大会，理事会作为执行机构，在成员大会确定修改章程后，应当及时拟定章程修改草案，提请成员大会审议。

起草集体经济发展规划、业务经营计划、内部管理制度等。成员大会、成员代表大会作为权力机构，有权批准集体经济发展规划、业务经营计划，有权制定、修改内部管理制度，理事会应当根据成员大会、成员代表大会确定的集体经济发展目标、经营方针，起草集体经济发展规划、业务经营计划。类似地，理事会还负责起草集体经济组织内部管理制度，提请成员大会、成员代表大会审议。

起草农村土地承包、宅基地使用、集体经营性财产收益权份额量化，以及集体经营性建设用地使用、出让或者出租等方案。农村土地承包方案，宅基地使用方案，集体经营性建设用地使用、出让或者出租方案，集体经营性财产收益权量化方案，是集体财产经营管理的最重要内容，直接涉及农村集体经济组织成员的切身经济利益，应当由成员大会作出决议、决定，理事会应当按照成员大会的要求起草这些重要方案。

起草投资方案。农村集体经济组织开展经营活动是需要投资的，理事会应当根据成员大会、成员代表大会的决定起草投资方案，提请成员大会、成员代表大会审议。

起草年度财务预决算、收益分配方案等。集体经济组织的财务预算、财务决算和收益分配方案，集中反映集体经济组织的重要财务情况，成员最为关注，应当由成员大会审议通过。理事会应当根据集体经济发展规划和业务计划，编制农村集体经济组织的财务预算方案；根据农村集体经济组织的经营情况，编制农村集体经济组织的年度财务决算方案，并且根据经营情况和收益水平，起草农村集体经济组织的收益分配方案，并提交成员大会审议。

提出聘任、解聘主要经营管理人员及决定其报酬的建议。为发展农村集体经济，壮大集体经济实力，农村集体经济组织需要聘用经营管理人员，包括专业人员，具体执行、落实成员大会、成员代表大会的决议、决定。经营管理人员的聘任、解聘及其报酬，由成员大会、成员代表大会作出决定，理事会应当根据农村集体经济组织实际需要，提出聘任、解聘经营管理人员，以及确定经营管理人员报酬的建议，提请成员大会、成员代表大会作出决定。

依照法律法规和农村集体经济组织章程管理集体财产和财务，保障集体财产安全。这是理事会的基本职权和责任。农村集体经济组织依法代表成员集体行使所有权，其中很重要的内容就是经营管理集体财产。理事会作为执行机构，具体负责依照法律法规和农村集体经济组织章程的规定，对集体财产进行经营管理，包括集体财产的投资运营、集体经营性建设用地出让、出租等，并且进行集体经济组织的财务管理，严格执行财务会计制度，维护和保障集体财产安全，维护集体和成员利益。

代表农村集体经济组织签订承包、出租、入股等合同，监督、督促承包方、承租方、被投资方等履行合同。理事会作为农村集体经济组织的执行机构，具体负责经营管理集体财产，在开展集体土地等集体财产的承包、出租、入股等过程中，由理事会代表农村集体经济组织签订承包合同、租赁合同、入股协议等，并且负责监督、督促承包方、承租方、被投资方等依约履行合同义务，包括不得擅自改变土地的农业用途、不得破坏集体土地及生态环境等。

接受、处理有关质询、建议并作出答复。依照农村集体经济组织法相关规定，农村集体经济组织监事会或者监事、农村集体经济组织成员都享有监督权，依法监督理事会成员谨慎、勤勉履行职责。监事会或者监事在必要时可以对理事会工作提出质询，农村集体经济组织成员对农村集体经济组织生产经营管理活动和集体收益的分配、使用及集体事务的处理有意见的，可以依法提出建议。这些质询、建议，应当由理事会负责接受、加以处理并作出答复。这是农村集体经济组织内部加强对理事会工作的日常监督的重要体现。

此外，农村集体经济组织理事会还享有章程规定的其他职权。

（四）理事会的议事方式和表决程序

按照农村集体经济组织法第 31 条第 1 款、第 2 款的规定，理事会会议应当有三分之二以上的理事会成员出席，方为有效。理事会实行一人一票的表决方式。理事会作出决定，应当经全体理事的过半数同意。

不同农村集体经济组织理事会的具体情况各有不同，理事会的议事方式和表决程序，在坚持法律基本规定的前提下，法律给农村集体经济组织留下适当的空间，依据农村集体经济组织法第 31 条第 3 款，理事会的议事方式和表决程序由农村集体经济组织章程具体规定。这就授权农村集体经济组织章程可以结合具体情况，对理事会的议事方式和表决程序作出更切合实际的规定。

## 二、农村集体经济组织监事会

农村集体经济组织监事会是农村集体经济组织的监督机构，根据当前农村基层实施监督，以及不同农村集体经济组织的实际情况，监事会的设立及其职权等，具有较大的灵活性。

（一）监事会的设立

农村集体经济组织的监事会是集体经济组织的监督机构，主要职责是，根据法律法规和章程，以及集体经济组织权力机构作出的决议、决定，对农村集体经济组织理事会及经营管理人员实施监督，重点监督农村集体经济组织的财务和业务执行情况、集体财产经营管理情况等。农村集体经济组织设立监事会，主要体现农村集体经济组织内部权力机构、执行机构、监督机构之间的权力分置与相互制约。

农村集体经济组织是否设立监事会，理论上存在不同意见。多数意见认为，农村集体经济组织应当设立监事会，也有意见认为，农村集体经济组织不必设立监事会，主要理由是，农村集体经济组织成员具有明显的社区封闭性特征，成员可以通过村务公开制度行使监督权，可以不再设立监督机构；① 农村集体经济组织可以借鉴小规模现代社团法人的组织结构，主要设立股东大会与理事会两层结构，不必设立监事会；② 农村集体经济组织法人的特别性，决定了监事会不是农村集体经济组织的必设机构。③

一方面，农村集体经济组织具有区域性和相对封闭性，大部分成员长期在同一村庄生产生活，相互比较熟悉，对于侵害成员利益的行为，成员可以依法采取措施维护自身权益；对于侵害集体利益的行为，法律授权成员在必要时可以提起代位诉讼，维护集体的权益。就此而言，农村集体经济组织的监督确有一定特殊性。另一方面，越来越多的青年成员外出务工，留守村庄的多为老年和妇女成员，监督能力客观上受到限制，而且有些成员还存在"搭便车"心理，缺乏监督积极性，没有监事会，单个成员行使监督权可能面临成本高、风险大等不利因素。从一定意义上讲，设立监事会乃是新型农村集体经济组织的治理结构有别于传统农村集体经济组织的重要表现。④ 从实践看，农村集体产权制度改革后，新型农村集体经济组织普遍设立了监事会，这是区别于原有农村集体经济组织的重要表现。

因此，农村集体经济组织法第 32 条第 1 款对集体经济组织设立监事会作了较灵活的规定，即农村集体经济组织一般应当设监事会，但成员较少的可以不设监事会，只设一至二名监事，行使监督职权。这主要是考虑到，不

---

① 许中缘、崔雪炜：《"三权分置"视域下的农村集体经济组织法人》，载《当代法学》2018 年第 1 期，第 89 页。

② 韩冬等：《农村集体经济组织法人治理的构建与完善》，载《中国土地科学》2017 年第 7 期，第 9 页。

③ 管洪彦：《农村集体经济组织设立"特别性"的基本法理与立法表达》，载《江西社会科学》2022 年第 10 期，第 27 页。

④ 张先贵：《农村集体经济组织设立规范的体系化表达》，载《河北法学》2024 年第 6 期。

同农村集体经济组织的情况各不相同，有的农村集体经济组织规模较小，成员人数较少，集体财产经营管理比较简单，监督工作的具体内容并不复杂，从实际出发，可以不设监事会，只设一至二名监事行使监督权。

关于监事会（监事）的产生办法、议事方式和表决程序等，按照农村集体经济组织法第 32 条第 2 款的规定，由农村集体经济组织章程规定。

（二）监事会的职权

根据农村集体经济组织法第 32 条第 1 款，监事会主要具有如下职权。

一是监督理事会执行成员大会、成员代表大会决定。监事会（监事）的首要职责就是加强对执行机构理事会的监督，重点监督和督促理事会成员、主要经营管理人员依照法律法规和章程忠实、勤勉、谨慎地履行职责，及时、认真地执行成员大会、成员代表大会的决议，防止他们滥用职权甚至以权谋私。

二是监督检查集体财产的经营管理情况。各种集体财产应当依照法律法规、国家有关规定和农村集体经济组织章程的相应规定进行管理，集体财产的经营管理状况和结果，直接关系集体经济的发展和集体经济组织的凝聚力，涉及集体成员的切身利益，监事会（监事）应当将其作为监督的重点内容，从事前、事中、事后多个方面，对集体财产的经营管理活动和经营结果进行监督检查，防止理事会成员和经营管理人员在经营管理过程中给集体财产造成重大损失。

三是审核监督农村集体经济组织财务状况。财务状况是农村集体经济组织从事经营活动的各项成果在资金上的反映，记录和体现集体财产收支和变化情况、经营成效和收益。审核农村集体经济组织的财务状况是监事会的重要职责，如果发现集体经济组织财务状况出现异常，监事会（监事）可以对集体经济组织财务进行监督检查，必要时可以组织开展内部审计，聘请会计师事务所等协助开展审计监督，审计结果应当向成员大会、成员代表大会报告。所谓必要时，应当是监事会（监事）认为有必要；成员大会、成员代表大会或者理事会提出内部审计要求，也可以认为是必要时。当然，监事会（监事）组织的审计属于集体经济组织内部监督，不同于乡镇人民政府或者县级人民政府农业农村行政主管部门对农村集体经济组织财务进行的外部审计。

根据农业农村部 2021 年发布的《农村集体经济组织示范章程（试行）》第 26 条的规定，农村集体经济组织监事会的具体职权包括：（1）监督理事会执行成员大会、成员代表大会的决议；（2）向成员大会、成员代表大会提出罢免理事会成员以及主要经营管理人员的建议；（3）监督检查本集体经济组织农民集体所有的资产发包、出租、招投标等各项业务经营及合同签订履行情况，审核监察本集体经济组织财务情况；（4）反映本集体经济组织成员对集体财产经营管理的意见和建议，向理事长或者理事会提出工作质询和改进工作的建议；（5）提议召开临时成员大会、成员代表大会；（6）协助政府有关部门开展本集体经济组织财务检查和审计监督工作；（7）向成员大会、成员代表大会报告工作；（8）履行成员大会、成员代表大会授予的其他职权。

不同农村集体经济组织设立监事会的具体情况以及监督的重点可能有所不同，农村集体经济组织章程可以在不违反法律规定的前提下，参照示范章程的规定，自主确定监事会（监事）的具体职权。

（三）监事会发挥作用有待实践探索

农村集体经济组织法草案起初对监事会的组成、职权、产生办法、表决方式等作了比较具体的规定。起草过程中还有意见提出，应当要求至少有一位监事具有财务会计专业知识；可以引入成员以外的其他人员担任监事会成员，以确保监事会成员具有与履行职责相关的专业知识等。最终通过的法律只对监事会作了原则规定，同时授权集体经济组织章程作出具体规定。这主要有三方面因素。

其一，从农村集体经济组织内部监督的实际情况看，具有自身特点。作为一个相对封闭的地区性经济组织，其成员长期在一起居住、生活，相互比较熟悉甚至知根知底，这种熟人社会的监督应当体现其特色、发挥其优势。而且，不同农村集体经济组织的具体情况差别很大。有些农村集体经济组织经营管理数额巨大的集体财产，包括大量的经营性财产，经济活动内容丰富、形式复杂，成员的利益诉求和福利待遇高，迫切需要设立监事会并强化监事会的职权，以加强内部监督，维护集体及成员的权益。有些农村集体经济组织几乎没有经营性财产，集体所有的土地等资源性财产已经依法实行承包经营，集体经济组织没有多少经营活动，设立监事会的必要性不大。还有许多集体经济组织有一些经营性财产，从事风险不大的经营活动，有必要设立监事会加强监督。不同集体经济组织设立监事会、强化内部监督的需求不同，从实际情况出发，法律不宜强制规定监事会的设置等具体事项，以作出原则规定为宜，同时授权农村集体经济组织根据具体情况决定是否设立、如何设立监事会，如何确定监事会的职权，发挥监事会的作用。

其二，从农村基层监督机构的协调配合来看，村民委员会组织法第 32 条规定，村应当建立村务监督委员会或者其他形式的村务监督机构，负责村民民主理财，监督村务公开制度的落实。原监察部、农业部发布的《农村集体经济组织财务公开规定》要求，村集体经济组织应当建立以群众代表为主组成的民主理财小组，对财务公开活动进行监督。实践中，不少村已经按照村民委员会组织法的规定建立村务监督委员会，负责民主理财和村务公开的监督。有些农村集体经济组织建立了民主理财小组，依照相关规定开展监督。农村集体经济组织如何设置监事会（监事），监事会（监事）如何发挥作用，以及如何与村务监督委员会、民主理财小组搞好协调、配合，人员可否相互兼任等，还需要在实践中积累经验，立法暂时难以也不宜作出具体规定。

其三，从立法工作原则来看，农村集体经济组织立法工作坚持急用先立、宜粗不宜细的原则。通过立法确立农村集体经济组织的基本原则和主要制度，坚持原则性与灵活性相结合，给地方和农民群众留出必要的自主选择空间。[①] 为加强农村集体经济组织内部监督，农村集体经济组织法第 35 条第 2 款明确了禁止农村集体经济组织负责人和主要经营管理人员从事的行

---

① 陈锡文：《关于〈中华人民共和国农村集体经济组织法（草案）〉的说明》，载《中华人民共和国全国人民代表大会常务委员会公报》2024 年第 4 号。

为；第 60 条确立成员代位诉讼制度，允许农村集体经济组织成员在农村集体经济组织主要负责人怠于履行职责的情况下，代为提起诉讼，维护集体利益。这些规定强化了农村集体经济组织内部监督的制度建设，当前情况下先对农村集体经济组织监事会作出原则规定是适宜的。

## 第五节　农村集体经济组织负责人的交叉任职与行为规范

### 一、农村集体经济组织负责人的交叉任职

基于一些地方农村集体经济组织的现实情况，农村集体经济组织理事会成员、监事会成员（监事）与村党组织领导班子成员、村民委员会成员之间相互交叉任职，是实践中普遍存在的现象。农村集体经济组织法第 34 条对此作了规定，主要包括三方面内容。

（一）农村集体经济组织负责人可以交叉任职

农村集体经济组织负责人与村党组织领导班子成员、村民委员会成员之间交叉任职，具有一定的历史背景。农村改革后人民公社解体，按照中央文件要求应当实行政社分开，在原生产大队范围设村民委员会，同时根据情况成立集体经济组织；集体经济组织可以单独设立，也可以与村民委员会"两块牌子一班人马"。从当时的实际情况出发，为减轻农民负担，不少地方实行村民委员会与集体经济组织"两块牌子一班人马"，有些村党支部书记兼任村民委员会主任或者农村集体经济组织负责人，即农村基层组织的领导班子成员是相互兼任的。

农村基层组织负责人根据情况交叉任职，在当前仍然是十分必要的。首先，便于农村基层组织之间的统筹协调和相互配合。村党组织、农村集体经济组织、村民委员会是农村基层治理的主要组织机构，在村党组织领导下发展集体经济，开展村民自治，构建法治、德治、自治相结合的农村基层治理体系。农村集体经济组织理事会成员、监事会成员或者监事与村党组织领导

班子成员、村委会成员交叉任职，有利于加强三个组织之间的统筹协调和沟通、配合，共同搞好农村基层治理。《中国共产党农村基层组织工作条例》第19条明确规定，村"两委"班子成员应当交叉任职。实行交叉任职，有利于农村基层党组织统一领导、统筹协调，有利于农村基层组织之间及时、顺畅地沟通、协调、谋划各方面工作，提高工作效率。

其次，符合集体经济组织实际情况。各地经济发展水平不同，农民集体财产特别是经营性财产的情况差别很大，不同农村集体经济组织负责经营、管理集体财产特别是经营性财产的具体情况各有不同，中西部经济不发达地区的有些农村集体经济组织，农民集体财产主要是土地等资源性财产，已经依照法律和国家有关规定实行承包经营，没有多少集体经营性财产需要经营管理，集体经济组织的经营活动不多，集体事务并不繁杂，强制要求农村集体经济组织理事会成员、监事会成员或者监事，完全与村党组织领导班子、村委会成员分别独立任职，不得交叉任职，必要性不大，不符合一些集体经济组织的实际。

最后，有利于减轻集体经济组织的负担。农村集体经济组织理事会成员、监事会成员或者监事是集体经济组织的负责人，他们的报酬或者补贴由集体经济组织支付，对于没有经营性财产收益的集体经济组织，这些支出是一项负担，最终由成员承担。按照国家相关规定，村民委员会成员的补贴由国家财政支付。因此，农村各个基层组织的负责人根据情况实行交叉任职，有利于减少管理人员数量，从而减少集体经济组织的相关支出，减轻集体经济组织及成员的负担。而且，随着工业化城镇化的推进，越来越多的青年农民离开农村进入城镇，出现农村空心化现象，留在农村的主要是老人、妇女、儿童，不少农村集体经济组织严重缺乏人才，特别是留在村庄的会管理、善经营的中青年人才，允许根据情况交叉任职，有利于克服人才紧缺的困难，充分发挥优秀人才的作用。

（二）党组织负责人可以兼任农村集体经济组织负责人

《中国共产党农村基层组织工作条例》第19条明确规定，村党组织书记应当通过法定程序担任村民委员会主任和村级集体经济组织、合作经济组织负责人。实践中，绝大部分村党支部书记按照法定程序担任村民委员会主任，大部分村党支部书记同时担任村级集体经济组织负责人，到 2020 年底，全国村党组织书记兼任村集体经济组织负责人的比例为 73%。有的农村集体经济组织的集体财产规模较大、经济管理任务较重，村党支部书记担任村集体经济组织理事长，但不兼任村民委员会主任。实践中，还有一些乡镇党委书记兼任乡镇农村集体经济组织负责人。2022 年 8 月，农业农村部、中央组织部、财政部、国家乡村振兴局联合发布的《关于做好农村集体产权制度改革成果巩固提升工作的通知》进一步提出，因地制宜做好集体经济组织换届选举工作，落实"村党组织书记应当通过法定程序担任村级集体经济组织负责人"要求。因此，农村集体经济组织法第 29 条第 3 款明确规定，党组织负责人可以通过法定程序担任农村集体经济组织理事长。

（三）不得交叉任职的限制

按照农村集体经济组织法第 34 条第 2 款的规定，农村集体经济组织理事会成员、财务人员、会计人员及其近亲属，不得担任监事会成员（监事）。因为监事会（监事）是集体经济组织内部监督机构，负责监督理事会成员诚实信用、勤勉尽职地履行义务，忠实地执行成员（代表）大会的决议、决定，监督集体经济组织的财产管理和财务状况。集体经济组织的理事会成员、财务人员、会计人员及其近亲属，是监事会（监事）的监督对象，他们如果担任监事会成员或者监事，就会出现同时既是运动员又是裁判员、自己监督自己或者由其近亲属监督的不合理现象，可能使监事会（监事）的监督流于形式甚至失去作用，有违设置监事会（监事）的初衷。只有禁止理事会成员、财务会计人员及其近亲属担任监事会成员或者监事，才能从制度设计上确保监事会有效履行监督职责。依照民法典第 1045 条的规定，近亲属是指配偶、父母、子女、兄弟姐妹、祖父母、外祖父母、孙子女、外孙子女等。

**二、农村集体经济组织负责人的义务及行为规范**

农村集体经济组织理事会成员是农村集体经济组织的实际管理者，负责执行成员大会、成员代表大会的决议、决定，代表集体经济组织经营、管理集体财产，处理集体事务，农村集体经济组织监事会成员（监事）负责监督理事会执行成员大会、成员代表大会依照法律法规和章程管理集体财产、处理集体事务，他们在农村集体经济组织的运行中发挥重要作用，法律应当明确其义务。

（一）农村集体经济组织负责人的义务

农村集体经济组织理事会成员、监事会成员或者监事作为农村集体经济组织负责人，享有法律法规和农村集体经济组织章程赋予的各项职权，具体负责农村集体经济组织的日常管理和监督工作，应当履行相应的义务。农村集体经济组织法第35条第1款规定，农村集体经济组织理事会成员、监事会成员或者监事应当遵守法律法规和农村集体经济组织章程，履行诚实信用、勤勉谨慎的义务，为农村集体经济组织及其成员的利益管理集体财产，处理农村集体经济组织事务。

据此，农村集体经济组织负责人的主要义务是：（1）遵守法律法规和农村集体经济组织章程，这是最基本的义务，是不言而喻的。（2）诚实信用、勤勉谨慎的义务。其中，诚实信用是市场经济活动中的基本道德准则，就是行事讲诚实、守信用，恪守诺言，诚实不欺；勤勉谨慎要求在处理集体经济组织事务时尽到一个普通谨慎的人处理自己事务时应有的技能和谨慎，不能马虎大意，也不能激进冒险，有时称为善良管理人义务。（3）为农村集体经济组织及其成员的利益管理集体财产、处理集体经济组织事务，也称为忠实义务。就是以维护农村集体经济组织及成员的合法权益为己任，忠实履行义务，从事各种经营管理活动不是为了自己的利益，而是为了农村集体经济组织及其成员的合法权益。

（二）禁止农村集体经济组织负责人从事的具体行为

上述法律条文规定的农村集体经济组织负责人的义务比较原则、抽象，其中的诚实信用、勤勉谨慎等含义比较复杂，实践中难以把握，容易产生争议。为进一步明确行为规范，农村集体经济组织法第35条第2款从反面进一步明确规定，禁止农村集体经济组织负责人、主要经营管理人员从事下列行为。

侵占、挪用、截留、哄抢、私分、破坏集体财产。集体财产受法律保护，任何组织和个人不得以各种形式损害集体财产。农村集体经济组织负责人和主要经营管理人员作为集体财产经营管理人员，更不能侵害集体财产、监守自盗。

直接或者间接向农村集体经济组织借款。直接向农村集体经济组织借款，或者通过其他人间接地向农村集体经济组织借款，不仅容易使农村集体经济组织负责人或者主要经营管理人员借集体财产谋取私利，还可能引起农村集体经济组织内部的矛盾，并且很可能使集体财产面临被侵占、遭受损失的风险。

以集体财产为本人或者他人债务提供担保。只有农村集体经济组织负责人能以集体财产为他人债务提供担保，这一规定实际上等于禁止以集体财产为他人债务提供担保，因为这样做不仅使用于担保的集体财产面临风险，经济形势变化时很可能给集体财产造成损失，而且容易以权谋私、损公肥私，滋生腐败。允许农村集体经济组织对外担保，实践中就很难避免集体经济组织个别负责人操纵进行对外担保，很容易造成集体财产的损失。[1] 可能给农村集体经济组织带来过分的风险，不仅会影响成员个人利益，还会成为社会不稳定因素。[2] 因此，《农村集体经济组织财务制度》第23条明确规定，农村集体经济组织以及农村集体经济组织经营管理人员，不得以本集体资产为其他单位和个人提供担保。

违反法律法规或者国家有关规定为地方政府举借债务。国家对地方政府债务实行规模控制，严格限定地方政府举债的程序和资金用途，并且建立地方政府债务风险预警机制和考核问责机制，防控地方政府债务风险。有些地

---

[1] 房绍坤、宋天骐：《"化外为内"与"以特为基"：农村集体经济组织治理机制的方法论建构》，载《探索与争鸣》2022年第1期。

[2] 周彬彬：《农村集体经济组织对外担保限制论》，载刘云生主编：《中国不动产法研究》2023年第2辑，第71—88页。

方政府借农村集体经济组织名义举借债务，可能给集体财产造成损失，同时增加地方政府的债务风险。

以农村集体经济组织名义开展非法集资等非法金融活动。非法集资是指未经批准，通过媒体、推介会、传单、手机短信等途径向社会公开宣传，承诺在一定期限内以货币、实物、股权等方式还本付息或者给付回报，向社会公众即不特定对象吸收资金，或者借用合法经营的形式吸收资金的行为。非法集资等非法金融活动，通常假借难以实现的高回报吸引资金，很容易形成金融风险，给农村集体经济组织造成重大损失，而且破坏国家金融秩序。

将集体财产低价折股、转让、租赁。故意压低交易价格，甚至以明显不合理的价格将集体财产折股或者转让、租赁给他人，无疑会损害集体利益，同时往往还伴随谋取私利和腐败行为。实践中对是否构成低价存在争议的，可由人民法院裁决。

以集体财产加入合伙企业成为普通合伙人。按照合伙企业法的规定，普通合伙人应当对合伙企业的债务承担无限连带责任。成为普通合伙人搞不好就会使集体财产面临巨大风险。合伙企业法第3条明确，国有独资公司、国有企业、上市公司以及公益性的事业单位、社会团体不得成为普通合伙人。

接受他人与农村集体经济组织交易的佣金归为己有。他人与农村集体经济组织交易的佣金，包括中介服务费等，应当归入集体财产，如果据为己有，就等于利用职权谋取利益。

泄露农村集体经济组织的商业秘密。商业秘密是指不为公众所知悉、具有商业价值并经权利人采取相应保密措施的技术信息和经营信息等商业信息。农村集体经济组织负责人和主要经营管理人员负有保密义务，不得泄露农村集体经济组织的商业秘密。

农村集体经济组织负责人、主要经营管理人员违反上述规定的，分别按照相关规定予以处理，由此取得的利益应当归农村集体经济组织所有；给农村集体经济组织造成损失的，应当依法赔偿损失。

# 第五章　集体财产经营管理与收益分配

　　集体财产是广大农民赖以生存和发展的物质基础，是集体成员长期辛勤劳动创造并不断积累起来的，也是切实维护集体成员的财产权益、发展壮大集体经济、实现共同富裕的物质基础。依法保护集体财产，是巩固和发展社会主义公有制经济的客观要求，也是维护集体成员利益的题中应有之义。

　　集体财产属于本集体成员集体所有，农村集体经济组织依法代表农民集体行使所有权，负责经营管理。集体财产应当实行民主管理，经营管理中涉及集体成员重大利益的事项，以及集体收益分配等重大事项，应当依照法定程序和集体经济组织章程，由本集体经济组织成员共同作出决定，从而维护集体和成员的权益。

## 第一节　集体财产的所有权主体与行使主体

　　农民集体财产的所有权主体与行使主体，以及与此密切相关的农村集体经济组织与农民集体之间的关系问题，是一个基础性、前提性重要问题。农村改革开放以来，关于农民集体财产的所有权主体与行使主体的法律规定基本一致，但法学理论解释存在不同观点。本章首先依据宪法和相关法律规定，结合新中国成立以来农村改革发展实践，分析相关立法的演变过程及相关条文的含义，阐释农民集体财产的所有权主体与行使主体，明确农村集体经济组织与农民集体之间的法定代表关系。

### 一、集体财产所有权主体

中国特色的社会主义公有制包括全民所有和劳动群众集体所有两种所有权形式。劳动群众集体所有主要是农民集体所有，是指在一定农村社区范围内的农民作为一个集体，整体地享有土地等财产所有权。根据法律规定，农民集体所有可分为乡（镇）、村、村民小组农民集体所有三种形式。农民集体是本集体范围内的全体农民的整体，抽象地代表全体农民（包括本集体范围内现有的、已经离开的和未来的农民）所组成的共同体。按照建立集体所有制的初衷和集体所有的本质，农民集体所有是农民集体作为一个整体的所有，农民集体中的每个农民平等地、不可分割地共同享有、行使集体所有权；农民集体所有不是现有农民个人所有，农民个人不能直接行使集体财产所有权，也不得要求分割农民集体所有的财产。

集体所有不是集体成员共有。共有是两人以上共同享有财产，按照民法典的规定，共有包括按份共有和共同共有，其中，按份共有人对共有的不动产或者动产按照其份额享有所有权，共同共有人对共有的不动产或者动产共同享有所有权。共有人对共有财产享有占有、使用、收益和处分的权利，而且，共有人可以要求分割共有财产，将共有财产变成个人所有。不论共同共有还是按份共有，都建立在私人所有的基础上，共有人最终都可以分割共有财产，共有实质上属于私有[1]，集体所有在性质上属于公有，集体成员集体地享有财产、行使财产权利，集体成员个人不能独自直接对集体财产行使权利，而且集体财产不可分割给成员，这是公有制的基本要求，也是实践中不可突破的底线。把集体所有看成共有，理论上与公有制相悖，也不符合长期以来集体财产管理的实践。因此，集体所有的财产不能适用民法典关于共有的规定。[2]

农民集体所有的财产主要包括不动产与动产，其中最重要的是集体所有

---

[1] 陈锡文：《从农村改革四十年看乡村振兴战略的提出》，载《行政管理改革》2018年第4期。

[2] 黄薇主编：《中华人民共和国民法典物权编释义》，法律出版社2020年版，第100页。

的土地，这里着重分析集体土地所有权主体。新中国成立以来，不同时期的法律对于集体土地所有权主体曾有不同规定，大体可以分为三个阶段：在初级农业生产合作社时期，农村土地所有权主体是农民；在高级农业生产合作社和人民公社时期，农村土地所有权主体是农业生产合作社等集体经济组织；农村改革开放后，农村土地所有权归农村集体经济组织的农民集体。

（一）初级农业生产合作社时期的农民所有

新中国成立后立即实行土地改革，没收封建地主的土地分给广大农民，实现耕者有其田，形成农民土地所有权。土地改革后取得土地的农民享有土地所有权，当时土地所有权主体是农民（农户）。

1953年实行农业合作化，农民带着土地加入初级农业生产合作社。1955年11月，全国人大常委会通过的《农业生产合作社示范章程草案》第1条规定，农业生产合作社是劳动农民的集体经济组织，它统一地使用社员的土地、耕畜、农具等生产资料；它组织社员进行共同的劳动，统一地分配社员的共同劳动的成果。第3条规定，对于社员交来的土地和别的生产资料，在一定期间还保留社员的所有权，并且给社员以适当的报酬。据此，初级合作社的土地所有权仍归农民（社员）所有，但是土地交由合作社统一使用、统一分配劳动成果。即土地所有权主体是入社的农民，但土地的使用权和经营权由合作社统一行使。

1954年宪法第5条规定，中华人民共和国的生产资料所有制现在主要有下列各种：国家所有制，即全民所有制；合作社所有制，即劳动群众集体所有制；个体劳动者所有制；资本家所有制。其中的个体劳动者所有制主要就是农民所有制。宪法第8条进一步规定：国家依照法律保护农民的土地所有权和其他生产资料所有权。国家指导和帮助个体农民增加生产，并且鼓励他们根据自愿的原则组织生产合作、供销合作和信用合作。这些规定确认了农民土地所有权。

（二）高级农业生产合作社和人民公社时期的集体经济组织所有

随着农业合作化深入推进，1955年初级农业生产合作社升级为高级农业生产合作社。1956 年 6 月，全国人大制定的《高级农业生产合作社示范章程》第 1 条就指出，高级农业生产合作社是劳动农民在共产党和人民政府的领导和帮助下，在自愿和互利的基础上组织起来的社会主义的集体经济组织。第 3 条规定，高级农业生产合作社按照社会主义的原则，把社员私有的主要生产资料转为合作社集体所有，组织集体劳动，实行"各尽所能，按劳取酬"，不分男女老少，同工同酬。第 13 条进一步规定，入社的农民必须把私有的土地和耕畜、大型农具等主要生产资料转为合作社集体所有。在高级合作社阶段，社员私有的土地和耕畜、大型农具转归合作社集体所有，并且社员入社的土地不支付报酬。按照该示范章程第 11 条的规定，社员退社的时候，可以带走他入社的土地或者同等数量和质量的土地，可以抽回他所交纳的股份基金和他的投资。理论上说社员退社时享有分割集体土地的权利，但实际上社员甚至不能随意提出退社要求，更不必说轻易退社。即使按照目前的法人理论来看，一旦出资给其他主体，出资物的所有权就属于该主体而非出资人。①

1958 年高级农业生产合作社进一步升级为人民公社。人民公社实行政社合一，规模大，公有程度高。1961 年 6 月通过的《农村人民公社工作条例修正草案》明确指出，农村人民公社是适应生产发展的需要，在高级农业生产合作社的基础上联合组成的，是社会主义的集体经济组织，实行以生产大队集体所有制为基础的三级集体所有制，即公社、大队、生产队三级。1962 年 9 月，党的八届十中全会通过的《农村人民公社工作条例修正草案》（俗称《人民公社六十条》）进一步规定，人民公社的基本核算单位是生产队，生产队实行独立核算，自负盈亏，直接组织生产，组织收益的分配。生产队范围内的土地都归生产队所有，生产队所有的土地，包括社员的自留地、自留山、宅基地等，一律不准出租和买卖。集体所有的山林、水面和草原，凡是归生产队所有比较有利的，都归生产队所有。因此，在人民公社时期，农村土地分别归生产队、生产大队、公社集体所有，特别是作为基础的

---

① 李永军：《民法总则》，中国法制出版社 2018 年版，第 466 页。

生产队，是主要的集体土地所有权主体。就此而言，可以说农村土地所有权归集体经济组织所有。

对此，1975 年宪法第 5 条规定，中华人民共和国的生产资料所有制现阶段主要有两种：社会主义全民所有制和社会主义劳动群众集体所有制。第 7 条进一步规定，农村人民公社是政社合一的组织。现阶段农村人民公社的集体所有制经济，一般实行三级所有、队为基础，即以生产队为基本核算单位的公社、生产大队和生产队三级所有。[①] 有学者指出，人民公社实行政社合一、工农兵学商相结合，是经济、文化、政治、军事的统一体，以现代民法观念来看，作为农村土地所有权主体的人民公社、生产大队和生产队都是农村集体经济组织，但丧失了民事主体的法律属性。[②]

在高级农业生产合作社阶段和人民公社时期，根据对《高级农业生产合作社示范章程》和《人民公社六十条》相关规定的字面解释，农村集体土地分别归高级农业生产合作社和人民公社所有，而不是归社员所有或者社员集体所有。当时，集体土地分别由高级农业生产合作社、人民公社统一经营、统一管理，社员作为劳动者参加集体劳动，按照劳动情况参与集体劳动成果的分配，社员的权利主要体现为个人劳动与集体生产资料结合并按劳取酬的权利，而不是取得对集体土地和生产资料的支配权利，因此，没有必要规定集体土地所有权归成员集体所有。[③]

一方面，从当时的农业经营管理体制、农业生产经营状况和农业合作化形成的氛围来看，也不可能强调社员的权利。另一方面，从当时情况看，集体所有的土地都源于农民加入初级合作社时带来的私有土地，初级社发展到高级社，再升级到人民公社，土地仍然是农民最初入社的土地，各生产队土

---

① 1978 年宪法第 7 条将其修改为："农村人民公社经济是社会主义劳动群众集体所有制经济，现在一般实行公社、生产大队、生产队三级所有，而以生产队为基本核算单位。生产大队在条件成熟的时候，可以向大队为基本核算单位过渡。"

② 高飞：《论农村集体经济组织是农民集体的组织形式》，载《政法论丛》2023 年第 5 期。

③ 韩松：《论农民集体所有权的成员集体所有与集体经济组织行使》，载《法商研究》2021 年第 5 期。

地的地域范围也基本没有变化，但在当时情况下不可能强调社员个人对土地的权利；而且，当时并没有建立私法人所有权制度，人民公社体制下的三级所有结构，其社会经济意义在于它是分配和核算单位，而不能从现代私法意义上的主体制度和经济组织加以衡量。① 所以，生产队所有并不意味着归作为一个组织体的生产队所有，而应当理解为归生产队的所有成员集体所有。因此，实质上看，以上对集体土地所有权的表述可以理解为，集体土地属于人民公社、生产大队、生产队的社员集体所有，而不是归属于人民公社、生产大队、生产队三个组织所有。

（三）农村改革开放后的农民集体所有

1978 年农村改革后，政社合一的人民公社体制逐步解体。

根据农村改革开放后的新形势，1982 年宪法第 6 条规定，中华人民共和国的社会主义经济制度的基础是生产资料的社会主义公有制，即全民所有制和劳动群众集体所有制。第 8 条规定，农村人民公社、农业生产合作社和其他生产、供销、信用、消费等各种形式的合作经济，是社会主义劳动群众集体所有制经济。第 10 条规定，农村和城市郊区的土地，除由法律规定属于国家所有的以外，属于集体所有；宅基地和自留地、自留山，也属于集体所有。

无论是《人民公社六十条》还是 1975 年和 1978 年的宪法，对于农村土地所有权的规定，都是以生产队为基础的公社、生产大队、生产队三级所有。这些规定从字面文义看，都是指作为农村集体经济组织的公社、生产大队、生产队所有，但 1982 年宪法第 10 条将农村土地属于人民公社的三级集体经济组织所有，修改为属于集体所有。这里的"集体所有"主要是针对全民所有而言的。在所有制意义上，集体是一个与国家（全民）相对称的范畴，具有"精神实体"的意义，绝对不能用集体经济组织之类具体的经济实体取而代之。②

---

① 杨一介：《我们需要什么样的农村集体经济组织?》，载《中国农村观察》2015 年第 5 期。

② 王洪平：《农村集体产权制度改革的"物权法底线"》，载《苏州大学学报（哲学社会科学版）》2019 年第 1 期。

1986 年 4 月全国人大制定的民法通则第 74 条第 1 款规定：劳动群众集体组织的财产属于劳动群众集体所有。其中的"劳动群众集体组织"不仅指农村集体经济组织，而是包括城、乡劳动群众集体组织。按照当时的情况，劳动群众集体组织，在农村主要表现为乡镇农民集体经济组织、村农业生产合作社、村办企业等农业集体经济组织和村民委员会；在城镇主要表现为某部门或者街道办的工业、建筑业、商业、服务业等各种形式的集体企业、事业单位等。[①] 城镇集体组织既包括大集体、小集体，还包括由待业青年兴办、全民所有制单位兴办、群众集资兴办、区镇街道兴办、劳动服务公司兴办、城乡联合兴办的各种集体组织。[②] 当时的法律采用"劳动群众集体"的概念，因为从初级社开始，经过高级社到人民公社，都是一定范围内的群众主要通过劳动关系联系起来的整体[③]，劳动群众集体能够更好地体现劳动者联合的特性。1982 年宪法第 8 条采用"参加农村集体经济组织的劳动者"，也是强调劳动者。

表面看来，这一规定似乎同时把"劳动群众集体组织"和"劳动群众集体"都作为集体财产所有者，特别是采用了"劳动群众集体组织的财产"的提法，引发了对集体土地所有权主体的不同理解。当时就有学者认为，劳动群众集体所有权的主体是劳动群众集体组织。[④] 就文字表述而言，主张农民集体土地所有权主体是劳动群众集体组织或者劳动群众集体，都可以将这一规定作为依据。主张前者的以前半句为依据，主张后者的以后半句为依据。[⑤] 从立法的实践背景看，这一规定宜理解为强调集体财产归劳动群众集

---

① 穆生秦主编：《民法通则释义》，法律出版社 1987 年版，第 91—92 页。

② 郑立、刘春田、李长业：《民法通则概论》，红旗出版社 1986 年版，第 178—179 页。根据 1983 年国务院发布的《关于城镇集体所有制经济若干政策问题的暂行规定》，城镇集体企业在法律、政策和计划许可的范围内，有权灵活安排生产和经营活动，自主地对自己所有的财产行使占有、使用、收益和处分的权利，在分配上可以实行按劳分配与股金分红相结合的原则。

③ 董景山：《农村集体所有权主体相关问题辨析》，载《学术探索》2013 年第 5 期。

④ 王利明、郭明瑞、吴汉东：《民法新论》，中国政法大学出版社 1988 年版，第 165 页。

⑤ 韩松：《我国物权立法中规定集体所有权的思考》，载《法学杂志》2005 年第 4 期。

体所有，因为人民公社体制解体后，继受人民公社"三级所有"的经济管理事务的，分别是乡镇农民集体经济组织、村农业生产合作社等农业集体经济组织和村民委员会，按照当时的法律和政策，农民集体财产属于各个劳动群众集体组织所有。因此，这一规定的着重点应当理解为，顺应农村改革开放新形势，将人民公社时期的村农业生产合作社等集体组织所有，进一步明确为农村集体组织的农民集体所有。即前半句的"劳动群众集体组织所有"表述的是农村改革初期集体财产所有权主体的现实状况，后半句的"劳动群众集体所有"则将集体财产所有权主体明确为"劳动群众集体"。有学者指出，该款只是表明"劳动群众集体组织"管理的财产归属于"劳动群众集体所有"。①

这里采用含义比较广泛的"劳动群众集体组织"而没有采用"农村集体经济组织"，主要是因为，这一规定需要同时适用于城镇和农村的集体所有的财产，不单纯是针对农村集体财产的；而且也是为了更准确地反映农村集体所有的实际情况，当时的村办企业（原社队企业）和村民委员会的财产都属于农民集体财产，当时村办企业和村委会都被视为劳动群众集体组织。

在此基础上，1986 年制定的民法通则第 74 条第 2 款进一步规定，集体所有的土地依照法律属于村农民集体所有，由村农业生产合作社等农业集体经济组织或者村民委员会经营、管理。已经属于乡（镇）农民集体经济组织所有的，可以属于乡（镇）农民集体所有。这一规定的精神是，为适应原人民公社三级所有、队为基础的状况，稳定土地所有权，原来属于生产队所有的还属于生产队农民集体所有，原来是大队所有的仍属于大队农民集体所有，有的原来已经属于乡农民集体所有的还属于乡农民集体所有。同时，由于各地农村集体经济组织或者村民委员会的形式不一样，因此规定，由村农业生产合作社等农业集体经济组织或者村民委员会经营管理，以适应各种

---

① 管洪彦：《农民集体与农村集体经济组织关系的理论证成与实益展开》，载《山东大学学报（哲学社会科学版）》2022 年第 6 期。

不同的情况。①

　　这一规定突出村一级，显然与以生产队为基础的所有权状况不符。按照学者当时的理解，"村农民集体"主要是指村与村农业生产合作社等农业集体经济组织相一致的情况，可能指生产队，也可能指生产大队。② 作者就此问题请教全国人大常委会法工委当年参与立法工作的同志，得到的解释是，当时"村"的含义具有包容性，可以是自然村，也可以是行政村。实际情况也比较复杂，有的村是一个生产大队，有的村是一个生产队，有的村是几个生产队。村农民集体所有实际上包含了后来所称的行政村、自然村的农民集体所有，并非专指行政村的农民集体所有。③

　　该款还规定了乡农民集体所有，按照学者当时的解释，是根据我国农村土地现状作出的灵活规定，因为我国农村过去曾长期实行"三级所有，队为基础"的农业经济体制，有些地方的土地过去已经划归人民公社所有，这种状况已为当地农民所习惯，若法律规定农村土地一律归村农民集体所有，势必要将这些土地重新划分、分配，这样不利于保持农业生产的稳定性。④ 按照农村改革撤销人民公社后的状况，乡镇农民集体所有主要是指两种情况：一种是原来以人民公社为核算单位的土地，在公社改为乡（镇）后，属于乡（镇）农民集体所有；另一种是人民公社时期由公社直接掌握的集体所有的土地，仍属乡（镇）农民集体所有。

　　这一规定强调集体土地属于村农民集体所有，考虑到当时"村"的含义比较宽泛，是可以理解的，但是并不完全符合人民公社解体后农村土地所有权的实际状况。人民公社时期集体土地所有权以基本核算单位为基础，分为三种情形：（1）以生产队为基本核算单位，在全国超过90%；（2）以生产大队为基本核算单位，这种情况不超过10%；（3）以人民公社为基本核

---

① 顾昂然：《立法札记》，法律出版社2006年版，第237页。
② 王家福、黄明川：《土地法的理论与实践》，人民日报出版社1991年版，第39页。
③ 不同时期的法律中"村"的实际含义不同，以及行政村、自然村、建制村等用法的混乱，可能是对有些问题争论不休的一个重要原因。
④ 佟柔主编：《中华人民共和国民法通则简论》，中国政法大学出版社1987年版，第178页。

算单位，全国只有几十家。① 人民公社解体后，集体土地所有权基本未变，因此，集体土地主要归村民小组（原生产队）而不是村（原生产大队）的农民集体所有。

随后，1986 年 6 月制定的土地管理法第 8 条重申了上述第 2 款的内容，同时增加一款规定：村农民集体所有的土地已经分别属于村内两个以上农业集体经济组织所有的，可以属于各该农业集体经济组织的农民集体所有。这主要就是考虑到，当时有些村是过去的生产队，集体所有的土地过去属于生产队（现在的自然村）所有，属于这种情况的，可以仍然属于自然村的集体经济组织所有。② 其中的"村内农业集体经济组织"就是指村民小组一级的农业集体经济组织。这一规定了弥补了民法通则第 74 条第 2 款的不足，确认了集体土地主要归村民小组集体经济组织农民集体所有的现实，但也带来疑问：既然是"村农民集体所有的土地"，怎么会"已经分别属于村内两个以上农业集体经济组织所有"，土地所有权主体究竟是谁？表面看来显然存在矛盾。

从当时情况看，人民公社时期属于生产大队所有的大部分土地，原本就是在建立高级合作社时由各初级合作社的土地集中起来形成的，人民公社解体后，生产大队普遍改为村、生产队普遍改为村民小组，在村民小组范围内建立的集体经济组织成为村内农业集体经济组织。因此，原来属于生产大队的有些土地（农村改革后表面上属于村农民集体所有），实际上可能回归原生产队（村内农业集体经济组织）所有。土地管理法增加的规定，只是对这种状况予以确认，表明原来表面上属于村农民集体所有的土地，事实上已经属于村民小组农民集体的，应当属于村内农业集体经济组织（村民小组）农民集体所有。其中，已经分别属于村内两个以上农村集体经济组织农民集体所有的土地，是指该土地在改革开放以前就分别属于两个以上的生产队，现在其土地仍然分别属于相当于原生产队的各该农村集体经济组织或者村民

---

① 佟绍伟：《加强集体土地权利制度建设　推进农村土地制度改革》，载《行政管理改革》2015 年第 6 期。

② 宋汝棼：《参加立法工作琐记》，中国法制出版社 1994 年版，第 121 页。

小组的农民集体所有。① 当时就有学者明确指出，这一规定主要就是要确认村民小组农民集体的土地所有权主体，既符合农村实际情况，又可以防止引起不必要的波动。②

1992 年 6 月，国家土地管理局政策法规司针对山东省土地管理局就土地管理法第 8 条第 2 款中"农业集体经济组织"的理解和"村民小组是否拥有土地所有权"问题的请示作出的答复明确指出，在生产队解体改为村民小组后，原生产队所有的土地，可以属于该村民小组相应的农业集体经济组织的农民集体所有，不应理解为村民小组拥有的土地所有权。

1998 年 12 月全国人大常委会对土地管理法作了全面修改，关于集体土地所有权的规定基本保持不变，只是在具体表述上将"集体所有"修改为"农民集体所有"。这样修改的目的是，使这一规定表述得更为准确和符合现实情况。③

2007 年物权法实质上延续了上述规定。该法第 59 条规定，农民集体所有的不动产和动产，属于本集体成员集体所有。这进一步将"农民集体所有"明确为"本集体成员集体所有"。同时，将集体财产的范围扩大到包括不动产和动产。2020 年制定的民法典第 261 条确认了物权法的上述规定。

在制定民法典以前，有些地方性法规、规章等规范性文件对集体土地（集体财产）所有权主体的表述并不完全一致，有些甚至直接将农村（农民）集体经济组织表述为集体土地所有权主体。民法典实施后，应当按照民法典的规定确定集体财产所有权主体。

## 二、集体财产所有权行使主体

农民集体财产所有权行使主体，实践中不断演变，相关法律规定也逐步完善。

---

①　卞耀武主编：《中华人民共和国土地管理法释义》，法律出版社 1998 年版，第 65—66 页。

②　吴高盛：《试论〈土地管理法〉中的几个主要问题》，载《中国法学》1986 年第 6 期。

③　卞耀武主编：《中华人民共和国土地管理法释义》，法律出版社 1998 年版，第 58 页。

（一）农业合作化和人民公社时期的集体财产所有权行使主体

一般认为，农民集体财产所有权形成于农业合作化时期的高级农业生产合作社，农民入社的土地转为集体所有，形成不可分割的集体土地，社员对集体土地不再享有份额。高级社升级为人民公社后，进一步强化了集体所有，淡化了社员个人对集体财产的权利和权益。

在农业合作化后期，集体土地由合作社统一使用、统一经营、统一管理，集体土地（集体财产）所有权的行使主体就是作为农村集体经济组织的农业生产合作社。因此，高级农业生产合作社既是集体财产所有权主体，也是所有权行使主体。人民公社时期，集体土地（集体财产）实行以生产队为基础的公社、生产大队和生产队三级所有，统一使用、统一经营、统一管理，人民公社的三级组织既是集体财产所有权主体，也是所有权行使主体；稍显复杂的是，生产队作为基本核算单位，是集体土地的实际占有者，行使集体土地所有权，具体负责组织生产、经营活动，并实行独立核算、自主分配、自负盈亏，同时，人民公社内部实行统一领导、分级管理，生产队必须接受公社和生产大队的领导。因此，公社、生产大队也在一定程度上影响甚至决定集体财产所有权的行使。

（二）农村改革后的集体财产所有权行使主体

农村改革后人民公社解体，实行政社分开，一些地方的生产队、生产大队、公社分别建立村农业生产合作社、乡经济合作社联社等集体经济组织，承接人民公社的经济管理职能，但也有不少生产队、部分生产大队并未建立集体经济组织；同时在生产大队普遍成立村民委员会，负责村内公共事务和公益事业，协助地方政府办理有关行政事务；未建立集体经济组织的生产大队和生产队，实际上由村民委员会代行集体经济组织职能，负责经营、管理集体所有的土地和其他财产。

按照当时设立农村集体经济组织和农村集体财产管理的实际情况，1986年制定的民法通则第 74 条第 2 款规定，集体所有的土地依照法律属于村农民集体所有，由村农业生产合作社等农业集体经济组织或者村民委员会经营、管理。① 这一原则规定实际上将农村集体土地所有权行使主体确定为农业集体经济组织或者村民委员会，因为各地农村集体经济组织的具体形式不一样，因此规定，由村农业生产合作社等农业集体经济组织或者村民委员会经营管理，以适应各种不同的情况。② 结合当时情况，这一规定可以理解为，农村改革开放后，原人民公社时期的生产队、生产大队、公社在实行政社分开时建立农业生产合作社等农业集体经济组织的，该集体经济组织是集体土地所有权行使主体；未建立集体经济组织的，村民委员会是集体土地所有权行使主体。

随后制定的土地管理法第 8 条确认了村民小组（村内农业集体经济组织）农民集体的所有权主体地位，但是不影响关于集体土地所有权行使主体的规定，因为相关规定已经可以容纳或者解释。1998 年修改土地管理法，确认了关于集体土地所有权行使主体的规定。

2007 年物权法第 60 条规定，对于集体所有的土地和森林、山岭、草原、荒地、滩涂等资源，依照下列规定行使所有权：（1）对于属于村农民集体所有的，由村集体经济组织或者村民委员会依法代表集体行使所有权；（2）对于分别属于村内两个以上农民集体所有的资源，由村内各该集体经济组织或者村民小组依法代表集体行使所有权；（3）对于属于乡镇农民集体所有的，由乡镇集体经济组织代表集体行使所有权。前两项的"依法"主要是针对村民委员会和村民小组依据其他法律规定代行职能而言的。2020 年民法典第 262 条确认了上述规定，成为关于农村集体土地所有权行使主体的基本法律规范，它原则上承继了农村改革以来的相关法律规定，坚持这些规定的基本精神，同时根据实践发展和法律制度体系化的要求，进一步加以规范。

### 三、农村集体经济组织与农民集体的关系

农村改革以来，相关法律关于农村集体经济组织与农民集体之间关系的

---

① 其中"经营、管理"的含义，与民法通则第 82 条规定的国有企业对国家授予它经营管理的财产依法享有经营权，应当是一致的。

② 顾昂然：《立法札记》，法律出版社 2006 年版，第 237 页。

规定是一致的。例如，物权法第 60 条规定由相应的主体代表集体行使所有权，与民法通则、土地管理法、农村土地承包法等法律的相关规定是一致的，也使得党在农村的政策具有连续性和稳定性，2020 年民法典第 262 条予以确认。① 尽管文字表述略有差别，但实质含义是一致的。有参与相关立法工作的同志指出，立法的精神始终是一致的，严格区分所有权主体与所有权行使主体，集体经济组织、村民委员会和村民小组都只是集体所有权的行使主体，享有的是"经营、管理"的权利，不是所有权。② 但法学理论界对两者关系的认识存在较大分歧。

（一）农村集体经济组织与农民集体之间关系的理论观点评析

关于农村集体经济组织与农民集体的关系，法学理论界形成了多种观点，其中，有些学者的观点与相关法律规定基本相同，认为农民集体和农村集体经济组织是两个不同的独立主体，农民集体是集体土地的唯一所有权主体，农村集体经济组织只是代表农民集体行使权利的代表主体，并非集体土地所有权的归属主体。③ 也有一些学者提出了其他观点，下面分别简要分析其中的主要观点。

1. 主体说

这种观点认为，农村集体经济组织是集体土地所有权主体。依据原物权法第 60 条，三级农村集体经济组织均具有行使集体土地所有权的法定权利，从而使集体经济组织与集体土地所有权在法律制度层面建立起必然联系，有权行使集体土地所有权的集体经济组织作为集体土地所有权主体具有一定正

---

① 分别参见全国人大常委会法工委民法室编：《中华人民共和国物权法条文说明、立法理由及相关规定》，北京大学出版社 2007 年版，第 92—93 页；黄薇主编：《中华人民共和国民法典释义》（上），法律出版社 2020 年版，第 484—485 页。

② 甘藏春：《土地正义——从传统土地法到现代土地法》，商务印书馆 2021 年版，第 241 页。

③ 如见高飞：《集体土地所有权主体制度研究》，中国政法大学出版社 2017 年版，第 80—85 页；许中缘、崔雪炜：《"三权分置"视域下的农村集体经济组织法人》，载《当代法学》2018 年第 1 期；高圣平：《〈民法典〉与农村土地权利体系：从归属到利用》，载《北京大学学报（哲学社会科学版）》2020 年第 6 期等。

当性。① 这种观点强调农村集体经济组织依法行使集体土地所有权的法定权利，进而认为农村集体经济组织作为集体土地所有权主体具有正当性。

正如学者指出的那样，农村集体经济组织享有集体财产所有权，没有法律与政策依据。农村集体经济组织虽然承担着集体财产的经济管理功能，但其与集体的主体资格应是彼此独立的，无论从法律还是政策角度看，集体经济组织享有集体财产所有权的判断均缺乏明确的依据。②

2. 同一说

这种观点认为，农村集体经济组织与农民集体具有同一性，农村集体经济组织自动全权代表农民集体行使全部财产所有权、两者利益的高度一致性与唯一对应性，以及成员的一致性，表明农村集体经济组织与农民集体具有同一性，应当承认农村集体经济组织的集体土地所有权主体地位。农村集体经济组织与农民集体是一体两面的关系，二者实质上指向同一事物，即集体所有权主体。能够成为代表农民集体行使土地所有权的适格主体的集体经济组织，是由全体集体成员集合而成的紧密组织体，是农民集体法人化改造的结果，与农民集体实质上为同一主体。农村集体经济组织在成员和财产上与农民集体完全同一，其不仅是集体土地的管理者，也是所有者。农民集体与农村集体经济组织实为同一主体，宣示主体归属功能时以"农民集体"这一特殊民事主体的面相出现，实现主体的行使功能时则以农村集体经济组织这一特别法人的面相出现。③

---

① 马俊驹、宋刚：《合作制与集体所有权》，载《法学研究》2001 年第 6 期；李永军：《民法总则》，中国法制出版社 2018 年版，第 466 页；屈茂辉：《农村集体经济组织法人制度研究》，载《政法论坛》2018 年第 2 期；姜楠：《集体土地所有权主体明晰化的法实现》，载《求是学刊》2020 年第 3 期。

② 张先贵：《集体经济组织享有集体财产所有权的谬误与补正》，载《安徽师范大学学报（人文社会科学版）》2021 年第 3 期。

③ 张兰兰：《农村集体经济组织形式的立法选择——从〈民法总则〉第 99 条展开》，载《中国农村观察》2019 年第 3 期，以及宋志红的两篇文章：《论农民集体与农村集体经济组织的关系》，载《中国法学》2021 年第 3 期；《论农村集体经济组织对集体土地所有权的代表行使——〈民法典〉第 262 条真义探析》，载《比较法研究》2022 年第 5 期。王铁雄、王琳：《农民集体所有的民法典解释论》，载《河北法学》2021 年第 11 期。

基于不同的观察视角，这种观点可以进一步区分为"实质同一说"与"应然同一说"，前者认为农民集体与农村集体经济组织具有实质上的同一性[1]，后者则认为，现行法律规定并未将农民集体与农村集体经济组织看成同一，但农村集体经济组织立法应当将两者塑造为同一主体。[2]

将农民集体与农村集体经济组织看成同一体，有利于解决所谓的集体所有权主体缺位的问题，因为农村集体经济组织可以行使集体所有权人的全部权利，不再存在主体缺位问题。但是，同一说着重强调集体经济组织与农民集体的对应性、唯一性和应然的一致性，但是却没有深入研究它们各自背后隐含的不同价值，以及它们之间在概念和实质上的区别。改革开放以来，我国相关立法一直坚持农民集体是所有权人，农村集体经济组织是农民集体的法定代表行使主体（或者经营管理主体）的观点，两者非属同一主体。[3]

特别是，民法典第261条和第262条非常清楚地表明了农民集体与农村集体经济组织之间的所有权主体与代表行使所有权的代表主体关系，法律用语的文义是明确的，而且，农村改革以来各相关法律的规定，虽然在文字表述上不完全相同，但精神实质是一致的。在这种情况下，仍然将这两个明显不同的概念解释为同一，一方面违背了法律解释的基本方法，法律解释的首要规则是文义解释规则：法律条文应当按照其用语的字面含义和通常文义加以解释。根据文义解释及历史解释方法，只有农民集体才是集体土地所有权的唯一主体，而集体经济组织和村民委员会则是农民集体的代表主体。[4] 民法典第262条采用"代表"一词，显然区分了"集体"与"集体经济组

---

[1] 宋志红：《论农民集体与农村集体经济组织的关系》，载《中国法学》2021年第3期。

[2] 林广会：《农村集体资产折股量化范围的确定及其法律效果》，载刘云生主编：《中国不动产法研究》第23辑，社会科学文献出版社2021年版，第31—46页。

[3] 管洪彦：《农民集体与农村集体经济组织关系的理论证成与实益展开》，载《山东大学学报（哲学社会科学版）》2022年第6期。

[4] 姜红利、宋宗宇：《农民集体行使所有权的实践路径与主体定位》，载《农业经济问题》2018年第1期。

织"。文义解释是法律解释的前提和基础，没有足够的正当理由，不能推翻文义解释的结论。① 在民法典等立法文本一致将"农民集体"表述为集体所有权人的前提下，农村集体经济组织何以在实证法文义之外成为新的集体所有权人？②

另一方面，同一说也使法律的相关规定失去了意义，农民集体与农村集体经济组织如系同一，民法典的上述条文就是完全没有必要的。有学者指出，农民集体和农村集体经济组织的区分，既不是概念界定，也不是制度上的叠床架屋，而是一种法律上的技术设计，目的是建构以风险控制为基础的真正市场主体。③ 相反，将农民集体等同于农村集体经济组织，将集体成员等同于集体经济组织成员，实质是背弃了整体主义的方法论，进而将农民集体所有的财产变成固定成员享有份额的私产，这与现行法律和政策性文件的规定相违背。④

### 3. 代理关系说

这种观点认为，农村集体经济组织与农民集体之间是代理关系，农村集体经济组织对集体经营性资产享有所有权，对集体非经营性集体资产只享有委托代理意义上的运行管护职责，由集体经济组织对非经营性集体资产进行统一的运行管护。⑤ 或者，借鉴国有资产授权经营机制，农村集体经济组织作为特别法人，经农民集体授权负责经营管理本集体所有的资产，在此基础上以农民集体为委托主体、以集体经济组织为受托主体，实现集体资产"向利用为重心"的转换，建立行之有效的集体资产运行管理

---

① 申惠文：《农村集体成员与集体成员关系的规范分析与司法裁判》，载《中州学刊》2023 年第 9 期。

② 石佳友、刘欢：《集体所有权代表行使规则释论》，载《云南大学学报（社会科学版）》2023 年第 5 期。

③ 于飞：《"农民集体"与"集体经济组织"：谁为集体所有权人？——风险界定视角下两者关系的再辨析》，载《财经法学》2016 年第 1 期。

④ 李国强：《权利主体规范逻辑中的农民集体、农村集体经济组织》，载《求索》2022 年第 3 期。

⑤ 姜红利、宋宗宇：《集体土地所有权归属主体的实践样态与规范解释》，载《中国农村观察》2017 年第 6 期。

新机制。① 还有学者认为，农村集体经济组织与农民集体之间理应界定为一种法定代理关系，农村集体经济组织的代理权，并非基于农民集体的授权行为，而是直接由法律根据一定社会关系的存在而确定的。②

这种观点将集体财产区分为经营性财产与非经营性财产，分别确定两者的所有权归属，明显不符合法律关于集体财产所有权的规定。现行法律对集体经营性财产与非经营性财产的所有权归属的规定是一致的，只是对不同类型集体财产的经营管理有不同的规定和要求。假如农村集体经济组织与农民集体之间是代理关系，那么，这种代理显然不属于法定代理，因为法律规定农村集体经济组织是农民集体的代表主体；如果说属于意定代理，农民集体又不是一个实体，实践中也没有作出委托的意思表示。可见，委托代理关系在理论上难以解释，实践中也难以操作。

4. 投资关系说

这种观点认为，应当以投资关系来界定农民集体与农村集体经济组织的关系，即农民集体为集体所有权人，农民集体投资设立农村集体经济组织。具体来说，农民集体以用益物权投资设立集体经济组织，集体土地所有权并不用于投资。这就可以把土地所有权固定在"农民集体"身上，同时，所有投入集体经济组织的财产都是法人财产，集体经济组织经营失败后全部用于清偿，加上用益物权的期限设计，可以实现既不会虚化集体土地所有权，也不会使农民的生存保障受到根本破坏的制度目标。③

这种观点成立的基本前提是，农民集体作为投资人从事投资行为设立集体经济组织，但农民集体虽然依法是集体财产所有权主体，但在实践中农民集体本身并不具有民事主体资格，无法从事投资活动，自然也不会投资设立农村集体经济组织。法律上没有由农民集体投资设立集体经济组织的相关规

---

① 王洪平：《农民集体与集体经济组织的法律地位和主体性关系》，载《法学论坛》2021 年第 5 期。

② 吕芳、蔡宁：《我国法治话语中"集体所有"概念的生发与证成》，载《中国不动产法研究》2022 年第 1 辑。

③ 于飞：《"农民集体"与"集体经济组织"：谁为集体所有权人？——风险界定视角下两者关系的再辨析》，载《财经法学》2016 年第 1 期。

定，在实践中农村集体经济组织的成立也不存在农民集体投资的现实过程。即使农民集体可以投资，但投资关系说的农民集体投资设立的显然不是历史延续中的集体经济组织，而是农民专业合作社、公司等市场化法人。理论上，农民集体为自己创设用益物权向农村集体经济组织进行投资，这种物权使用方式并不符合物的利用逻辑。而且，用益物权具有一定的使用期限，期限届满后土地所有权可以回复至初始状态。①

5. 信托关系说

这种观点认为，农民集体与农村集体经济组织之间是信托关系，农民集体是委托人，而农村集体经济组织是受托人，信托财产是除不得转让的财产之外的全部集体财产。农村集体经济组织作为受托人，对集体土地等财产享有经营管理权，其经营管理权便是代表集体行使所有权。物权法第 60 条和第 62 条的规定，在一定程度上构成了农民集体与集体经济组织之间法定信托的法律基础，集体经济组织行使集体所有权应以农民集体成员受益为目的，以农民集体成员为受益人，形成法定信托。集体土地所有权并不转移给农村集体经济组织，但得以成为农村集体经济组织的信托财产，农村集体经济组织基于信托关系对集体土地进行经营管理。②

这种观点参照信托法律关系来解释集体所有权的代表行使机制，可以较好地反映农村集体经济组织不享有财产所有权，但可以经营管理集体财产的特殊性，理论上说不失为一种值得探索的思路。这一观点能够利用受托人与委托人、受益人之间的法定关系，较好地解释农村集体经济组织为集体成员的利益而经营、管理农民集体所有的财产的实践以及相关的法律规定，但同时面临诸多疑问。（1）成立信托关系应当由农民集体作为委托人设立信托，实际上农民集体不具有民事主体资格，无法从事设立信托的行为，也无法将

---

①　朱公欢：《农村集体经济组织法人治理机制的立法建构》，载《行政与法》2024 年第 6 期。

②　参见吴昭军的两篇论文：《农村集体经济组织"代表农民行使集体所有权"的法权关系界定》，载《农业经济问题》2019 年第 7 期；《论农村集体经济组织的经营管理权——基于信托理论的阐释》，载《当代法学》2023 年第 1 期。

集体财产作为信托财产委托给集体经济组织。农民集体作为委托人设立信托，在实践中不可行；而且，农民集体与农村集体经济组织这两个主体的成员应完全一致，很难将其解释为两者构成信托关系。①（2）成立信托关系必须由信托当事人签订信托合同或者信托文件，但在实践中并不存在此类合同或者文件，信托关系说显然不符合实践逻辑。（3）依据信托法理可以成立法定信托关系，但法定信托必须由法律明确规定。1986 年我国制定民法通则时尚未建立信托法律制度，根本谈不到农民集体与农村集体经济组织之间是法定信托关系。2002 年制定的信托法规定的法定信托，主要是为了便于处理信托终止后的善后事宜，并非像英美那样确立一种新的信托形式②，随后制定的物权法和民法典关于农民集体与农村集体经济组织之间关系的规定，亦未提及信托，难以依据这一规定确定两者之间是法定信托关系。（4）我国的信托制度主要适用于证券基金投资、财产管理和融资活动，如果把独具中国特色的农村集体财产所有权和经营管理纳入信托关系，可能造成法律制度的相互冲突和实践中的混乱。

6. 区分说

这种观点又可以进一步分为两种。

一种观点认为应当区分不同类型集体资产，就集体资源性资产而言，农民集体为所有权主体，农村集体经济组织为所有权的代表行使主体；就集体经营性和非经营性资产而言，农村集体经济组织替代农民集体成为所有权主体。③

---

① 谢鸿飞：《农村集体经济组织权利能力的限制与扩张——兼论〈农村集体经济组织法（草案）〉的完善》，载《中国社会科学院大学学报》2023 年第 8 期。

② 有学者把信托法第 55 条的规定（信托终止后，信托财产转移给权利归属人的过程中，信托视为存续，权利归属人视为受益人）看成法定信托。这一规定主要是强化受托人的义务，确保信托终止后信托财产顺利移交，便于处理信托终止相关事宜。见何宝玉：《信托法原理研究》，中国法制出版社 2015 年版，第 548—549 页。作者作为信托法起草小组成员在参与起草和审议信托法草案的过程中，没有涉及农民集体与农村集体经济组织之间关系的问题。

③ 高海：《农民集体与农村集体经济组织关系之二元论》，载《法学研究》2022 年第 3 期。

这种观点把农民集体财产区分为两类所有权主体，与民法典和相关法律的规定不符。对农民集体所有的资源性财产与经营性财产的经营管理，无论法律上还是实践中都可能存在差别，但是法律对农民集体财产所有权的规定，并未区分资源性、经营性、非经营性财产。公有制下的农村集体资产，虽然可以区分利用，但其归属应一体考虑。① 法律对集体财产所有权正是一体规定的。有学者坦言，且不说在宪法上属于刚性的农民集体所有权是否能够容纳如此碎片化的切割，只需要指出，同样是属于集体的资产，为什么要做如此的二分？②

另一种观点认为，应当区分集体土地的所有制主体与所有权主体，农民集体应当是集体土地所有制主体，并非集体土地所有权主体，有权行使集体土地所有权的集体经济组织，是集体土地所有权主体。③

这种观点将农民集体与集体经济组织分别作为集体土地的所有制主体与所有权主体，既有悖于现行法律规定，也不符合通常的理解。农村土地集体所有制作为基本经济制度，应当由宪法规定，农村土地集体所有权应当由民法规定。

此外，还有学者认为，在我国民事法律领域，集体所有权之主体结构呈复合状态，即集体经济组织与集体经济组织成员皆可作为集体财产之所有主体。④ 有学者认为，农村集体经济组织是农民集体的组织形式，农村集体经济组织应被解读为集体土地所有权主体。⑤ 有学者认为，"农民集体"是政治经济学概念，反映物质性的经济关系；"农村集体经济组织"是法学概念，反映观念性的法律关系。农民集体是农村集体经济组织的经济本质，农

---

① 房绍坤、袁晓燕：《关于制定农村集体经济组织法的几点思考》，载《南京农业大学学报（社会科学版）》2023 年第 1 期。

② 徐秀义：《农民、农民集体和农村集体经济组织的宪法内涵解释》，载《西北大学学报（哲学社会科学版）》2023 年第 1 期。

③ 姜楠：《集体土地所有权主体明晰化的法实现》，载《求是月刊》2020 年第 3 期。

④ 崔建远：《物权法》（第三版），中国人民大学出版社 2015 年版，第 181 页。

⑤ 高飞：《论农村集体经济组织是农民集体的组织形式》，载《政法论坛》2023 年第 5 期。

村集体经济组织是农民集体的法律形式，两者之间是异质同体的社会存在。① 对这些观点，这里不深入分析。

（二）农村集体经济组织与农民集体之间法定代表关系的理解

关于农村集体经济组织与农民集体之间关系的上述理论观点，难以在法理上作出妥当解释，或者难以与现行法律融洽衔接，或者不符合多年来的实践逻辑。事实上，正如不少学者注意到的，有的部门规章甚至地方性法规对农民集体财产所有权的主体曾经有过不同的表述，但现行法律中，"农民集体"都是表达主体的归属功能，而农村集体经济组织则是表达主体的行使功能，且从未有将集体所有权归属于农村集体经济组织的明确规定。②

农村改革以来，相关法律关于农村集体经济组织与农民集体之间关系的规定一直是明确的。从农村改革初期制定的民法通则、土地管理法、农业法，到 21 世纪后制定的农村土地承包法、物权法，有关两者之间关系的相关法律规定，实质是一致的。有学者深入研究指出，严格区分集体土地所有权主体和集体土地的经营、管理者，并将农民集体界定为集体土地所有权之主体，是现行法的共同规范。③ 特别是民法典第 261 条和第 262 条直接确认了物权法第 59 条和第 60 条的规定，分别对集体财产所有权主体、行使主体作出明确规定，应当作为确定农村集体经济组织与农民集体之间关系的基本法律规范。

如何理解和解释这些法律规范，必须遵循基本法理，还应当符合我国建立集体所有制的历史逻辑和新中国成立以来农村经济社会发展变化的实践逻辑。

首先，宪法规定的"集体所有"是在所有制意义上抽象的概念化表述。1982 年宪法第 6 条明确，我国社会主义经济制度的基础是生产资料的社会

① 陈甦：《语义密构解析：农民集体所有与本集体成员集体所有》，载《东方法学》2024 年第 4 期。
② 王铁雄、王琳：《农民集体所有的民法典解释论》，载《河北法学》2021 年第 11 期。
③ 高飞：《集体土地所有权主体制度研究》（第 2 版），中国政法大学出版社 2017 年版，第 85 页。

主义公有制，即全民所有制和劳动群众集体所有制。这是关于生产资料所有制的基本规定。承接这一规定，宪法第 10 条关于农村土地集体所有和城市土地属于国家所有的规定，首先是公有制两种实现形式的差别，其中的"国家所有"与"集体所有"首先是所有制的概念。① 这一规定是在所有制意义上、而不是在所有权意义上规范农村土地所有制度，旨在落实第 6 条规定的生产资料所有制，② 其中的"全民所有""集体所有"都是抽象的概念化表述，并非在私法主体意义上确定国有财产、集体财产的所有权主体，宪法相关条文里并未出现"国家所有权、集体所有权"字样。而且，全民、集体都不像一般私法主体那样具有民事主体资格。其中的"集体所有"首先是所有制的概念，体现的是农村土地作为生产资料的集体所有制度，是与全民所有制度（国家所有）、私人所有制度相对而言的。③ 因此，"集体所有"只是抽象概念，并不需要落实到具体对象。

其次，民法通则规定的"劳动群众集体所有"是在所有权意义上抽象的概念化表述。1986 年民法通则第 73 条明确国家财产属于全民所有，第 74 条第 1 款明确劳动群众集体组织的财产属于劳动群众集体所有。这两个条文分别从所有权意义上明确国家财产、集体财产的所有权归属。全民是国家财产的所有权主体，劳动群众集体是集体财产的所有权主体。其中的劳动群众集体，既包括从事农业生产的劳动群众集体，即农民集体，也包括城镇实行集体所有制的劳动群众集体。这里的"劳动群众集体"仍然是一个抽象概念，并未指向具体对象。

民法通则第 74 条第 2 款进一步将集体土地所有权主体具体落实到村农民集体、乡（镇）农民集体。紧随其后制定的土地管理法第 8 条，增加村内农业集体经济组织农民集体作为集体土地所有权主体。由此基本确立集体土

---

① 贺雪峰等：《地权的逻辑Ⅲ》，中国政法大学出版社 2018 年版，第 209 页。

② 财产所有权与生产资料所有制是两个不同的科学范畴，所有权是社会财产（包括生产资料和生活资料）的归属关系借以实现的法律形式，所有制则是社会生产资料归谁占有的关系。生产资料所有制归根到底决定财产所有权。见梁慧星：《中国民法经济法诸问题》，法律出版社 1991 年版，第 45 页。

③ 贺雪峰等：《地权的逻辑Ⅲ》，中国政法大学出版社 2018 年版，第 209 页。

地所有权主体制度。物权法第 59 条进一步将农民集体财产的所有权主体明确为"本集体成员集体",这就从高度抽象的农民集体所有,具体落实到本集体成员集体所有,对农民集体的含义起到了确定说明的作用,确定其含义为"本集体的成员集体"。本集体就是本村集体、本村内的集体、本乡镇集体。①

最后,成员集体强调全体成员作为一个整体。集体土地所有权的主体是农民集体或者本集体成员集体,是该集体范围内的全体成员的整体,它强调的是,成员集体作为一个整体是集体财产所有权主体,而不是强调集体成员个人的权利。"集体"一词,表明的是对组成人员之个体的否定和超越。②因为农民集体所有权是农民集体所有制的实现形式。集体所有制和集体所有权的本质,决定了集体所有权是农民集体作为一个整体的所有权,集体的成员平等地、不可分割地共同享有、共同行使集体所有权,集体所有权不是集体成员个人的所有权,不能直接按照份额分配给集体的成员,即集体所有权不能分割到成员个人。

这样理解根源于我国独特的集体所有制度。新中国成立后从土地农民私有发展到集体所有制,就是以集体所有的方式为广大农民提供基本生产资料和生活保障来源,防止产生两极分化。土地集体所有制的核心和制度设计的初衷,就是不让农民轻易失去土地,坚持农村土地集体所有制,农民就不会失去土地,农民的基本生存就会得到有效保障。③ 集体所有权的本质就是将农村土地变为农村各个社区范围内的农民集体所有的公有制的土地,由各个社区范围的农民集体享有所有权,成员平等地享有对集体土地和财产的权益,由此保障成员的生存和发展,实现成员的共同富裕。④ 因此,"农民集体"不是传统民法意义上,但却是真正意义上的权利主体,体现了社会主义

---

① 韩松:《论农民集体所有权的成员集体所有与集体经济组织行使》,载《法商研究》2021 年第 5 期。

② 李凤章:《论"村集体"的主体性》,载《法学杂志》2023 年第 3 期。

③ 陈锡文:《读懂中国农业农村农民》,外文出版社 2018 年版,第 74—75 页。

④ 韩松:《农民集体成员的集体资产股份权》,载《法学研究》2022 年第 3 期。

的本质和人民当家作主的要求。①

农民集体是客观存在的。农民集体作为集体财产所有权的主体，是由全部集体成员构成的一个抽象的集合体，具有唯一性、稳定性和恒定性。②"农民集体所有"不仅是生产资料公有制的一种表达形式，体现"集体所有"的公有制性质，而且，农民集体的所有权主体地位的唯一性等特性，确保了集体土地所有权的稳定。农村改革后，人民公社体制解体，实行政社分开，有些地方并未成立农村集体经济组织，但在如此重大的社会变革过程中，农村土地集体所有权一直保持稳定，并未出现混乱和普遍的纠纷，其中的一个重要原因，就是作为集体土地所有权主体的"农民集体"，无论在概念上还是现实中，一直都是客观存在的。与土地息息相关的广大农民对这个集体是清清楚楚的。

农民集体、成员集体并非普通民事主体。本集体成员集体作为一个整体是农民集体财产的所有权主体，但它作为一个抽象的集合体，不是一般意义的普通民事主体，也不具有法人资格，难以像私人所有权主体那样行使集体所有权，需要由农村集体经济组织来代表本集体成员集体行使集体财产的所有权。由于农民集体作为土地的主体是一个虚化的概念，必须以另外一个能够明确产权和执行的主体为代表，理想的代表应该就是农村集体经济组织。③

因此，物权法第60条对集体土地所有权的行使主体作了规定，这一规定实质上与1998年修订的土地管理法第10条相同，但是更加明确了村集体经济组织、村内集体经济组织、乡镇集体经济组织是集体土地所有权的行使主体。这一规定确立了农村集体经济组织与农民集体（本集体成员集体）之间的法定代表关系。这种代表关系是法律直接规定的。民法典第262条进一步明确了农村集体经济组织与农民集体之间的法定代表关系。

　　① 李国强：《权利主体规范逻辑中的农民集体、农村集体经济组织》，载《求索》2022年第3期。

　　② 姜红利、宋宗宇：《农民集体行使所有权的实践路径与主体定位》，载《农业经济问题》2018年第1期。

　　③ 陈晓军：《农村集体产权改革法律问题研究》，中国社会科学出版社2021年版，第40页。

这种法定代表关系的法理逻辑与全民所有制相同。国家作为全民财产的所有权主体，但国家不是一般意义的普通民事主体，不能像普通民事主体那样行使所有权，因此，民法典第 246 条第 2 款直接规定，国务院代表国家行使全民财产所有权。国务院显然不是全民所有的财产的所有权主体，国家才是全民所有的财产的所有权主体。① 类似地，农民集体（本集体成员集体）作为集体财产所有权的主体，也不能像普通民事主体那样行使所有权，法律直接规定由相应的农村集体经济组织代表农民集体（本集体成员集体）行使所有权。即农民集体（本集体成员集体）是集体所有权主体，由集体经济组织依据法律的直接规定，代表农民集体（本集体成员集体）行使集体所有权。集体所有权是公有制的重要表现形式，只有按照同样是公有制重要表现形式的国家所有权相同的逻辑加以解释，才是最适宜的，才能按照公有制的法理逻辑正本清源地理解集体所有权。本集体成员集体所有，应被解释为，集体所有权体系的规范目的是实现集体成员的利益、实现农民集体所有的财产由集体成员共享，而不能望文生义地认为集体所有就是集体成员所共有。② 相反，按照私权的逻辑加以解释，只能是削足适履，似是而非。

这种法定代表关系的实践基础，是新中国成立后农业合作化以来长期积累的实践经验，农民集体所有制正是这样运行的。在不同历史阶段表现为不同具体形式的农村集体经济组织，实质上都是代表农民集体（本集体成员集体）行使权利的。

在不同时期，相关的法律法规、规范性文件和法学著作对集体所有权的主体曾有不同的具体表述，例如，将集体财产所有权主体规定为农民集体、本集体成员集体、本集体经济组织成员集体等，但是其实质是相同的。③ 集

---

① 韩松：《论农民集体所有权的成员集体所有与集体经济组织行使》，载《法商研究》2021 年第 5 期。

② 王雷：《农民集体成员权、农民集体决议与乡村治理体系的健全》，载《中国法学》2019 年第 2 期；房绍坤、张泽嵩：《农村集体经济组织决议效力之认定》，载《法学论坛》2021 年第 5 期。

③ 有学者认为，宪法第 10 条规定的"集体所有"中的"集体"本身具有成员集体所有的内涵，因为集体均是由一定成员聚合而成的整体。见李海平：《论农村土地属于集体所有的宪法解释》，载《政治与法律》2017 年第 6 期。

体是一个十分抽象的表述，既可以将之理解为一个无组织形态的"成员组合"，又可以理解为一个有组织形态的"共同体"。① 作为集体土地所有权主体的全体成员，是在分散的成员个体的基础上形成的一种具有抽象意义的全体成员的集合（即成员集体），既不是完全分散的单个个体的简单加总，也不是在整体意义上的一个独立主体。②

　　"集体土地属于农民集体所有"作为一种抽象的规范表述，其中的"农民集体"是抽象的概念，具有抽象性和普适性；③ "本集体成员集体所有"则从抽象表述具体到"本集体"，但仍属于一般性表述；"本集体经济组织成员集体所有"则进一步明确到特定的农村集体经济组织，"本集体经济组织成员集体"是"农民集体""本集体成员集体"的抽象表述，落实到特定农村集体经济组织的具象概念。这些表述将集体所有权主体从抽象到具体，最终落实到特定农村集体经济组织成员集体。有学者认为，建立了农村集体经济组织的地区，称农村集体经济组织成员集体更为准确；没有建立独立的农村集体经济组织的地区，更为准确的表达就是农民集体。④ 这在一定意义上反映了从抽象到具体的转变。

　　对于农民集体成员与农村集体经济组织成员之间的关系，各方面还存在争议。准确地理解和把握两者之间的关系，既要考虑抽象与具体的区别，还需要采取动态与静态相结合的视角。

　　一方面，农民集体成员与农村集体经济组织成员在一定程度上都具有抽

---

① 陈明：《"集体"的生成与再造：农村集体土地所有制的政治逻辑解析》，载《学术月刊》2019 年第 4 期。

② 杨青贵、张良培：《"农民集体"角色变迁及其理论解释》，载《经济法论坛》2014 年第 13 卷，第 243—255 页。

③ 这里强调的是，在该表述中农民集体是一个抽象概念，未具体化，并不意味着"农民集体"本身是抽象的概念。在我国农村，农民集体一直是现实的存在，农村改革后实行政社分开，有些地方并未建立农村集体经济组织，但集体土地所有权一直保留至今，就是因为作为集体土地所有权归属的"农民集体"一直客观存在。见王铁雄、王琳：《农民集体所有的民法典解释论》，载《河北法学》2021 年第 11 期。

④ 管洪彦：《农村集体经济组织的概念界定和立法表达》，载《中国不动产法研究》2021 年第 1 辑。

象性，但表面看来，"农民集体成员"具有更强的抽象性，因为"农民集体"作为一个抽象的集合体，似乎看不见、摸不着，只是一个抽象概念，而且，谁是农民集体成员难以确认，更重要的是，似乎也没有迫切需要确认农民集体成员的现实需求，或者说，现实生活中没有什么场合迫切需要确认谁是农民集体成员。而农村集体经济组织成员，尽管有些地方并未成立农村集体经济组织，但是人们比较容易联想到特定农村集体经济组织地域范围内的人员，而且，实践中确认农村集体经济组织成员已经常态化。因此，实践中比较容易确认谁是农村集体经济组织成员，但是很难也很少有必要确认谁是农民集体成员。

另一方面，农民集体、农村集体经济组织成员集体，作为农村一定地域范围内全体成员的集合体，可以分别从动态、静态的视角加以分析。动态地看，"集体"应当理解为一定地域范围内全体农民的动态集合体。① 在长期，构成这个集合体的具体人员，既包括当前或者特定时点存在的成员，也包括曾经存在和将来存在的成员，随着时间推移，这个集合体所包含的具体成员会有所变动，集体成员的数量不断变化。静态地看，集体所包含的成员就是指当前或者特定时点现实存在的成员，他们显然是确定的或者可以确定的。因此，作为集体所有权主体的这个集合体所包含的成员，在特定时点（如开展农村集体产权制度改革时确定的基点）是确定的或者可以确定的。但从长期来看，又是不断变动的。

农民集体、农村集体经济组织都是一定地域范围内以集体土地为基础而形成的。农民集体作为抽象的集合体，农民集体成员主要具有抽象意义，通常情况下没有必要落实到具体人员。农村集体经济组织是在与农民集体相同的地域范围内、以同样的集体土地为基础而成立的，可以看成是该地域范围内农民集体的具象。② 因此，在抽象意义上，农民集体成员与农村集体经济

---

① 李析锴：《论农村土地所有权的归属主体》，载《河南工程学院学报（社会科学版）》2023 年第 4 期。

② 有学者认为，农村集体经济组织是农民集体的组织形式。见高飞：《论农村集体经济组织是农民集体的组织形式》，载《政法论坛》2023 年第 5 期。

组织成员似乎各有所指，但是，具体到特定地域范围而言，农村集体经济组织成员则是该地域范围内农民集体成员的具体化，在特定的时点，两者的人员是相同的。农村集体经济组织成员与农民集体成员，其实两者的范围是一致的。①

更一般地说，农民集体成员、本集体成员、本集体经济组织成员，在抽象意义上动态地看，可能指向不同的对象。但在特定时点、特定地域范围内或者就特定农村集体经济组织而言，它们最终指向的具体对象是相同的，就是该农村集体经济组织的现时成员。农村集体经济组织的成员就是本集体成员。② 依据民法典第 261 条第 1 款，在农村集体产权制度改革中，我们必须坚守"农民集体即本集体成员集体"这一立法底线，把农民集体与本集体成员集体作同义对待。③ 农民集体成员与农村集体经济组织成员的指向是同一类主体时，才符合集体土地所有权由其所有权人行使的法理，以保障农民集体收益由集体成员平等享有。④

这样理解关于农村集体经济组织与农民集体之间关系的相关法律规定，既符合一般法理逻辑，也切合我国建立、发展农民集体所有制的历史逻辑，而且，化解了农民集体（本集体成员集体）因缺乏民事主体资格而难以实施民事行为、集体经济组织行使集体财产所有权未得到农民集体（本集体成员集体）授权的难题，因为法律明确了集体经济组织与成员集体之间是法定代表关系，集体经济组织直接依据法定授权，代表成员集体行使集体财产所有权，不再需要作为集体财产所有权主体的成员集体通过民事法律行为作出授权。同时，也有利于更好地保护集体财产，维护集体所有权和集体所有

① 谢鸿飞：《论农村集体经济组织法人的治理特性——兼论〈农村集体经济组织法（草案）〉的完善》，载《社会科学研究》2023 年第 3 期。

② 宋志红：《论农民集体与农村集体经济组织的关系》，载《中国法学》2021 年第 3 期。

③ 房绍坤主编：《农村集体产权制度改革的法理阐释》，中国人民大学出版社 2022 年版，第 19 页。

④ 陈小君、周崇聪：《集体经济组织作为集体土地所有权主体之考量》，载《北京航空航天大学学报（社会科学版）》2022 年第 5 期。

制，因为法定代表关系明确集体财产属于成员集体所有，而成员集体作为一个整体是财产所有权人，集体财产不可分割到成员个人，而且也不是集体经济组织的法人财产，集体经济组织只是依法代表成员集体行使所有权，负责集体财产的经营管理，这显然有利于保护集体财产，保障集体财产所有权的安全与稳定，从而更好地维护社会主义集体所有制。

## 第二节　集体财产的内容与管理原则

2016 年中共中央、国务院《关于稳步推进农村集体产权制度改革的意见》将农村集体财产分为资源性、经营性、非经营性财产三类。民法典和农村集体经济组织法明确了集体财产的主要内容，其中最引人关注的是集体经营性财产。

### 一、集体财产的主要内容

民法典第 260 条规定了集体财产的基本内容，农村集体经济组织法第 36 条在此基础上进一步明确集体财产的具体内容如下。

集体所有的土地和森林、山岭、草原、荒地、滩涂。这是农民集体所有的最基本、最重要的财产。集体所有的土地是农村集体经济组织成立的基础，集体所有的土地等资源性财产，是农村集体经济组织成员安身立命的物质基础，在社会保障体系难以为农民提供全面保障的情况下，也是农民最可靠的基本生活保障。我国实行社会主义土地公有制，即国家所有制和劳动群众集体所有制。宪法第 9 条第 1 款规定：矿藏、水流、森林、山岭、草原、荒地、滩涂等自然资源，都属于国家所有，即全民所有；由法律规定属于集体所有的森林和山岭、草原、荒地、滩涂除外。宪法第 10 条第 2 款规定：农村和城市郊区的土地，除由法律规定属于国家所有的以外，属于集体所有；宅基地和自留地、自留山，也属于集体所有。森林法第 14 条规定：森林资源属于国家所有，由法律规定属于集体所有的除外。草原法第 9 条规定：草原属于国家所有，由法律规定属于集体所有的除外。民法典第 260 条规定，集体所有的不动产和动产，包括法律规定属于集体所有的土地和森林、山岭、草原、荒地、滩涂。

集体所有的建筑物、生产设施、农田水利设施。具体主要包括集体依法建设的建筑物，例如，集体建设的房屋，集体所有的集体企业的厂房、仓库等建筑物；集体的生产设施，例如，集体的机器设备、生产原料、制成品和半成品、现代农业和设施农业装备、交通运输工具等；集体的农田水利设施，例如，水库、水塘、农田灌溉渠道、机井、水闸等。

集体所有的教育、科技、文化、卫生、体育、交通等设施和农村人居环境基础设施。具体主要包括集体举办的学校、文化站（室）、图书室、公共服务中心、卫生室、敬老院、乡村公路、机耕路，以及公共厕所、垃圾站（点）、垃圾回收站（点）和污水处理站（点）等。

集体所有的资金。即集体所有的货币资金，包括现金、银行存款、有价证券及其产生的利息和衍生收入。具体来说，主要包括上级补助收入，"一事一议"筹集的资金，集体所有的土地、水面、林果、滩涂、"四荒"地发包取得的收入，集体企业上交的收入，集体所有的资产统一经营的收入，集体所有的土地、水面、林果、滩涂、"四荒"地及其他集体财产被征收征用获得的补偿费以及拍卖、租赁使用权获得的收入，因灾害由国家下拨、社会团体组织救助捐赠的救济扶贫款，国家及地方各级政府对村集体经济组织的拨款，以及其他属于集体所有的收入（如各种返还款、利息、奖金等）。

集体投资兴办的企业和集体持有的其他经济组织的股权及其他投资性权利。包括集体投资兴办的企业的股权，集体持有的其他经济组织的股权，以及集体的其他投资性权利，包括合伙企业的投资权利，以及银行理财、基金投资、信托投资等的权利。

集体所有的无形财产。无形财产是指为生产商品、提供劳务、出租给他人，或者为管理目的而持有的、没有实物形态的非货币性长期资产。集体所有的无形财产主要包括集体的专利权、非专利技术、商标权、著作权、土地使用权、特许权，以及集体经济组织的商誉。

集体所有的接受国家扶持、社会捐赠、减免税费等形成的财产。集体财产主要是集体自己兴建的或者出资购置的，也包括集体经济组织接受政府拨款、补贴补助、减免税收，以及接受其他单位和个人的资助、捐赠等形成的财产。

集体所有的其他财产。上述各项财产以外，属于集体所有的其他财产。

### 二、集体财产的管理原则

农村集体经济组织法第 37 条明确了农村集体财产的管理原则，根据相关法律规定和实践经验，对于农民集体所有的资源性财产、非经营性财产、经营性财产分别采用不同的经营、管理方式。

土地等资源性财产是最基本、最重要的农民集体财产。按照土地管理法第 4 条的规定，国家实行土地用途管制制度。土地分为农用地、建设用地和未利用地。农用地是指直接用于农业生产的土地，包括耕地（园地）、林地和草地，农田水利用地、养殖水面等；建设用地是指建造建筑物、构筑物的土地，包括城乡住宅和公共设施用地、工矿用地、交通水利设施用地、旅游用地、军事设施用地等；未利用地是指农用地和建设用地以外的土地。

参照上述分类，农民集体所有的土地可以分为农用地、农村建设用地、未利用地三类。其中，农用地主要包括耕地（园地）、林地、草地等各种用于农业生产的土地；农村建设用地包括农民宅基地、农村公益性建设用地（如农村学校、图书室、卫生室等占用的土地）、农村经营性建设用地（如发展集体企业占用的土地）；未利用地是指农用地、农村建设用地以外的其他土地（如农民集体所有的湿地、沼泽地等）。

（一）集体所有的农用地依法实行承包经营

农村集体经济组织法第 37 条第 1 款规定，集体所有和国家所有依法由农民集体使用的耕地、林地、草地以及其他依法用于农业的土地，依照农村土地承包的法律实行承包经营。

2002 年制定的农村土地承包法，根据农村改革后农村土地承包的实践经验，将农村土地定义为"农民集体所有和国家所有依法由农民集体使用的耕地、林地、草地，以及其他依法用于农业的土地"，其中，"其他依法用于农业的土地"主要是指荒山、荒沟、荒丘、荒滩等"四荒"土地，以及用于农业的其他土地，如养殖水面（水塘）、果园、茶园等。

按照该法的规定，农村土地承包分为家庭承包与其他方式的承包两种方式。耕地、林地、草地是主要的农用地，应当用于发展农业生产特别是粮食生产，保障国家粮食安全，应当依法实行家庭承包经营，由农村集体经济组织发包给本集体经济内部的农户承包经营，本集体经济组织以外的人不能承包；承包户依法取得用益物权性质的土地承包经营权。土地承包经营权可以在本集体经济组织内部转让、互换，也可以在坚持土地集体所有的前提下实行"三权分置"，即土地承包经营权分为土地承包权与土地经营权，承包户保留土地承包权，将土地经营权出租给其他组织和个人，或者以土地经营权担保融资，或者将土地经营权入股开展联营等，其他组织或个人通过租赁等方式取得土地经营权。其中，土地经营权期限在五年以上的，可以依法向登记机关申请登记，并且以登记的土地经营权向金融机构担保融资。

实行家庭承包经营的耕地、林地、草地以外的其他农村土地，则通过招标、拍卖或者公开协商的方式实行市场化承包经营，称为其他方式的承包。承包人可以是本集体经济组织的农户或者本经济组织成员，也可以是本集体经济组织以外的组织或者个人，承包方取得土地经营权，土地经营权可以依法采取转让、出租、入股、抵押等形式流转。

具体来说，实行家庭承包经营的耕地、林地、草地以外的其他农村土地，主要是荒山、荒丘、荒沟、荒滩等"四荒"土地，以及养殖水面（如水塘、堰塘）、果园、茶园、小块荒地等其他零星土地。根据农村改革开放以来的实践，对于"四荒"土地，主要有四种经营方式：（1）有些农村集体经济组织直接组织经营"四荒"土地，依法进行开发、治理和利用。（2）有些农村集体经济组织先将"四荒"土地经营权量化给本集体经济组织成员，再通过招标、拍卖、公开协商的方式实行承包经营，本集体经济组织成员依据量化的份额分享收益。（3）不少农村集体经济组织通过招标、拍卖、公开协商的方式实行承包经营，将"四荒"土地承包给具有开发治理能力的单位和个人，承包方不限于本集体经济组织的农户和集体经济组织成员，也可以是本集体经济组织以外的单位和个人；在这种情况下，承包方通常取得用益物权性质的土地经营权，其土地经营权可以依法采取转让、出租、入股、抵押的方式流转。（4）有些农村集体经济组织将"四荒"土地的经营权出租给其他单位、个人，或者以土地经营权入股开展联营。对于养殖水面（如水塘、堰塘）、果园、茶园、小块荒地等其他零星土地，通常采取公开协商方式承包给本集体经济组织的农户或者本集体经济组织成员，承包方通常取得债权性质的土地经营权。

农村土地承包法对农村土地的承包经营作了明确具体的规定。2020年全国人大制定的民法典确认了农村土地承包法的主要内容。农村集体经济组织法第37条第1款中的"农村土地承包的法律"主要就是指农村土地承包法和民法典。

（二）集体建设用地依法取得、使用和管理

农民集体所有的建设用地主要包括农民宅基地、集体公益性建设用地、集体经营性建设用地。国家法律法规对于集体建设用地的取得、使用和管理，都有明确规定，实践中应当按照法律法规的规定取得、使用和管理，不同的集体建设用地的取得、使用和管理主体各不相同。

关于农民宅基地。按照土地管理法第62条的规定，农村村民一户只能拥有一处宅基地，其宅基地的面积不得超过省、自治区、直辖市规定的标准。农村村民建住宅，应当符合乡（镇）土地利用总体规划、村庄规划，不得占用永久基本农田，并尽量使用原有的宅基地和村内空闲地。农村村民住宅用地，由乡（镇）人民政府审核批准；其中，涉及占用农用地的，依照本法第44条的规定办理审批手续。农村村民出卖、出租、赠与住宅后，再申请宅基地的，不予批准。国家允许进城落户的农村村民依法自愿有偿退出宅基地，鼓励农村集体经济组织及其成员盘活利用闲置宅基地和闲置住宅。

按照该条及相关规定，农村集体经济组织成员修建住宅应当符合以下要求：（1）具有本集体经济组织成员身份，并且符合申请宅基地的条件；（2）符合乡（镇）土地利用总体规划、村庄规划；（3）不得占用永久基本农田，应当尽量使用原有的宅基地和村内空闲地，能使用闲置建设用地的就不能占用农用地，特别是不能占用耕地；（4）经有关人民政府依法审核批准。符合条件的农村集体经济组织成员应当向集体经济组织提出分配宅基地的申请，经集体经济组织初审同意的，报乡镇人民政府审批，其中，涉及占用农用地的，还应当依法办理农用地转用的审批手续。

宅基地的取得和使用主体是农村集体经济组织内符合规定条件的农户，管理主体是农村集体经济组织或者村民委员会。

关于集体公益性建设用地。依照土地管理法第 61 条的规定，乡（镇）村公共设施、公益事业建设需要使用土地的，经乡（镇）人民政府审核，向县级以上地方人民政府自然资源主管部门提出申请，按照省、自治区、直辖市规定的批准权限，由县级以上地方人民政府批准；其中，涉及占用农用地的，依照本法第 44 条的规定办理审批手续。对于公益性建设用地的管理，有关法律法规有规定的，应当依照规定办理。集体公益性建设用地的取得、使用和管理主体都是农村集体经济组织或者村民委员会。

关于集体经营性建设用地。依照土地管理法第 60 条的规定，农村集体经济组织使用乡（镇）土地利用总体规划确定的建设用地兴办企业，或者与其他单位、个人以土地使用权入股、联营等形式共同举办企业的，应当持有关批准文件，向县级以上地方人民政府自然资源主管部门提出申请，按照省、自治区、直辖市规定的批准权限，由县级以上地方人民政府批准；其中，涉及占用农用地的，依照本法第 44 条的规定办理审批手续。依据土地管理法第 63 条，土地利用总体规划、城乡规划确定为工业、商业等经营性用途，并经依法登记的集体经营性建设用地，土地所有权人可以通过出让、出租等方式交由单位或者个人使用。因此，集体经营性建设用地的取得、使用主体既包括农村集体经济组织，也可以是其他单位或者个人，管理主体应当是农村集体经济组织，有关法律法规对集体经营性建设用地的管理、使用，包括入市、流转有规定的，应当依照国家有关规定办理。

（三）集体所有的建筑物等由农村集体经济组织依法使用、管理

集体所有的建筑物、生产设施和农田水利设施等集体财产，是集体经济组织从事生产经营活动所必需的物质基础，主要包括集体修建的建筑物，以及集体所有的集体企业的厂房、仓库等建筑物，机器设备、生产原料、制成品和半成品、现代农业和设施农业装备、交通运输工具等生产设施，水库、水塘、农田灌溉渠道、机井、水闸水泵等农田水利设施，其取得、使用和管理主体主要是农村集体经济组织，有些设施的使用和管理主体可以是修建该设施的本集体经济组织农户或者成员。

国家有关法律法规对其中的一些集体财产的管理、使用作了规定。例如，水法第3条规定，农村集体经济组织的水塘和由农村集体经济组织修建管理的水库中的水，归各该农村集体经济组织使用。第25条第2款规定，农村集体经济组织或者其成员依法在本集体经济组织所有的集体土地或者承包土地上投资兴建水利工程设施的，按照谁投资建设谁管理和谁受益的原则，对水利工程设施及其蓄水进行管理和合理使用。农村集体经济组织应当按照法律法规的相关规定，取得、使用和管理这些集体财产。

（四）集体所有的公益设施依法使用、管理

集体所有的公益设施是指集体所有的教育、科技、文化、卫生、体育、交通等设施和农村人居环境基础设施，包括集体举办的学校、文化站（室）、图书室、公共服务中心、卫生室、敬老院、乡村公路、机耕路，以及公共厕所、垃圾站（点）、垃圾回收站（点）和污水处理站（点）等。集体所有的公益设施属于非经营性集体财产，主要是为了公益使用而非用于经营。一般来说，集体公益设施实行"谁使用、谁管护"，或者由村委会统一运营管护。国家相关法律法规对这些公益设施的使用、管理都有相应规定，集体公益设施的使用、管理，应当遵守相关法律规定。特别是集体公益设施以及用于公共服务的集体财产，虽然是农村集体经济组织成员集体所有的财产，但是属于公益性财产，在一定程度上具有公益性质。因此，集体公益设施和公益性财产的处置，应当符合法律法规和国家有关规定，并且经相关主

管部门审核，农村集体经济组织不能擅自处置。

近年来，随着城乡一体化深入推进，农村集体公益设施的使用、管理正在发生变化。例如，越来越多的农民进城务工，其子女进入城镇就学，农村中小学生数量减少，出现大量闲置、废弃的校舍。2016 年国务院《关于统筹推进城乡义务教育一体化改革发展的若干意见》提出，要合理制定闲置校园校舍综合利用方案，严格规范权属确认、用途变更、资产处置等程序，并优先用于教育事业。据此，闲置的校园校舍可以改扩建幼儿园发展学前教育，也可以因地制宜用于养老、医疗、文化、体育等社会领域，如办成敬老院、图书馆、社区文化活动中心、青少年法治教育基地等。因农村人口减少等造成闲置的其他公益设施的使用、管理，都应当严格按照法律法规和国家有关规定办理。

### 三、农村集体经营性建设用地入市

农村集体经营性建设用地入市，是 21 世纪以来我国农村土地制度的重大创新和与时俱进，其重点是清理、整理并盘活利用闲置的乡镇企业用地、废弃的宅基地和公益性建设用地，经依法登记后，作为集体经营性建设用地，按照规划确定的用途加以利用。

农村集体经营性建设用地入市不仅有利于盘活和充分利用闲置、废弃的农村集体建设用地，提高农村集体经济组织及其成员的收入，也有利于促进乡村全面振兴和城乡融合发展。

（一）农村集体经济性建设用地入市的背景

农村集体经济性建设用地入市，源自农村改革后发展乡镇企业占用的集体土地。农村改革实行家庭承包经营后，农业生产迅速发展，粮食大幅增产，农民收入明显提高，农村出现富余劳动力，农民在完成缴纳公粮的任务后可以从事非农业活动。当时各种生活日用品供应不足，有些甚至严重短缺，国家对农村土地利用的管理比较宽松，允许农民经批准直接利用集体土地兴办乡镇企业，于是，不少乡镇、村集体和农民利用集体土地的优势发展乡镇企业，主要生产生活日用品，促进乡镇企业异军突起，成为农村改革中最大的意外收获。乡镇企业占用的集体土地，政策文件确认为集体建设用地，为区别于农民宅基地和集体公益性建设用地，称为经营性建设用地。

随着经济形势发展变化，生活日用品供应日益丰富，乡镇企业的优势逐渐弱化，加上有的乡镇企业产品质量不高，甚至出现假冒伪劣产品，有些乡镇企业经营不善，难以生存和发展，实际上已经破产、倒闭。特别是有些地方发展乡镇企业遍地开花，村村点火、户户冒烟，造成比较严重的环境污染，为防止污染，国家依法关停了一些污染严重的"五小"企业（小钢铁、小煤矿、小机械、小水泥、小化肥），其中很大一部分是乡镇企业。这些破产、倒闭、关停的乡镇企业占用的土地，性质上仍属于集体所有，但非农用地，而是经营性建设用地。这些乡镇企业用地，是在土地管理不规范时为鼓励乡镇企业发展直接占用的集体土地，被称为存量集体经营性建设用地。因此，农村集体经营性建设用地主要是指乡镇企业用地。[①] 据国土资源部估计，到2013年底，全国共有集体经营性建设用地约4200万亩，占全国集体建设用地的13.3%。[②]

这种状况造成建设用地浪费与紧缺并存。一方面，这些土地长期、大量地闲置、荒废，是集体建设用地的极大浪费；另一方面，城市迅速扩张，城镇化加速发展，建设用地供不应求。发展乡村产业、推进乡村全面振兴进一步强化了土地需求。大量耕地被占用，影响粮食生产和国家粮食安全。为此，国家切实加强耕地保护，强化农村集体建设用地管控；同时，积极探索现有农村集体建设用地入市的可行路径，盘活存量集体经营性建设用地。

（二）农村集体经营性建设用地入市试点及立法

为加强耕地保护，确保国家粮食安全，1998年修改土地管理法，建立最严格的耕地保护制度，严禁耕地转为非耕地。同时限制集体土地使用权流转，该法第43条强调，任何单位和个人进行建设，需要使用土地的，必须

---

① 侯银萍：《新型城镇化背景下的土地用益物权研究》，法律出版社2015年版，第64页。

② 贺雪峰等：《地权的逻辑Ⅲ》，中国政法大学出版社2018年版，第300页。

依法申请使用国有土地；但是，兴办乡镇企业和村民建设住宅经依法批准使用本集体经济组织农民集体所有的土地的，或者乡（镇）村公共设施和公益事业经依法批准使用农民集体所有的土地的除外。第 63 条进一步规定：农民集体所有的土地的使用权不得出让、转让或者出租用于非农业建设；但是，符合土地利用总体规划并依法取得建设用地的企业，因破产、兼并等情形致使土地使用权依法发生转移的除外。这两个条款对乡镇企业用地及乡镇企业破产、兼并后的土地使用权流转作了例外规定，但原则上不允许集体土地使用权流转，因为集体土地流入市场，会影响国有土地使用制度改革①，同时可能使大量农用地转为建设用地，既不利于耕地保护，使耕地保护目标落空，又会使农民的利益被少数人侵占。②

2008 年党的十七届三中全会提出，逐步建立城乡统一的建设用地市场，对依法取得的农村集体经营性建设用地，必须通过统一有形的土地市场、以公开规范的方式转让土地使用权，在符合规划的前提下与国有土地享有平等权益。随后，有的地方探索采取措施盘活闲置的乡镇企业用地。

2013 年党的十八届三中全会明确提出，建立城乡统一的建设用地市场，在符合规划和用途管制的前提下，允许农村集体经营性建设用地出让、租赁、入股，实行与国有土地同等入市、同价同权。2014 年，国土资源部部署在北京大兴、上海松江等地开展试点，探索盘活利用存量集体经营性建设用地的途径。

2015 年 1 月，中共中央办公厅、国务院办公厅联合印发《关于农村土地征收、集体经营性建设用地入市、宅基地制度改革试点工作的意见》，对包括农村集体经营性建设用地入市在内的改革试点作出部署。同年 2 月，全国人大常委会作出授权决定，授权北京大兴等 33 个县（市、区）开展集体经营性建设用地入市试点，探索将闲置、废弃的集体建设用地，经整理后入市交易，发挥其应有的功能。经过三年试点，取得一定经验。2018 年 12 月，

---

① 卜耀武主编：《中华人民共和国土地管理法释义》，法律出版社 1998 年版，第 176 页。
② 史敏主编：《中华人民共和国土地管理法释义》，中国法制出版社 1998 年版，第 140 页。

国务院向全国人大常委会报告了试点工作情况，提出了总结试点实践经验、修改土地管理法的意见。

2019 年 4 月，《中共中央 国务院关于建立健全城乡融合发展体制机制和政策体系的意见》明确，在符合国土空间规划、用途管制和依法取得的前提下，允许农村集体经营性建设用地入市，允许就地入市或异地调整入市；允许村集体在农民自愿前提下，依法把有偿收回的闲置宅基地、废弃的集体公益性建设用地转变为集体经营性建设用地入市；推动城中村、城边村、村级工业园等可连片开发区域土地依法合规整治入市。

2019 年 8 月，全国人大常委会修改土地管理法，总结集体经营性建设用地入市试点经验纳入法律，对集体经营性建设用地入市作出规定。

（三）农村集体经营性建设用地入市的基本要求

2019 年新修改的土地管理法第 63 条规定，土地利用总体规划、城乡建设规划确定为工业、商业等经营性用途，并经依法登记的集体经营性建设用地，土地所有权人可以通过出让、出租等方式交由单位或者个人使用。通过出让等方式取得的集体经营性建设用地使用权可以转让、互换、出资、赠与或者抵押。这一规定把可以入市的土地从存量集体经营性建设用地，扩大到符合条件的集体经营性建设用地。

按照这一规定，集体经营性建设用地入市的基本要求是：（1）入市的土地应当是土地利用总体规划和城乡规划确定为工业、商业等经营性用途的土地，不是一般集体建设用地；（2）入市的土地应当是经依法登记的土地，包括集体土地所有权和集体建设用地使用权登记，确保权属清楚，防止在入市流转过程中产生权属纠纷；（3）集体经营性建设用地入市应当经本集体经济组织成员大会或者成员代表大会三分之二以上同意。集体经营性建设用地入市属于处置集体财产的重大事项，关系集体经济组织成员权益，应当由成员集体讨论决定。

按照这些要求，原乡镇企业占用后被闲置的土地，因长期无人居住、年久失修造成房屋倒塌等原因而荒废的农民宅基地，废弃的集体公益性建设用地等，经过整理，符合上述条件的，可以作为集体经营性建设用地入市，即可以通过出让、出租等方式交由单位或者个人使用。而且，单位、个人通过出让、出租等方式取得的集体经营性建设用地使用权，一般还可以转让、互换、出资、赠与、抵押等。

### 四、集体经营性财产收益权量化

为探索农村集体所有制有效实现形式，创新农村集体经济运行机制，保护农民集体财产权益，调动广大农民发展现代农业和建设社会主义新农村的积极性，国家在农村稳步推进农村集体产权制度改革。2016 年中共中央、国务院发布《关于稳步推进农村集体产权制度改革的意见》，指导和推进农村集体产权制度改革。针对一些地方集体经营性财产归属不明、经营收益不清、分配不公开、成员的集体收益分配权缺乏保障等突出问题，该文件提出，在全面开展集体财产清产核资、明确集体财产所有权，确认农村集体经济组织成员身份的基础上，将农村集体经营性财产以股份或者份额的形式量化到本集体成员，作为其参与集体收益分配的基本依据。这是落实农村集体经济组织成员收益权的有效措施。农村集体经济组织法第 40 条总结农村集体产权制度改革实践经验，对集体经营性财产收益权量化作了原则规定。

（一）量化的实践做法

长期以来，有些农村集体经济组织成员界定不清，集体收益分配不公开、不透明、不公平的现象较为突出，成为影响农村和谐稳定的不利因素。农村集体经济发展了，集体以各种方式取得了收益，如何让集体成员公平地分享集体经济发展的成果和集体收益，是迫切需要解决的现实问题。农村集体产权制度改革的一项重要内容，就是按照上述文件的要求，将收益权量化到成员。

一般来说，集体经济组织首先进行清产核资，摸清集体财产，特别是集体经营性财产情况，将集体财产的产权归属落实到相应的集体经济组织成员集体，解决集体财产家底不清、产权归属不明的问题；其次，按照尊重历史、兼顾现实、程序规范、群众认可的原则，统筹考虑户籍关系、农村土地承包关系、对集体积累的贡献等因素，确认本集体经济组织成员，解决成员边界不清问题。在此基础上，按照一定的因素，将集体经营性财产收益权量化到每一个成员。

具体来说，量化到每一个成员的份额一般包括基本份额与其他份额。（1）基本份额实行人人有份，本集体经济组织成员不分年龄、性别、对集体的贡献等因素，每人分配相同的基本份额。（2）其他份额是根据参加集体劳动、对集体的贡献等因素确定的份额，主要有农龄份额和贡献份额等。农龄份额也称劳龄份额，是针对缴纳过农业税（公粮）、农业特产税、三提留五统筹费用等，为国家建设和集体财产积累作过贡献的人员分配的相应份额（有的集体经济组织直接按照成员的年龄分配相应的份额）；贡献份额是对担任过村干部、村学校教师等工作的人员分配相应的份额。有些集体经济组织把上述各种贡献因素统一称为贡献份额，按照不同成员的具体情况，分别量化相应的贡献份额。每一个成员相同的基本份额加上不同的其他份额，构成量化给该成员的份额。因此，同一集体经济组织的不同成员量化的份额可能各不相同。

对于量化到每一个成员的份额，大部分地方实行量化到人、落实到户，以户为单位进行管理。主要有两种管理方式：一种是静态管理方式，实行量化到人、固化到户、户内共享，即集体经济组织统一按人量化、落实到户后，在一定期限内各户的份额不再调整，对于户内人口发生变化的，由各户自行解决份额的户内分配问题；另一种是动态管理方式，即集体经济组织统一按人量化、落实到户后并不固化，而是每年或者定期按照集体经济组织成员的变化，适当调整每个农户的份额总数。还有的集体经济组织采取折中方式，在量化到人、固化到户后，允许新增成员参与集体经济组织的新经营项目的收益分配，或者允许新增成员出资购买股份后，参与集体收益分配。

（二）量化的基本法律特征

按照农村集体经济组织法第 40 条的规定，结合农村集体产权制度改革的实践经验，农村集体经营性财产量化的基本特征有以下四点。

其一，可量化的财产范围限于集体经营性财产。按照 2016 年中共中央、国务院《关于稳步推进农村集体产权制度改革的意见》的规定，纳入量化的财产范围是集体经营性财产，不包括集体公益性财产和集体资源性财产，更不能是集体土地所有权。农村集体经济组织法第 40 条对此予以确认。关于纳入量化的集体经营性财产的具体范围，下文另作专述。

其二，量化的内容是集体经营性财产的收益权。量化的具体内容是集体经营性财产的收益权，不是集体经营性财产本身。实行量化不是要把集体经营性财产量化到成员个人，不是要把集体财产分割到集体经济组织成员个人。虽然在量化过程中以集体经营性财产数量为依据给成员配置参与收益分配的股份，但这并不是对集体经营性财产本身的量化，只是对经营性财产收益分配份额的量化。[1]

其三，量化的对象主要是本集体经济组织成员。从实践看，实行量化的对象既包括实行量化时本集体经济组织现有成员，也包括曾经在本集体经济组织生活、参加集体劳动、为集体和集体财产积累作出贡献，但已经离开集体经济组织的人员，有的集体经济组织甚至追溯到农业合作化时期。就此而论，实行集体产权制度改革，开展集体经营性财产收益权量化时确认的农村集体经济组织成员，与实行家庭承包时确认的成员显然有所不同。

其四，量化的目的是确保成员的收益权。量化的主要目的是把集体经营性财产的收益权落实到成员，重点在于保障成员的收益权，不是要把集体经营性财产量化到成员个人。而且，量化到成员的份额，主要作为成员参与集体收益分配的基本依据，不是成员享有集体财产、享受其他集体福利的依据。因此，一方面，成员不能依据量化给他的份额主张对集体财产享有相应份额，更不能依据份额要求分割集体财产；另一方面，应当注意区分集体收益分配与集体福利享有。集体收益分配的对象是有量化份额的集体经济组织成员等，集体福利的保障对象应当是集体经济组织全体成员，包括实行量化后新增的、未享有量化份额的成员，量化后新增的集体经济组织成员不能依据份额参与集体收益分配，但有权享受集体其他福利待遇，不能因为未享有

---

① 韩松、段程旭：《农民集体成员持有的集体经营性资产收益分配股份的自愿有偿退出》，载《河北法学》2024 年第 2 期。

量化的份额而剥夺其享有集体福利的权利。

（三）纳入量化的集体经营性财产的具体范围

实行集体经营性财产收益权量化遇到的首要问题，就是明确哪些财产应当纳入量化范围。依照《关于稳步推进农村集体产权制度改革的意见》的相关规定，农村集体经济组织法将农民集体所有的财产区分为集体所有的土地等集体资源性财产、集体经营性财产、集体公益性财产（非经营性财产）。第40条第1款进一步明确，农村集体经济组织可以将集体经营性财产收益权量化到集体经济组织成员，作为其参与集体收益分配的基本依据。据此，可以量化的集体财产的范围应当是集体经营性财产。按照该条第2款的规定，集体所有的经营性财产包括该法第36条第1款第1项中可以依法入市、流转的财产用益物权和第2项、第4项至第7项的财产。其中，第36条第3项所指的集体所有的教育、科技、文化、卫生、体育、交通等设施和农村人居环境基础设施，属于集体所有的非经营性财产，系公益性财产，具有公益性质，主要目的是公共使用而非产生经济收益，而且难以通过有效的评估手段确定其市场价值。① 显然不应纳入量化范围。需要深入分析的，主要是集体土地等资源性财产的相关权益。

农村集体经济组织法第36条第1项所指的集体所有的土地和森林、山岭、草原、荒地、滩涂，属于集体资源性财产。依据宪法第10条第4款的规定，集体土地所有权不得买卖。集体土地所有权是集体土地所有制的表现形式，为了守住坚持集体土地所有制不动摇的底线，农村集体土地所有权显然不应纳入量化范围。按照农村集体经济组织法第40条的规定，该项中可以依法入市、流转的用益物权，属于集体经营性财产，可纳入量化的财产范围。据此，集体资源性财产的用益物权，哪些可以依法入市、流转，哪些可以实际纳入量化范围，需要根据不同农村集体土地的情况进行深入分析。土地管理法将农村集体土地分为农用地、农村建设用地、未利用地三类，这里

---

① 房绍坤主编：《农村集体产权制度改革的法理阐释》，中国人民大学出版社2022年版，第243页。

分别进行具体分析。

首先是农用地，主要是耕地、林地和草地。其土地所有权不得转让。农村改革后普遍实行家庭承包经营，这些土地已经按照农村土地承包法和国家相关政策规定，由农村集体经济组织内部农户承包经营，承包户享有用益物权性质的土地承包经营权，集体经济组织不享有这些土地的用益物权，也不能向承包农户收取承包费等费用。因此，这些土地的权益不存在量化问题。

其次是农村建设用地，具体包括农民宅基地、集体公益建设用地、集体经营性建设用地。其中，宅基地是符合条件的农户依法建造住房所占用的集体土地，宅基地使用权的主体是依法建造住房的农户，集体经济组织不向农户收取宅基地使用费，也不存在量化问题。[①] 集体公益性建设用地主要用于提供公益服务，具有公益性质，而且一般不产生收益，也不属于量化范围。

集体经营性建设用地，主要是农村集体经济组织或者集体企业开展经营活动占用的土地，其用益物权（集体土地使用权）及其收益应当属于量化的范围。而且，随着城乡融合发展和城乡一体化推进，根据 2019 年修订的土地管理法第 63 条的规定，为合理利用农村闲置土地，国家允许符合土地利用规划、城乡规划的闲置、废弃的宅基地和工业、商业用途的建设用地，经过整理后，经依法登记，可以作为集体经营性建设用地入市、流转，这部分依法入市、流转的集体经营性建设用地的用益物权及其收益，应当属于量化范围。

最后是农村未利用地，主要是"四荒"土地，即农民集体所有的荒山、荒丘、荒滩、荒沟等土地。对这部分集体土地，依照农村土地承包法，不实行家庭承包经营，农村集体经济组织可以直接组织治理，依法开发利用，集体经济组织享有的土地使用权等用益物权及取得的收益，属于量化范围；农村集体经济组织也可以依法采取招标、拍卖、公开协商等方式实行承包经营，承包方享有土地经营权（土地使用权），同时按约支付承包费、租金

---

① 有些地方试行宅基地使用制度改革，集体经济组织对超占的宅基地收取一定的费用。该收费可考虑纳入量化范围。

等，这种情况下，在承包期内，"四荒"土地的用益物权归承包方，不属于集体经济组织，但集体经济组织取得的承包费、租金等收益，作为集体收益应纳入量化范围；承包期满后，集体经济组织可以直接组织开发利用，也可以继续实行承包经营，其土地使用权等用益物权及取得的收益，可分别参照上述分析确定是否纳入量化范围。

农村集体经济组织以"四荒"土地使用权等开展联营获得的股权及收益，发包机动地、果园、水塘等其他零星土地取得的收益，应当纳入量化范围。

集体经营性财产收益权量化涉及复杂的利益关系，不仅直接关系集体经济组织成员的权益，而且涉及广大农民公平地分享农村经济发展成果，政策性很强，应当有统一的基本规范要求，同时各地情况存在很大差异，不同集体经济组织可能各有特色。农村集体经济组织法第40条对集体经营性财产收益权量化只作原则规定，同时授权国务院农业农村主管部门依法制定农村集体经营性财产收益权量化的具体办法，指导集体经济组织的量化实践。

### 五、股份经济合作社与股份

依照2016年《关于稳步推进农村集体产权制度改革的意见》，农村集体经济组织可将集体经营性资产，以股份或者份额的形式量化到成员，作为其参加集体收益分配的基本依据。在农村集体产权制度改革的过程中，一些城中村、城郊村农村集体经济组织，农民集体所有的土地已经基本被征收完毕，集体经济主要是出租集体物业，率先实行股份合作制，将本集体经济组织农民集体所有的全部财产以股份形式量化到成员，集体经济组织采取股份经济合作社形式，集体经济组织成员成为股份经济合作社股东，分别享有一定数额的股份，并且按照各自的股份获得分红，分享集体经济收益。后来，一些集体经济比较发达的农村集体经济组织也将集体财产以股份形式量化到成员，采取股份经济合作社的形式。同时，大部分没有集体经营性收入的农村集体经济组织没有实行股份合作。在一些传统的农业地区，尤其是山区、湖区等农地不适合规模化利用的乡村，集体经济并没有多少积累，股份化对于农民没有多大意义。①

（一）股份经济合作社的股权设置

股份经济合作社一般将集体经营性财产或者集体财产分成股份，留下其中一部分归集体，称为集体股，其余部分的股份量化到成员，称为成员股。2016 年中共中央、国务院《关于稳步推进农村集体产权制度改革的意见》提出，农村集体经营性资产实行股份合作制改革的，股权设置应当以成员股为主，是否设置集体股由本集体经济组织成员民主讨论决定。

1. 集体股

是否设置集体股，理论上存在争议，实践中做法不一。农村集体产权制度改革过程中，设置集体股的基本趋势是，不设集体股的农村集体经济组织增多，有的地方新成立的股份经济合作社不再设集体股；设置集体股的，集体股的比例也有所降低，有的在 5% 以内，已经设集体股的可量化到成员。②

有些股份经济合作社设置集体股，主要理由是：（1）政治上的担心。集体股被认为是集体经济组织全体成员作为股东共同行使对农村集体资产量化份额的所有权，体现了社会主义公有制的核心要义。③ 不设集体股，只设成员股，会不会因此使农村集体经济组织丧失公有制性质，产生私有化嫌疑？设置集体股以体现集体利益，确保农村集体经济组织的公有制性质不变。（2）公共服务和福利的现实需要。农村集体经济组织实际承担着为成员提供公共服务和福利的职能，实行集体产权制度改革后，客观上需要以集体股的收益，为发展集体公共事业和福利提供必需的经费支持。（3）维护新增成员的权益，解决遗留问题。股份量化到人、固化到户后，集体股可以

---

① 陈晓军：《农村集体产权改革法律问题研究》，中国社会科学出版社 2021 年版，第 66 页。

② 房绍坤主编：《农村集体产权制度改革的法理阐释》，中国人民大学出版社 2022 年版，第 260—262 页。

③ 唐丽霞、张一珂：《从股权配置看集体经济组织的封闭性与开放性——基于昆明市农村集体产权制度改革的调查》，载《西北农林科技大学学报（社会科学版）》2022 年第 3 期。

分配给新增成员，以维护公平，同时也可以用来解决集体产权制度改革过程中的遗留问题。[1]

根据地方实践，集体股的主要用途是：（1）集体股的收益用于发展集体经济，为本集体公共服务和公益事业、成员福利提供资金，处理遗留问题，化解集体债务等；（2）按照章程规定将一部分集体股分配或者出售给新增成员，保障成员公平地享受集体收益；（3）集体经济组织成员大会决定重大事项时，理事会代表集体股股东行使投票权，保持对集体事务的有效控制。

有些股份经济合作社未设置集体股，主要理由是：（1）逻辑上存在矛盾。设置集体股可能面临法人自身不得持有法人股权的逻辑困境。而且，集体股享受集体收益的分配，应当与其他股东共同承担经营亏损，但集体股在一定程度上具有公益性质，不能用于承担清偿责任。（2）集体股面临再次分配问题。设置集体股是集体产权制度改革不完全的表现[2]，随着集体经济发展，集体积累不断增加，集体股价值不断增大，还需要再次把集体股分配给成员或者进行其他处置，可能为管理者的异化行为留下操作空间，容易引起新的矛盾。[3]（3）集体股是否享有表决权、如何行使表决权，都是难以处理的问题。集体股如果作为优先股，不享有表决权，会导致股权关系复杂化，影响股东权利的正常行使；集体股如果作为普通股，享有表决权，但表决权的行使也面临问题，例如，表决权的行使主体既不能因表决直接获得利益，也不承担决策失误造成的损失，随意决策的风险很大，结果可能提高决策成本，使得集体成员错失获取经济利益的机会。[4] 而且，集体股的表决权也有可能被滥用，以实现内部人控制，谋取不正当利益。有学者甚至建议废除集体股制度，以公益金替代集体股，这样也可以使集体经济组织法人的共

---

[1] 孔祥智：《农村社区股份合作社的股权设置及权能研究》，载《理论探索》2017年第3期。

[2] 何嘉：《农村集体经济组织法律重构》，中国法制出版社2017年版，第198页。

[3] 方志权：《农村集体经济组织产权制度改革若干问题》，载《中国农村经济》2014年第7期。

[4] 温世扬：《农村集体经济组织法人特殊构造论》，载《政治与法律》2022年第10期。

益性得到发挥。①

实际上，未设置集体股的地方，通常都采取其他办法解决集体经济组织成员公益服务和集体福利的资金来源问题。例如，有的农村集体经济组织章程明确规定，集体收益首先提取公积公益金，用于公共事务和公益服务、成员福利等。

针对集体股可能存在的问题，为防止或者减轻集体股的不利影响，不少地方对集体股施加了限制。各地普遍限制集体股的比例，一般限定在股份总数的30%或者20%以下，防止比例过高带来问题；有的借鉴优先股规则，明确集体股只享有收益分配权，不享有表决权，防止内部人控制或者利用集体股的表决权谋取不正当利益；还有的直接明确原则上不设集体股②，公共事业支出，可以通过从集体收益中提取公积金益金的办法解决，或者按照相关规定由国家财政支出。

2. 成员股

成员股是量化给农村集体经济组织成员的股份，具体主要包括：（1）基本股或人口股，即集体经济组织成员不分年龄、性别、对集体的贡献等因素，人人有份且人人平等享有的股份。（2）农龄股，是对缴纳过农业税（公粮）、农业特产税、三提留五统筹费用，为国家建设和集体财产积累作出贡献的人员配置的股份，也称劳动贡献股；这些人员既包括现时的集体经济组织成员，也包括已经离开集体经济组织的人员。（3）其他贡献股，有的集体经济组织对担任过村干部、村学校教师等，为集体作过贡献，但已经离开集体经济组织的人员分配贡献股，以肯定其贡献。有些股份经济合作社把农龄股、其他贡献股统一称为贡献股。（4）土地股，是按照实行家庭承包时每个农户的承包地面积折算的股份，主要目的是维护农户的土地承包经营权。（5）资金股，是为发展集体经济，鼓励成员以资金入股集体经济组

---

① 房绍坤、任怡多：《论农村集体产权制度改革中的集体股：存废之争与现实路径》，载《苏州大学学报（哲学社会科学版）》2021年第2期。

② 孙雷主编：《上海农村集体经济组织产权制度改革实践与思考》，上海财经大学出版社2016年版，第49页。

织，对入股的资金分配的股份；有的股份经济合作社实行股份固化到户，同时，为满足新增成员的公平分配要求，允许新增成员出资购买相应的股份，参与集体收益分配。（6）社会股，有的股份经济合作社为吸引社会资本，设置社会股，由集体经济组织以外的人员出资取得社会股，参与集体收益分配，但不享有选举权、被选举权和表决权。有些股份经济合作社实行股权固化，经过农村集体经济组织现有成员与已经农转非村民的博弈，设置社会股配置给已经农转非的村民，股东只享有分红权，没有其他权利。① 有些股份经济合作社允许外部人员出资取得资金股，但不单独设置社会股。

集体经济组织具体设置哪些成员股，由集体经济组织根据具体情况决定。一般来说，至少应当设置基本股（人口股）和农龄股（贡献股）。因此，不同集体经济组织可能设置不同类型的成员股，根据情况分配给不同的成员；同一集体经济组织内的不同成员可能分配不同数额的股份。

股份经济合作社的股份一般量化到人、落实到户，由集体经济组织按照每户内各成员应当分配的股份总和，核发股权证书，作为成员和农户享有集体收益分配权的凭证。股权证书以户为单位，一户一证。有的股份经济合作社以成员个人为单位核发股权证书，一人一证。

农村集体经济组织采取股份经济合作社形式的，成员成为股份经济合作社股东，股份经济合作社一般成立股东（代表）大会、理事会、监事会等组织机构。

（二）股份经济合作社的股权管理

首先，分别实行动态管理或者静态管理。农村集体经济组织采取股份经济合作社形式的，对量化的股份，有些实行动态管理，有些实行静态管理。实行动态管理，就是每年或者定期根据集体经济组织成员变化情况，按照每个农户内成员的增减等，对股份数量进行适当调整，以保证新增成员能够及时获得股份，分享集体收益。实行静态管理，就是量化到人、固

---

① 柏兰芝：《集体的重构：珠江三角洲地区农村产权制度的演变——以"外嫁女"争议为例》，载《开放时代》2016 年第 3 期。

化到户后，在一定期限内原则上实行生不增、死不减，农户的股份数量保持不变，农户新增人员不再分配股份，通过分享农户的股份获取集体收益分配。

比较而言，实行动态管理能够较好地维护集体经济组织新增成员的权益，更好地体现公平性，但是涉及的股份分配、调整、登记等具体工作比较繁杂，股份管理要求较高。实行静态管理比较简便，容易操作，能够较好地落实起点公平，实现集体产权归属清楚、权能完整的目标，股份在一定期限内保持稳定，避免调整引起的纠纷，节约管理成本，有利于积极探索流转的条件和方式，更好地盘活壮大集体经营性资产①，但是，不利于维护集体经济组织新增成员的权益，而且，时间越久，积累的矛盾越多，越影响农村集体经济组织内部和谐。事实上，20 世纪 90 年代广东南海有些农村集体经济组织率先实行土地股份制改革，试行股份合作制，其中有的村实行股权固化，经过近 20 年的发展变化，实行股权固化的 4 个村最终通过集体投票决定，固化的股权全部松动。包括 1995 年率先实行股权固化、生不增死不减的里水镇草场村，到 2005 年经过绝大多数村民同意，改为生增死减。其中的一个主要理由是，如果不变，就是"活着的人给死人打工"。② 随着时间推移，农村集体经济组织成员发生的变化越来越多，新老成员之间的利益矛盾越来越大，股权长期固化即使不考虑是否违背集体产权制度的基本原则问题，现实中也难以长期维护下去。实践也表明，有的地方 2002 年推出生不增、死不减的股权固化政策后，股权成为可以永久获取集体经营性财产收益的凭证，引发大量村民上访和诉讼；那些仍然有权对股权和收益分配进行调整的村社，多数仍可维持对集体事务的有效治理能力。③ 学者实地调研表明，有的地方实行静态管理模式，兼以利用继承权能实现户内股份过渡，但

---

① 陈晓枫、翁斯柳：《股权的设置与管理：农村集体经营性资产股份权能改革的关键》，载《经济研究参考》2018 年第 32 期。

② 张晓山等：《农村集体产权制度改革论纲》，中国社会科学出版社 2019 年版，第 28 页。

③ 段浩：《农村集体经营性资产股份合作法律制度构建研究》，法律出版社 2021 年版，第 165 页。

继承权能仍有限制，实施效果不尽如人意。①

其次，股份可以在集体经济组织内部流转。一般来说，量化给成员的股份可以依据章程的规定在本集体经济组织内部流转，可以有偿转让、赠与本集体经济组织成员，但通常不能转让给本集体经济组织以外的人，防止外部人控制。即对股份的自由转让存在或多或少的限制，这种限制在一定程度上抑制农村社区成员的分化，为农民提供相对稳定的收入及就业渠道。②

再次，股份可以依法继承。继承人不限于本集体经济组织成员，但不同继承人继承的权利有所区别：继承人是本集体经济组织成员，可以继承股份的各项权利；继承人不是本集体经济组织成员，只能享有股份的占有、收益、有偿退出等权利，不能享有选举权、被选举权和表决权。股东死亡后无继承人的，其股份收归集体所有。

最后，股份可以退出。符合以下三个条件之一的，股份一般可以退出：一是有其他稳定的收入来源，可以满足自身生活需要，并且能够履行赡养父母、抚养子女的义务；二是已办理养老保险或者预留相应养老保险金能够养老；三是有固定住所且长期不在集体经济组织居住，或者户口已迁出集体经济组织。

退出的具体方式主要有三种。一是在集体经济组织内部转让，符合条件的股东可以自主将其名下全部或部分股份有偿转让给本集体经济组织其他成员。二是赠与，股东可将其名下全部或部分股份赠与本集体经济组织其他成员或者集体经济组织。③ 三是集体经济组织赎回，股东可将其名下全部或部分股份交回集体经济组织，集体经济组织按照当期股份价值进行回购，回购的股份归集体所有。

---

① 黄智杰等：《论农村集体资产股权的法律属性与功能设计》，载《农业农村法治研究论丛》2020年卷，法律出版社2022年版，第144页。

② 周晓东：《农村集体经济组织形式研究》，知识产权出版社2011年版，第85页。

③ 为防止内部人控制，一般对成员受让、受赠股份施加一定的限制，例如，成员受让、受赠股份后，成员本身及其所在农户的股份总数不得超过集体经济组织股份总数的一定比例，例如3%或者5%。

股份的退出本质上是在集体经济组织内部转让或者由集体经济组织有偿收回成员参与集体收益分配的股份权利。① 成员退出股份的，有可能同时退出在集体经济组织的其他权利，从而退出集体经济组织。

（三）股份经济合作社的立法考虑

一些集体经济组织在集体产权制度改革过程中采取股份经济合作社的形式，经过探索发展，积累了一定的实践经验。对于股份经济合作社，农村集体经济组织法是否以及如何作出规定，还面临需要深入研究和深化实践探索的理论和现实问题。

理论上说，随着中国特色社会主义市场经济体制不断健全，相关法律制度不断完善，股东、股份在现行相关法律中都有明确含义。一般来说，股东是指股份制公司的出资人或投资人，股东是公司的所有者；股份是股东享有公司财产份额的凭证，是享有公司所有权的证明。股东、股份的法律意义及其背后的制度价值都是明确的，相应的法律制度已经确立。但是，农村股份经济合作社量化给成员的股份，只是成员参与集体收益分配的基本依据，并非成员享有集体财产份额的体现或者凭证，因为集体财产属于成员集体这个整体所有，并非属于成员个人所有，而且，集体财产不可分割。立法必须坚守集体所有制的底线。

对此，原中央农办主任陈锡文指出，由于集体产权制度改革中提倡实行"股份合作制"，就频频使用"股份"这个概念，但党和国家从来没有讲过要把农村集体经济组织改制为股份制经济组织。因此，关于"股"的概念就要讨论清楚。一般意义上的"股"，代表的是资产，持有者有权依法处置自己持有的"股"，但集体产权制度改革中出现的所谓"股"，其实只是指每个成员在集体资产收益中的具体分配份额，因为集体的资产是不可分割给个人的。对于"股"，农村基层作为约定俗成的口头表达，问题不大，但在制定政策和法律时应当对此有清晰、规范的表述，否则容易混淆农村集体经

① 韩松、段程旭：《农民集体成员持有的集体经营性资产收益分配股份的自愿有偿退出》，载《河北法学》2024 年第 2 期。

济组织的性质。①

显然，股份经济合作社的股份与现行公司法等法律规定的股份，并不是一回事，两者存在本质区别，一个是财产所有权凭证，代表公司财产份额；另一个是集体收益分配的基本依据，与集体财产没有直接联系。农村集体经济组织法如果对股份经济合作社作出规定，就需要专门对股份经济合作社的"股份"作出特别定义，以免法律上产生混淆。但这样规定又会带来同一法律概念具有不同含义的问题，有悖于法律统一。

有些地方政府的文件已经将股份经济合作社的股权看作农村集体经济组织成员在资产折股量化中对集体资产所占的份额。而且，普遍使用"股份"一词，长年累月之后，有些农民可能误认为自己依据股份享有集体财产的相应份额，甚至要求按照股份分割集体财产。农村集体土地承包到户后，经过几十年长期稳定不变，有些农户就误认为承包地属于自己所有。

实践来看，股份经济合作社的相关制度规范还需要继续探索，总结实践经验并不断完善。例如，股份经济合作社量化到人、固化到户的股份，应当实行动态管理还是静态管理？实行静态管理的，如何保障集体经济组织新增成员的收益权，如何体现农村集体经济组织成员的平等，如何调和与农民长期形成的公平观念的矛盾？从长期来看，如何在成员不断变化的情况下维护成员之间的利益平衡和集体经济组织内部和谐？

而且，有些股份经济合作社在运行过程中出现了一些需要重视并研究解决的新问题。例如，农村集体经济组织成员与股东之间关系问题。有些农村集体经济组织设置社会股或者资金股，允许集体经济组织以外的人员取得股份，形成非集体经济组织成员的股东；同时对股份实行固化管理，集体经济组织新增成员不能分配股份，形成非股东的集体经济组织成员，从而使集体经济组织成员与股份经济合作社股东的关系变得十分复杂，集体经济组织成员分为股东成员与非股东成员，还有已经离开集体经济组织的前成员股东，

---

① 陈锡文：《从农村改革四十年看乡村振兴战略的提出》，载《行政管理改革》2018年第4期。

以及出资购买股份的外部股东。而且，随着时间推移会越来越复杂，相应的利益关系就很难处理，不仅集体经济组织成员之间的公平和利益平衡难以维护，而且很难避免外部资本对集体经济组织的影响甚至控制，搞不好就会影响集体经济组织内部和谐稳定。再如，股份经济合作社的分红压力问题。股份经济合作社股东与合作社的利益联系更紧密，更加关注合作社经营管理情况，同时，股东的利益诉求也使股份经济合作社面临强大的分红压力，要求分红年年增加，实践中有的股份经济合作社不考虑集体经济的持续健康发展，直接把集体收益全部分配给股东，而不偿还集体债务；有的甚至贷款分红。这些都不利于集体经济持续健康发展，也不利于成员的长远利益。

总体来看，股份经济合作社的实践探索取得了一定经验，目前尚未形成可复制、可推广的成熟经验，有些地方的经验还需要时间检验，有些经验还有待总结和完善，可以在实践中继续探索并不断完善，立法还难以作出明确规定。因此，农村集体经济组织法没有规定股份经济合作社和股份。

## 第三节　集体财产收益分配

### 一、集体财产收益分配的原则

农村集体经济组织收益分配，是实现集体经济组织成员经济利益的重要途径。《农村集体经济组织财务制度》第26条规定，农村集体经济组织收益分配以效益为基础，民主决策、科学分配，保障成员合法权益。按照这一规定，结合一些农村集体经济组织开展收益分配的实践，农村集体经济组织收益分配应当坚持如下原则。

一是效益决定分配原则。也称量入为出原则，是指集体收益分配要建立在有集体收益且集体收益有剩余的基础之上。集体收益分配首先必须坚持效益原则，这既是维护农村集体所有制、促进农村集体经济稳定和可持续发展的需要，也是持续实现农村集体经济组织成员权益的需要。这一原则坚持以效益为基础，集体有一定收益才分配，没有收益或者收益不足不分配，做到量力而行，不得举债进行收益分配；同时要考虑不同年份集体收益的不同情况，在集体收益较多的年份应适当控制收益分配的比例，防止过度分配，留下适当收益弥补收益较少年份的收益。

二是分配与积累并重原则。兼顾集体经济长远发展与成员现实利益，既要注意满足集体经济发展需要，增强集体经济发展动力，维护集体经济组织及成员的长远利益，又要让成员获得现实的利益，共享集体经济发展成果。集体收益优先用于集体公益事业和集体福利，发展集体经济，可分配收益再分配给成员。而且，可分配收益较少或者户均分配收益数额较小的，经成员大会或者成员代表大会讨论决定，可不向成员分配，全部转为公积公益金。

三是民主原则。收益分配直接关系成员切身利益，成员普遍关注，必须充分发扬民主，广泛听取并尊重成员意见。严格按照法律法规和集体经济组织章程规定的原则和程序，制订收益分配方案，收益分配方案必须经集体经济组织成员大会表决通过，并按照章程规定的步骤有序实施，确保集体收益分配真正体现集体经济组织成员的意志。

四是公开原则。集体收益分配必须坚持公开透明、公平公正。《农村集体经济组织财务制度》第 27 条规定，农村集体经济组织应当按照有关法律、法规、政策规定及组织章程约定的分配原则，按程序确定收益分配方案，明确分配范围、分配比例等重点事项，向全体成员公示。因此，拟订的收益分配方案在表决前，应当主动向集体经济组织全体成员公示、公开，真正实现收益分配的信息披露真实、完整、及时，以充分保障成员的知情权、监督权，切实维护成员权益。

## 二、集体财产收益分配的顺序

按照上述原则，参照《农村集体经济组织财务制度》第 28 条，农村集体经济组织法第 42 条规定了集体经济组织收益分配的顺序，即农村集体经济组织当年收益应当按照章程规定提取公积公益金，用于弥补亏损、扩大生产经营、为成员提供服务和福利等，剩余的可分配收益按照量化给本集体经济组织成员的集体经营性财产收益权份额进行分配。

应当按照集体经济组织章程的规定提取公积公益金。集体经济组织的公积公益金是用于扩大再生产、承担经营风险和集体文化、福利、卫生等公益事业设施建设的专用基金。公积公益金的来源主要有二：一是按照集体经济组织章程规定从集体收益中提取一定比例；二是从其他来源取得，包括集体经济组织获得的征地补偿费中留归集体的部分，以及拍卖荒山、荒坡、荒滩、荒地等土地使用权得到的款项，村集体经济组织接受捐赠的财产，有关部门无偿拨付的专项款项，集体经济组织使用"一事一议资金"进行公益事业项目建设结转的资金等。法律对提取公积公益金的比例没有明确规定，有些地方性法规作了规定。

公积公益金主要用于弥补集体经济组织的亏损，扩大生产经营，以及集体经济组织的公共事务和公益事业。集体经济组织依法从事民事活动，包括参与经营活动，既要面临自然风险，也要面对市场风险，一旦出现亏损，就可能影响集体经济组织正常运转和集体经济持续健康发展。因此，提取公积公益金，预备用于弥补集体经济组织可能出现的亏损，对于维护集体经济组织健康稳定运行具有重要意义。集体经济组织没有亏损的，公积公益金应当首先用于扩大生产经营，发展壮大集体经济，以及集体经济组织的公共事务和公益事业，增进全体成员的福利。

按照财政部 2004 年印发的《农村集体经济组织会计制度》的相关规定，农村集体经济组织进行收益分配时，还应当根据集体经济组织管理需要及财务状况，从集体收益中提取应付福利费，用于集体福利、文教、卫生等方面的福利费，包括照顾烈军属、五保户、困难户的支出，计划生育支出，农民因公伤亡的医药费、生活补助及抚恤金等。2021 年财政部、农业农村部制定的《农村集体经济组织财务制度》，结合基层实际，将村级组织运转、村内公益事业发展等支出作为当期费用，用于集体福利设施的资金记入公积公益金科目。因此，在可分配收益顺序分配中不再提取应付福利费。

依照农村集体经济组织章程提取公积公益金后，剩余的可分配收益，应当按照量化给集体经济组织成员的集体经营性财产收益权份额进行分配，通常是按人计算，分配到户。

# 第六章　扶持政策

国家采取财政、税收、金融等扶持措施，促进农村集体经济组织和新型农村集体经济发展是十分必要的，也是顺理成章的。

其一，对农业和农民给予支持是各国的普遍做法。农村集体经济组织主要从事农业生产经营活动，担负着确保国家粮食安全和重要农产品供给的责任，粮食作为特殊产品，是人类最基本的生活必需品，也是每个人都必不可缺的，具有特殊重要性。而且，粮价是百价之基，处于牵一发而动全身的基础地位。各国的经验教训表明，粮食价格上涨不仅是通货膨胀的重要原因，而且会严重影响低收入民众的基本生活。因此，世界各国都采取相应措施对农业予以支持，特别是控制粮食价格的上涨，保障粮食供应和农民收入。中国人多地少的基本国情，决定了农业平均劳动生产率偏低，农业产业无法获得社会平均利润率，需要国家的支持保护才能持续进步与发展。[1] 对于中国这样一个拥有 14 亿人口的发展中大国来说，粮食更具有极端重要性。粮食安全不仅影响农村稳定和经济发展，而且是国家安全的重要基石。俗话说，手中有粮，心中不慌。习近平总书记反复强调，解决好十几亿人口的吃饭问题，始终是我们党治国理政的头等大事。因此，为确保国家粮食安全，新中国成立以来，国家就控制粮食价格，防止粮食价格过高影响人民生活，同时采取财政补贴等措施支持农业生产，防止谷贱伤农。乡村具有保障农产品供给和粮食安全、保护生态环境、传承发展中华民族优秀传统文化等特有功能，农村集体经济组织和农民从事农业生产特别是粮食生产，为保障国家粮

---

[1]　陈锡文等：《中国农村改革 40 年》，人民出版社 2018 年版，第 192 页。

食安全作出了不可替代的贡献，国家应当对农村集体经济组织发展采取相应的扶持措施。

其二，农村集体经济组织承担农村公共服务和公益事业支出。农村改革以来，党中央高度重视农业农村发展，中央和地方财政持续加大"三农"投入力度，向农业农村倾斜，但总体来看，目前公共财政还难以全面覆盖农村，农村的公共服务和公益事业，还不能完全依靠国家财政，农村集体经济的收入还是支持农村公共服务和公益事业发展、保障村级组织运转经费的有益补充。农村集体经济组织发展集体经济，有利于发展农村公益事业，增加农村公共服务供给，增强村级组织自我保障能力，减轻国家财政负担。在有些集体经济比较发达的地方，农村集体经济收入已经成为村级组织运转经费和提供村内公共服务、建设村内公益事业的重要资金来源，对于提高农村公共事业发展水平、促进农民农村共同富裕，密切农村干群关系、巩固党在农村的执政根基，都发挥了重要作用。特别是有些外来人口较多的村庄，农村集体经济组织支持的公共服务和公益事业覆盖全村，服务对象不限于农村集体经济组织成员，而是全体村民，农村集体经济组织实际上为国家财政承担了部分公共服务支出。因此，国家对农村集体经济组织给予财政、税收、金融等方面的支持，是顺理成章的。

其三，建设社会主义现代化强国的重要着力点在农业农村。全面建成社会主义现代化强国、实现第二个百年奋斗目标，以中国式现代化全面推进中华民族伟大复兴，是党的二十大确定的我们党的中心任务。当前，我们全面建设社会主义现代化强国，实现中华民族伟大复兴，最艰巨最繁重的任务依然在农村，最广泛最深厚的基础依然在农村。习近平总书记在 2022 年中央农村工作会议上强调，强国必先强农，农强方能国强。没有农业强国就没有整个现代化强国；没有农业农村现代化，社会主义现代化就是不全面的。建设社会主义现代化国家，农业不仅是基础、是支撑，更体现强国建设的速度、质量和成色。没有农业农村的现代化，就没有国家的现代化。只有建设农业强国，才能全面建成社会主义现代化强国。受城乡二元体制的影响，农业还是弱质产业，农村发展远远落后于城市，特别是农村的教育、文化、医疗卫生事业发展不充分，以及交通、网络、人居环境等基础设施建设不平衡，是制约农业农村现代化乃至全面建设社会主义现代化强国的重要障碍因素。特别是，有些农村集体经济组织受地理位置、自然条件、资源禀赋等客观条件制约，集体经济实力差，自身发展能力弱，迫切需要国家给予扶持，才能在农业农村现代化建设进程中不掉队，不拖后腿。国家采取各种扶持措施，支持农村集体经济组织坚持家庭承包基础地位，发展壮大集体经济，是促进农业农村现代化、建设农业强国的客观需要，也是实现共同富裕、全面建设社会主义现代化强国的迫切要求。

党的十八大以来，党中央坚持把解决好"三农"问题作为全党工作的重中之重，制定实施了一系列惠农、强农、富农政策措施，需要将实践证明行之有效的政策措施转化为法律规范，确立支持"三农"的长效机制。乡村振兴促进法第46条规定，各级人民政府应当引导和支持农村集体经济组织发挥依法管理集体资产、合理开发集体资源、服务集体成员等方面的作用。对此，农村集体经济组织法第9条第1款要求，国家通过财政、税收、金融、土地、人才以及产业政策等扶持措施，促进农村集体经济组织发展、壮大新型农村集体经济。该法第六章具体规定了相关的扶持措施。

# 第一节　财政税收扶持政策

财政税收扶持措施是支持农村集体经济组织发展集体经济的首要措施，因为财政税收政策是国家实行宏观经济调控、实现宏观经济目标的重要手段，是各级政府依法实施的最直接、最有效的措施。而且，农村集体经济组织发展壮大集体经济，实现农村农民共同富裕是国家的重要目标任务。集体经济发展了，将集体收益用于支持农村公共服务和公益事业发展、保障村级组织运转经费，也减轻了财政对农村公共服务和公益事业的相应支出责任。

### 一、财政扶持措施

财政投入和支持，是发展壮大集体经济和农业农村建设的重要资金来源。农业法第 38 条明确规定，国家逐步提高农业投入的总体水平。中央和县级以上地方财政每年对农业总投入的增长幅度应当高于其财政经常性收入的增长幅度。党的十九大提出实施乡村振兴战略，国家制订的《国家乡村振兴战略规划（2018—2022 年）》提出，继续坚持财政优先保障，建立健全实施乡村振兴战略财政投入保障制度，明确和强化各级政府"三农"投入责任，公共财政更大力度向"三农"倾斜，确保财政投入与乡村振兴目标任务相适应。2020 年中央一号文件要求，加大中央和地方财政"三农"投入力度，中央预算内投资继续向农业农村倾斜，确保财政投入与补上全面小康"三农"领域突出短板相适应。乡村振兴促进法第 58 条规定，国家建立健全农业支持保护体系和实施乡村振兴战略财政投入保障制度。县级以上人民政府应当优先保障用于乡村振兴的财政投入，确保投入力度不断增强、总量持续增加、与乡村振兴目标任务相适应。

根据农村集体经济组织法第 49 条的规定，县级以上人民政府应当合理安排资金，支持农村集体经济组织发展新型农村集体经济、服务集体成员。各级财政支持的农业发展和农村建设项目，依法将适宜的项目优先交由符合条件的农村集体经济组织承担。

从一些地方的实际情况看，当前农村集体经济组织发展壮大集体经济面临的主要困难是缺乏资金。特别是经济欠发达地区的农村集体经济组织，农民集体所有的财产主要是土地等资源性财产，这些集体财产已经依法实行承包经营，由本集体经济组织农户承包经营，集体没有多少经营性财产，农村集体经济组织没有资金开展经营活动。近年来，为了推动农村集体经济组织发展，国家持续加大对农村集体经济组织的政策支持和资金扶持力度。2018—2022 年，针对各地村级集体经济发展不平衡，尤其是一些贫困地区村级集体经济薄弱、空壳问题，总结扶持集体经济发展试点经验，国家财政扶持9.5 万个村集体经济组织发展壮大集体经济，每村补助 50 万元，重点推动乡村产业发展。2023 年中央组织部、财政部、农业农村部联合印发文件，明确提出，从 2023 年到 2027 年，通过中央财政衔接推进乡村振兴补助资金，继续支持发展新型农村集体经济。各地的地方财政也对农村集体经济组织发展乡村产业和集体经济给予支持。农村集体经济组织法将这些行之有效的政策转化为法律规范，要求县级以上人民政府合理安排资金，支持农村集体经济组织发展集体经济、服务集体成员。

各级财政支持的农业发展和农村建设项目，主要是农业生产生活（包括人居环境整治）、农村交通、农田水利、文化旅游等基础设施建设项目，这些项目与农村集体经济组织成员关系密切、利益攸关，他们是主要受益者，也最关心项目进展和建设质量，将其中适宜的建设项目优先交由农村集体经济组织承担，让农民自己建自己用，既有利于确保项目建设的进度和工程质量，还可以让农村集体经济组织成员参与项目建设，获得劳动报酬，增加农民收入。2022 年农业农村部、中央组织部、财政部、国家乡村振兴局《关于做好农村集体产权制度改革成果巩固提升工作的通知》提出，加快完善扶持农村集体经济发展的政策措施，鼓励从事农业生产及相关产业融合项目的农村集体经济组织申请农业经营主体信贷直通车服务；鼓励有条件的农村集体经济组织申报产地仓储保鲜设施等项目；鼓励有条件的农村集体经济组织参与农村各类中小型项目建设。为支持农村集体经济组织发展新型农村集体经济，各级财政支持的农业发展和农村建设项目，应当按照农村集体经济组织法第 49 条的规定，将适宜的项目优先交由符合条件的农村集体经济组织承担。

同时，对欠发达地区和革命老区、民族地区、边疆地区的农村集体经济组织，国家应当给予优先扶助，因为这些地区受自然条件和环境的制约，农业生产发展较慢，基础设施建设薄弱，经济发展水平相对落后，经过脱贫攻坚摆脱了贫困，是实现巩固脱贫攻坚成果同乡村振兴有效衔接的重点地区，农村集体经济组织在脱贫攻坚中发挥了重要作用，实现乡村全面振兴同样需要农村集体经济组织积极发挥作用，实现共同富裕目标。因此，农村集体经济组织法第 49 条第 2 款要求，国家对欠发达地区和革命老区、民族地区、边疆地区的农村集体经济组织给予优先扶助。

**二、税收支持政策**

农村集体经济组织作为特别法人，既具有营利性，又具有公益性；既是经济组织，又为成员提供公共服务，显然不同于一般营利企业法人。农村集体经济组织不仅承担着保障国家粮食安全的重大政治责任，而且不少农村集体经济组织的集体收入用于村级组织运转、村公共事务和村公益事业发展，应当享受税收优惠，包括国家支持保护农业的优惠政策，也包括专门适用于农村集体经济组织的优惠政策。

一些地方在开展农村集体产权制度改革试点过程中反映出新型农村集体经济组织面临的税收问题。2016 年中共中央、国务院《关于稳步推进农村集体产权制度改革的意见》提出，农村集体经济组织承担大量农村社会公共服务支出，不同于一般经济组织，其成员按资产量化份额从集体获得的收益，也不同于一般投资所得，要研究制定支持农村集体产权制度改革的税收政策。2017 年中央一号文件再次提出，研究制定支持农村集体产权制度改革的税收政策。2019 年中央一号文件指出，深入推进农村集体产权制度改革，研究完善适合农村集体经济组织特点的税收优惠政策。

根据试点地区的实践，各地反映比较集中的税收问题主要有三个，有关部门按照上述中央文件要求逐步予以解决。

（一）集体财产归位的纳税问题

农村集体经济组织按照国家有关规定完成农村集体产权制度改革，经县级人民政府农业农村主管部门登记赋码后，应当及时将原来列在村民委员会名下的农村集体经济组织农民集体所有的财产，归位列到农村集体经济组织名下。这只是农村集体经济组织法人依法登记后，成员集体财产回归本位，并非集体财产的实质性转移，显然不应当按照实质性财产转移缴纳相应的税收。

对此，2017 年 6 月财政部、国家税务总局联合发布《关于支持农村集体产权制度改革有关税收政策的通知》，明确了落实上述文件要求、支持农村集体产权制度改革的税收政策：（1）对进行股份合作制改革后的农村集体经济组织承受原集体经济组织的土地、房屋权属，以及农村集体经济组织进行清产核资收回集体资产而承受土地、房屋权属，免征契税（契税是以所有权发生转移变动的不动产为征税对象，向产权承受人征收的一种财产税）。（2）对农村集体经济组织以及代行集体经济组织职能的村民委员会、村民小组进行清产核资收回集体资产而签订的产权转移书据，免征印花税（印花税是对经济活动和经济交往中设立、领受具有法律效力的凭证的行为征收的一种税，因采用在应税凭证上粘贴印花税票作为完税标志而得名）。（3）对农村集体土地所有权、宅基地和集体建设用地使用权及地上房屋确权登记，不征收契税。此外，农村集体产权制度改革导致土地、房屋等确权变更而申请变更登记的，免收不动产登记费。

2024年中央一号文件提出，对集体资产由村民委员会、村民小组登记到农村集体经济组织名下实行税收减免。同年4月，财政部、国家税务总局关于农村集体产权制度改革土地增值税政策的公告明确，自2024年1月1日起，村民委员会、村民小组按照农村集体产权制度改革要求，将国有土地使用权、地上的建筑物及其附着物转移、变更到农村集体经济组织名下的，暂不征收土地增值税。本公告所称的农村集体经济组织，应按规定在农业农村部门办理注册登记，被赋予以字母"N"开头的统一社会信用代码，并取得《农村集体经济组织登记证》。

为使相关税收优惠政策法治化，农村集体经济组织法第50条第2款规定，农村集体经济组织开展生产经营管理活动或者因开展农村集体产权制度改革办理土地、房屋权属变更，按照国家规定享受税收优惠。

（二）公共服务和公益支出计入成本问题

如前所述，农村集体经济组织兼具营利性和公益性，一方面，应当充分发挥其在管理集体财产、开发集体资源、发展集体经济、服务集体成员等方面的作用，增强集体经济实力，实现成员利益，增加成员福利；另一方面，农村集体经济组织实际上还承担着为农村公益事业和公共服务提供经济支持的责任，因为长期以来，国家实行城乡二元经济结构，由于国家财力不足以完全承担农村基层管理、发展农村公益事业和农村基础设施建设的费用支出，一直由农村集体经济组织向农民收取提留统筹款，用于村级组织管理支出、兴办农村公益事业以及乡村办学、计划生育、优抚、民兵训练、修建乡村道路等民办公助事业。这些提留统筹款，对于保障农村基层组织正常运转、发展农村公益事业，加强农村基础设施建设等，发挥了不可替代的重要作用。2021年修改的《农村集体经济组织财务制度》第4条第4项明确规定，农村集体经济组织财务活动应当遵循支持公益的原则，农村集体经济发展成果应当用于村级组织运转保障、农村公益事业。

农村改革以来，一些经济发达地区的农村集体经济组织的经济实力明显增强，用于农村基层组织运转、发展农村公益事业、增加成员福利的支出不断增多。据农业农村部统计，2019年全国农村集体收益用于公益性基础设施建设的投入为1424.4亿元，村组织支付的公共服务费用216.8亿元，福利费119.7亿元。2020年，农村集体经济组织的经营性收入，用于村、组公益设施建设和公共服务的费用约1200亿元。农村集体经济组织在为成员提供公共基础设施、公共服务和扶贫济困方面的作用越来越重要。农村集体经济组织用于农村基层组织运转、农村公益事业和农村基础设施建设的支出，客观上减轻了国家财政的公共支出负担，应当给予优待处理。对此，《农村集体经济组织财务制度》第25条规定，农村集体经济组织用于经营活动、日常管理、村内公益和综合服务、保障村级组织和村务运转等各种支出，应当计入相应的成本费用。

农村集体经济组织法对此予以确认。该法第51条规定，农村集体经济组织用于集体公益和综合服务、保障村级组织和村务运转等支出，按照国家规定计入相应成本。根据《农村集体经济组织会计制度》第59条的规定，公益支出，是指农村集体经济组织发生的用于本集体经济组织内部公益事业、集体福利或成员福利的各项支出。实践中，农村集体经济组织的生产经营费用、经营管理过程中的各项支出，以及用于村级组织运转的支出（包括人员费用和公用经费）、发展公益事业和建设农业基础设施的支出，提供基本公共服务和社会管理的支出，用于集体福利和成员福利的各项支出，以及公益性固定资产折旧费修理费等，可以按照国家相关规定计入相应的成本。

（三）农村集体经济组织向其成员分红的纳税问题

农村集体经济组织完成集体产权制度改革后，部分农村集体经济组织成立股份经济合作社，将集体经营性财产的收益权份额量化到集体经济组织成员，作为成员参与集体收益分配的基本依据。其中，有些股份经济合作社的集体收益不多，未向成员分红；有些农村集体经济组织的集体经济实力较强，经营收益较多，依照章程规定，按照量化到成员的集体经营性财产收益权份额或者股份向成员分红，成员取得分红款是否应当纳税、如何纳税，法律尚无明确规定。理论上也需要研究，是按照农民收入减免征税？或者按照股息、红利缴税？股息、红利是个人拥有股权而获得的，但是量化给农村集体经济组织成员的份额或者股份只是作为收益分配的基本依据，不同于公司股份，其分红也不同于公司股东的股息、红利。2016 年中共中央、国务院《关于稳步推进农村集体产权制度改革的意见》明确指出，集体经济组织成员按照资产量化份额从集体获得的收益不同于一般投资所得。实践中，对农村集体经济组织成员获得的分红，有些地方在扣减一定数额后，按照 20% 的比例征收个人所得税。因此，农村集体经济组织成员分红所得的纳税政策，还需要进一步明确。

另外，农村集体经济组织是特别法人，应当像其他法人一样依法履行纳税义务。实践中，有些村庄由于历史原因，农村集体经济组织与村委会实行"两块牌子一班人马"，加之多年来农村集体经济组织的法人地位不够明确，实际上由村委会代行农村集体经济组织的职能，而且主要从事农业生产经营活动，很少从事工商业经营活动，村委会通常不需要纳税或者只缴纳少量税收，有些地方就逐渐形成农村集体经济组织不需要纳税或者只是象征性缴纳少量税收的观念。对于没有集体经营性财产、不从事工商业经营活动的农村集体经济组织来说，可能符合实际情况。但是，对于集体经营性财产比较丰富、从事工商业经营活动较多的农村集体经济组织，就不完全合理。民法典已经赋予农村集体经济组织特别法人地位，明确农村集体经济组织可以依法从事与其履行职能相适应的民事活动，包括依法开展经营活动，包括工商业经营活动。而且，按照国家规定完成农村集体产权制度改革的农村集体经济组织，已经由县级人民政府农业农村主管部门登记、赋予统一的社会信用代码，并办理税务登记，其从事农业生产经营活动应当按照国家有关规定给予税收优惠，但是从事工商业经营活动，应当与其他法人一样负有依法纳税的义务。因此，农村集体经济组织法第 50 条第 1 款规定，农村集体经济组织依法履行纳税义务，依法享受税收优惠。

## 第二节　金融扶持政策

金融是国民经济的血脉。金融调控是国家对经济实施宏观调控的基本手段，是现代市场经济条件下金融的基本职能之一。农村金融是我国金融体系的重要组成部分，是农业和农村经济的血脉，也是保障农产品供给、增加农民收入的重要支撑性要素。农业生产受自然因素影响较大，生产环境和生产成果都具有不确定性，农业生产经营既面临市场风险，也面临自然风险；农村集体经济组织农民集体所有的土地不能像普通财产那样进行交易、处置，农村集体经济组织和农民普遍缺乏有效的担保物；加上农民和农村的征信体系建设存在现实困难，因此，农村金融作为金融体系的重要组成部分，必须符合现代金融体系建设的基本规律，适用现代金融制度的基本规则，同时要适应我国农业农村发展的现实情况，满足农村集体经济组织和广大农民的金融需求。

农村改革以来，伴随国家金融制度的发展，国家不断健全农村金融体系，完善农村金融制度，以适应农业农村发展的现实需要。金融作为现代经济的核心，国家的金融政策、金融监管必须集中统一，确保国家金融安全。国家先后制定中国人民银行法、商业银行法等一系列法律法规，健全金融法律制度体系。另外，随着我国社会的主要矛盾已经从"人民日益增长的物质文化需要同落后的社会生产之间的矛盾"转化为"人民日益增长的美好生活需要和不平衡不充分的发展之间的矛盾"，国家必须建设普惠金融体系，让发展成果更多更公平惠及全体人民，这就要求金融体系更多强调为低收入群体、为农业农村、为小微企业等提供公平的金融服务，更好地推动经济发展和民生改善。

农村改革以来，特别是党的十八大以来，国家不断深化农村金融改革，完善农村金融体系，制定一系列支持和优惠政策，促进农村金融发展，为农业和农村经济社会发展提供金融支持。《国家乡村振兴战略规划（2018—2022年)》提出，继续通过奖励、补贴、税收优惠等政策工具支持"三农"金融服务。充分发挥好国家融资担保基金的作用，强化担保融资增信功能，引导更多金融资源支持乡村振兴。

国家有关法律对于金融机构的设置、功能定位、经营原则和运行规则等作了规定，金融机构应当按照相关法律规定从事相关金融业务。立法对金融支持农业农村、促进乡村全面振兴作出规定，既要努力满足农民的现实需要，也必须符合法律法规对金融机构的经营活动和金融监管的相关规定和要求，鼓励金融机构在依法合规的情况下支持农村集体经济组织、新型农业经营主体和农民发展农村经济，促进乡村振兴。对此，乡村振兴促进法第63条规定，国家综合运用财政、金融等政策措施，完善政府性融资担保机制，依法完善乡村资产抵押担保权能，改进、加强乡村振兴的金融支持和服务。财政出资设立的农业信贷担保机构应当主要为从事农业生产和与农业生产直接相关的经营主体服务。第65条规定，国家建立健全多层次、广覆盖、可持续的农村金融服务体系，完善金融支持乡村振兴考核评估机制，促进农村普惠金融发展，鼓励金融机构依法将更多资源配置到乡村发展的重点领域和薄弱环节。政策性金融机构应当在业务范围内为乡村振兴提供信贷支持和其他金融服务，加大对乡村振兴的支持力度。商业银行应当结合自身职能定位和业务优势，创新金融产品和服务模式，扩大基础金融服务覆盖面，增加对农民和农业经营主体的信贷规模，为乡村振兴提供金融服务。农村商业银行、农村合作银行、农村信用社等农村中小金融机构应当主要为本地农业农村农民服务，当年新增可贷资金主要用于当地农业农村发展。农村集体经济组织法第52条进一步对国家鼓励政策性金融机构、商业性金融机构为农村集体经济组织及其成员提供金融服务作出规定。

## 一、鼓励政策性金融机构提供多渠道资金支持

政策性金融机构是指政府出资或以政府资本为主设立、履行政府赋予的特殊职能、不以营利为目的的金融机构。我国的涉农政策性金融机构主要有国家开发银行、中国农业发展银行和中国进出口银行。其中，国家开发银行主要通过开展中长期信贷与投资等金融业务，为国民经济重大中长期发展战略服务。中国农业发展银行是农业政策性银行，主要职责是以国家信用为基础，以市场为依托，筹集支农资金，支持"三农"事业发展，发挥国家战略支撑作用。中国进出口银行的主要职责是贯彻执行国家产业政策、对外经贸政策、金融政策和外交政策，为扩大出口，推动企业开展对外承包工程和境外投资，促进对外关系发展和国际经贸合作，提供政策性金融支持。

政策性金融机构就是为了推动实施国家政策和重大战略而设立的。实施乡村振兴战略，是党的十九大作出的重大决策部署。大力推动实施乡村振兴战略，促进乡村全面振兴，是政策性金融机构的职责所在。乡村振兴促进法第 65 条第 2 款规定，政策性金融机构应当在业务范围内为乡村振兴提供信贷支持和其他金融服务，加大对乡村振兴的支持力度。《国家乡村振兴战略规划（2018—2022 年)》提出，明确国家开发银行、中国农业发展银行在乡村振兴中的职责定位，加大对乡村振兴中长期信贷支持。2023 年中国人民银行等五部门联合发布的《关于金融支持全面推进乡村振兴加快建设农业强国的指导意见》明确提出，开发性政策性银行要立足职能定位，在业务范围内加大对粮食和重要农产品稳产保供、农业农村基础设施、农业科技创新等重点领域中长期信贷支持力度。

为助力推进乡村全面振兴，政策性金融机构设立"三农"金融事业部或者乡村振兴事业部，在各自业务范围内加大对粮食安全、农田建设、乡村建设等重点领域信贷投放，带动更多中长期、低成本资金流向农业农村。中国农业发展银行认真落实粮食收购政策性贷款业务，及时足额保障中央和地方粮食储备和宏观调控收储资金需要。国家开发银行设立农田建设专项贷款，按照市场化原则为农田建设领域提供长期稳定金融服务，期限可长达

30 年，规划到 2030 年支持保障农田建设超 4000 万亩，重点为高标准农田建设、耕地质量提升、耕地后备资源适度开发利用等领域提供中长期投融资保障。中国进出口银行聚焦农产品进出口、农业科技装备制造、农业基础设施建设等领域加大信贷投入，并根据各分行地区差异、资源禀赋、比较优势等，差异化分配任务指标，确保涉农信贷业务增规模、优结构。

按照中央文件有关要求，总结国家政策性银行支持乡村振兴的实践经验，农村集体经济组织法第 52 条第 1 款规定，国家鼓励政策性金融机构立足职能定位，在业务范围内采取多种形式对农村集体经济组织发展新型农村集体经济提供多渠道资金支持。考虑到各个政策性金融机构都有明确的职能和规定的业务范围，这里强调政策性金融机构立足各自的职能定位，在各自的业务范围内，采取多种形式，对农村集体经济组织发展集体经济提供多渠道资金支持。

### 二、鼓励商业性金融机构提供多样化金融服务

商业性金融机构是金融机构的主体，包括国有商业银行、股份制商业银行、城市商业银行、农村商业银行、农村合作银行、农村信用社、村镇银行，以及融资担保机构、保险机构等。国家法律法规对于商业性金融机构的经营活动有明确规范，各类商业性金融机构应当按照法律法规的规定开展经营活动，同时，应当依法对农业农村予以支持。乡村振兴促进法第 65 条对鼓励各类商业性金融机构为乡村振兴提供金融支持作了原则规定。农村集体经济组织法第 52 条第 2 款进一步从四个方面鼓励商业性金融机构为农村集体经济组织及其成员提供多样化金融服务。

一是国家鼓励商业性金融机构优先支持符合条件的农村集体经济发展项目。从实践看，在农村乡镇为农村集体经济组织及其成员提供金融服务的，主要是农村商业银行、农村合作银行、农村信用社等金融机构。对此，2019 年中央一号文件提出，打通金融服务"三农"各个环节，建立县域银行业金融机构服务"三农"的激励约束机制，实现普惠性涉农贷款增速总体高于各项贷款平均增速，推动农村商业银行、农村合作银行、农村信用社逐步

回归本源，为本地"三农"服务。按照这一要求及法律规定，商业性金融机构应当依法为农村集体经济组织提供多样化金融服务；特别是农村商业银行、农村合作银行、农村信用社等农村中小金融机构应当强化立足本地、支农支小定位，优化资金投向，将当年新增可贷资金用于当地农业农村发展。对于符合条件的农村集体经济发展项目，商业性金融机构应当优先给予信贷支持。

二是国家鼓励商业性金融机构支持农村集体经济组织开展集体经营性财产股权质押贷款，实现农村集体经营性财产股权的担保功能。有些农村集体经济组织开展集体产权制度改革，实行股份合作制，将集体经营性财产收益权以股份或者份额的形式量化到成员。不少地方将农村集体经济组织量化到成员的集体经营性财产收益权股份或者份额，称为集体经营性财产股权。为了拓宽农村集体财产股权融资渠道，加大金融对农业农村的支持，一些地方探索开展农村集体财产股权质押贷款试点，农村集体经济组织及其成员、农户以量化的集体经营性财产收益权股份作为担保物，向金融机构申请贷款，金融机构按照地方人民政府制定的农村集体财产股权质押贷款管理办法，开展农村集体财产股权质押贷款业务，以股权的收益权作为质押向农村集体经济组织及其成员、农户发放贷款。

在农村集体经济组织及其成员、农户缺乏有效担保物的情况下，将集体经营性财产收益权的股份或者份额作为担保物，用于质押贷款，有利于缓解农村集体经济组织及其成员的贷款难问题。因此，农村集体经济组织法第52条第2款规定，国家鼓励商业性金融机构支持农村集体经济组织开展集体经营性财产股权质押贷款。为了鼓励金融机构开展农村集体经营性财产股权质押贷款，地方财政普遍出资设立农村集体财产股权质押贷款风险补偿基金，金融机构发放农村集体经营性财产股权质押贷款万一出现不良质押贷款，由风险补偿基金按照一定比例（一般为20%）给予风险补偿。

三是鼓励融资担保机构为农村集体经济组织提供融资担保服务，解决农村集体经济组织因缺乏担保物而难以融资问题。为克服农村集体经济组织缺乏担保物的困难，鼓励金融机构给予农村集体经济组织信贷支持，2018年中央一号文件提出，加快设立国家融资担保基金，强化担保融资增信功能，引导更多金融资源支持乡村振兴。同年9月，国家担保基金正式运营，坚持政府性融资担保的准公共定位，按照"政策性导向、市场化运作、专业化管理"的运行模式，通过再担保分担风险、股权投资等方式，积极推进和支持政府性融资担保体系建设，充分发挥财政资金"四两拨千斤"的"放大器"作用，引导更多金融资源流向小微企业、"三农"、创业创新和战略性新兴产业等普惠领域。地方普遍成立农业信贷担保公司，加大对农业农村领域融资的增信支持。农村集体经济组织融资，可以获得融资担保机构的担保支持。国家鼓励融资担保机构为农村集体经济组织提供融资担保服务，发挥担保增信作用，使农村集体经济组织获得更多信贷资源发展集体经济。

四是鼓励保险机构为农村集体经济组织提供保险服务。农业保险是稳定农业生产、维护农民利益的重要手段和工具。农业生产同时面临市场风险和自然风险，农业保险成本高、风险大，必须与财政、信贷等政策措施有效结合，才能充分发挥保障农业生产者利益的作用。对此，乡村振兴促进法第66条第2款规定，县级以上人民政府应当采取保费补贴等措施，支持保险机构适当增加保险品种，扩大农业保险覆盖面，促进农业保险发展。《农业保险条例》第9条第1款和第3款规定，保险机构经营农业保险业务依法享受税收优惠。国家鼓励金融机构对投保农业保险的农民和农业生产经营组织加大信贷支持力度。多年来，国家财政每年安排保险保费补贴资金，支持保险机构开展农业保险业务，为农村集体经济组织和农民提供保险服务，推进政策性保险扩面、增品、提标，鼓励商业性保险公司开展农业保险业务，不断创新产品服务，降低农业生产经营风险。目前，农业保险品种已经涵盖种植、养殖、森林、渔业、设施农业等农业生产各领域，主要粮食作物以及糖料、油料、生猪等主要大宗农产品均已纳入保险范围，三大粮食作物（水稻、小麦、玉米）完全成本保险和种植收入保险的实施范围已经扩大到全国。

此外，2018年中央一号文件提出，深入推进农产品期货期权市场建设，稳步扩大"保险＋期货"试点，探索"订单农业＋保险＋期货（权）"试点。随后每年的中央一号文件都对开展、优化"保险＋期货"提出要求，2023年中央一号文件提出，发挥"保险＋期货"在服务乡村产业发展中的作用。实践中，大连商品交易所、郑州商品交易所、上海期货交易所等先后启动"保险＋期货"试点，试点数量已经超过300个，覆盖范围超过23个省（自治区、直辖市），涉及玉米、大豆、鸡蛋、豆粕、天然橡胶、红枣、白糖、苹果、棉花等多个期货品种，充分发挥保险的保障功能和期货的分散风险的优势，由此降低农业生产经营风险。

为鼓励金融机构支持农业农村发展，国家对金融机构支农惠农给予税收优待。对金融机构向农户发放小额贷款取得的利息收入免征增值税；对金融机构取得的农户小额贷款利息收入，在计算应纳税所得额时按90%计入收入总额；对金融企业提供涉农贷款按规定计提的贷款损失准备金，准予在计算应纳税所得额时扣除；对中国农业银行、中国邮政储蓄银行纳入"三农金融事业部"改革的各地支行提供的农户贷款、农村企业和农村各类组织贷款取得的利息收入，可以选择适用简易计税方法按照3%征收率计算缴纳增值税；对为农户借款、发行债券提供融资担保取得的担保费收入，以及为原担保提供再担保取得的再担保费收入，免征增值税，强化担保融资增信功能，鼓励各类金融机构发展和扩大涉农贷款。对保险公司经营财政给予保费补贴的农业保险，按规定计提的大灾准备金准予在企业所得税税前据实扣除；对提供农牧保险业务免征增值税；对保险公司为种植业、养殖业提供保险业务取得的保费收入，在计算应纳税所得额时减按90%计入收入总额；对农林作物、牧业畜类保险合同免征印花税，引导保险金融服务乡村振兴，提升农民风险保障能力。

# 第三节　其他扶持政策

## 一、土地支持政策

耕地是十分宝贵、稀缺、不可再生的资源，也是农业的基本生产资料。我国人多地少，耕地人均水平低，后备资源十分匮乏；随着经济发展，特别是城镇化工业化迅速推进，各项建设需要占用大量耕地，耕地数量还会不断减少。因此，保护耕地就是保护我们的生命线，是事关中华民族子孙后代生存发展的大问题。土地管理法第3条明确规定，十分珍惜、合理利用土地和切实保护耕地是我国的基本国策。第4条进一步规定，国家实行土地用途管制制度。严格限制农用地转为建设用地，控制建设用地总量，对耕地实行特殊保护。使用土地的单位和个人必须严格按照土地利用总体规划确定的用途使用土地。第30条还规定，国家保护耕地，严格控制耕地转为非耕地。第44条规定，建设占用土地，涉及农用地转为建设用地的，应当办理农用地转用审批手续，根据情况分别由国务院或者省、自治区、直辖市人民政府批准。

农村集体经济组织开展经营活动，发展乡村产业，离不开土地政策的支持。对此，《国家乡村振兴战略规划（2018—2022年）》提出，统筹农业农村各项土地利用活动，乡镇土地利用总体规划可以预留一定比例的规划建设用地指标，用于农业农村发展。年度土地利用计划分配中，可安排一定比例新增建设用地指标，专项支持农业农村发展。2019年《国务院关于促进乡村产业振兴的指导意见》提出，安排土地利用年度计划时，加大对乡村产业发展用地的倾斜支持力度。2020年中央一号文件进一步提出，完善乡村产业发展用地政策体系。在符合国土空间规划前提下，通过村庄整治、土地整理等方式节余的农村集体建设用地优先用于发展乡村产业项目。新编县乡级国土空间规划应安排不少于10%的建设用地指标，重点保障乡村产业发展用地。省级制定土地利用年度计划时，应安排至少5%新增建设用地指标保障乡村重点产业和项目用地。乡村振兴促进法第67条第2款规定，县级以上地方人民政府应当保障乡村产业用地，建设用地指标应当向乡村发展倾斜。

按照上述要求，农村集体经济组织法第53条对满足农村集体经济组织发展集体经济的用地需求、保障农村集体经济组织相关权益作出规定。

（一）编制村庄规划应当根据实际需要合理安排集体经济发展各项建设用地

按照土地管理法的上述规定，无论是国家建设还是农村集体经济组织发展乡村产业占用土地，需要将农用地转为建设用地的，都必须按照法律规定办理审批手续。而且，村庄和集镇规划中建设用地的规模，不得突破土地利用总体规划确定的村庄和集镇建设用地规模；占用土地的用途必须符合土地利用总体规划。乡镇土地利用总体规划应当划分土地利用区，根据土地使用条件，确定每一块土地的用途，并予以公告。村庄规划和集镇规划应当与土地利用总体规划相衔接。村庄、集镇建设用地应当符合村庄规划和集镇规划。

按照乡村振兴促进法第51条的规定，县级人民政府和乡镇人民政府应当优化本行政区域内乡村发展布局，按照尊重农民意愿、方便群众生活、保持乡村功能和特色的原则，因地制宜安排村庄布局，依法编制村庄规划，分类有序推进村庄建设。

因此，农村集体经济组织发展壮大新型农村集体经济需要占用土地的，不仅占用土地需要依法审批，占用农用地的，还应当办理农用地转用手续，以落实严格地保护耕地的法定要求。而且，占用土地的用途必须符合土地利用总体规划和村庄规划、集镇规划。为搞好法律之间的衔接一致，确保在严格执行法律规定的前提下满足农村集体经济发展的建设用地需求，农村集体经济组织法第53条第1款规定，乡镇人民政府编制村庄规划应当根据实际需要合理安排集体经济发展各项建设用地。即在村庄规划中对农村集体经济组织发展乡村产业、壮大新型集体经济（例如，依法兴办企业，发展设施农业、新产业新业态，推进一二三产业融合发展）以及乡村公共服务设施建设的用地等作出合理安排，使农村集体经济组织依法取得、使用建设用地，发展集体经济。另外，集体经济组织应当尽可能利用闲散、废弃土地和"四荒"地，尽可能不占或者少占用耕地。

（二）土地整理新增耕地形成土地指标交易的收益，应当保障农村集体经济组织和相关权利人的合法权益

根据土地管理法第30条的规定，国家保护耕地，严格控制耕地转为非耕地。国家实行占用耕地补偿制度，非农业建设经批准占用耕地的，按照"占多少，垦多少"的原则，由占用耕地的单位负责开垦与所占用耕地的数

量和质量相当的耕地；没有条件开垦或者开垦的耕地不符合要求的，应当按照省、自治区、直辖市的规定缴纳耕地开垦费，专款用于开垦新的耕地。即要求对耕地实行占补平衡，不仅要求耕地数量不能减少，而且要求土地质量相当，达到或者基本达到原有水平，实现完全意义的耕地占补平衡，防止占优补劣。

为贯彻落实耕地占补平衡制度，2017 年 1 月发布的《中共中央、国务院关于加强耕地保护和改进占补平衡的意见》进一步提出，地方各级政府负责组织实施土地整治，通过土地整理、复垦、开发等推进高标准农田建设，增加耕地数量、提升耕地质量，以县域自行平衡为主、省域内调剂为辅、国家适度统筹为补充，落实补充耕地任务。同时，允许难以实现耕地占补平衡的地方可以跨地区调剂补充；满足本行政区域内耕地占补平衡需要还有节余的地方，可将节余的补充耕地指标有偿出让给有需求的地方。各省（自治区、直辖市）要规范补充耕地指标调剂管理，完善价格形成机制，综合考虑补充耕地成本、资源保护补偿和管护费用等因素，制定调剂指导价格。补充耕地指标调剂收益，由县级政府通过预算安排用于耕地保护、农业生产和农村经济社会发展。

为确保耕地占补平衡，不少地方进行土地整理，包括整治闲散地（如村边地角路旁的零散土地）和废弃地（如废弃的工矿企业用地、农民宅基地、场院），有效增加耕地数量。土地整理新增加的耕地，可以作为补充耕地指标进行调剂和交易。将新增耕地形成的指标调剂到占用耕地较多的地区，后者支付相应的调剂费用，在扣除土地整理的成本后，产生相应的调剂收益。耕地指标的交易，按照国家有关规定及省级人民政府制定的具体办法执行。

新增耕地的一部分来自农村集体经济组织进行土地整理，其中有些是农村集体经济组织自行整理形成的，有些是第三方机构实施的，土地整理新增耕地形成的土地指标交易的收益，应当注重保障农村集体经济组织、第三方机构的合法权益。2023 年中央一号文件明确提出，深化农村集体经营性建设用地入市试点，探索建立兼顾国家、农村集体经济组织和农民利益的土地增值收益有效调节机制。实践中，指标交易获得的收益，有的采取收益分享的方式，有的采取政府补偿的方式，让土地整理各参与主体都获得相应的收益。无论采取哪种利益分享方式，都应当保护农村集体经济组织和相关权利人的合法权益。农村集体经济组织法第 53 条第 2 款正是对此作出规定，要求依法保障农村集体经济组织和相关权利人通过土地整理增加耕地得到相应的收益，以鼓励农村集体经济组织想方设法进行土地整治，积极增加耕地。

**二、人才支持措施**

缺乏人才，特别是善经营、会管理的青年人才，是农村集体经济组织普遍面临的难题。随着工业化城镇化深入推进，大部分青年农民离开家乡，长年留在农村的主要是老人、妇女和儿童。年富力强、熟悉经济、敢于拼闯的农民纷纷外出务工、经商、创业，农村集体经济组织的经营管理队伍日趋老化，懂市场、善经营、会管理，特别是熟悉新技术新业态的本土人才奇缺，各地普遍反映，当前发展新型农村集体经济面临的突出问题就是缺乏人才。

近年来，国家采取一系列政策措施，为乡村振兴提供人才支撑。从2014 年开始，农业农村部联合财政部重点面向家庭农场主、农民合作社骨干、农业社会化服务组织负责人等新型农业经营主体带头人和返乡涉农创业者，以提高生产经营能力和专业技能为目标，开展农业全产业链培训。2016年，国务院办公厅印发《关于支持返乡下乡人员创业创新促进农村一二三产业融合发展的意见》，鼓励和支持返乡下乡人员创业创新，促进农村一二三产业融合发展。2021 年 2 月，中共中央办公厅、国务院办公厅印发《关于加快推进乡村人才振兴的意见》，要求各级人民政府采取措施，强化政策保障，充分发挥各类主体在乡村人才培养中的作用，建立健全乡村人才振兴体制机制，加快培养农村二三产业发展人才、乡村公共服务人才、乡村法治人才、农业农村技术人才等。

乡村振兴促进法第 24 条规定，国家健全乡村人才工作体制机制，采取措施鼓励和支持社会各方面提供教育培训、技术支持、创业指导等服务，培养本土人才，引导城市人才下乡，推动专业人才服务乡村，促进农业农村人才队伍建设。第 28 条规定，国家鼓励城市人才向乡村流动，建立健全城乡、区域、校地之间人才培养合作与交流机制。乡镇人民政府和村民委员会、农村集体经济组织应当为返乡入乡人员和各类人才提供必要的生产生活服务。农村集体经济组织法第 15 条允许长期在农村集体经济组织工作，对集体作出贡献的外来人员享受集体经济组织成员的部分权益。

2023 年中央一号文件提出，引导城市专业技术人员入乡兼职兼薪和离岗创业，允许符合一定条件的返乡回乡下乡就业创业人员在原籍地或就业创业地落户。2024 年中央一号文件强调，壮大乡村人才队伍，实施乡村振兴人才支持计划，加大乡村本土人才培养，有序引导城市各类专业技术人才下乡服务，全面提高农民综合素质。

上述文件分别从不同方面明确了加强乡村人才队伍建设的方针和政策措施，关键是有关部门和地方政府切实抓好落实，让这些政策落地生效，逐步解决乡村人才缺乏的突出问题。

国家有关部门积极采取措施，加强农村人才培养。农业农村部会同中央组织部开展农村实用人才带头人和大学生村官示范培训，重点遴选农村基层组织负责人、新型农业经营和服务主体带头人、乡村能工巧匠、返乡入乡"双创"人员、大学生村官等作为培训对象，提升各类人才的脱贫致富带动能力。截至 2020 年，已培训 16 万余人次。同时，农业农村部联合财政部实施高素质农民培育计划，对种粮大户、新型农业经营主体带头人、院校毕业生等群体开展全产业链培训，2020 年中央财政投入 23 亿元，培训高素质农民超过 65 万人。

农村集体经济组织法第 54 条要求县级人民政府和乡镇人民政府、街道办事处采取措施，加强农村集体经济组织经营管理队伍建设，支持和引导各类人才服务新型农村集体经济发展。具体来说，县级人民政府和乡镇人民政府、街道办事处应当制订农村集体经济组织人才培养计划，统筹谋划、部署农村集体经济组织人才培养工作，同时要完善激励机制，结合实际落实国家各项政策措施，充分调动各方面培养人才、吸引人才的积极性。一方面要大力培养本土人才，并吸引有能力、想作为的外出务工、经商的青年农民回乡参与集体经济建设；另一方面要积极引导和吸引城市人才下乡，采取切实有效措施支持和引导各类人才为发展壮大新型农村集体经济服务。

### 三、支持农村基础设施建设

长期以来，我国实行城乡二元结构，为加快工业化城镇化进程，基础设施建设的重心一直放在城镇，广大农村地区的基础设施建设远远落后于城镇。当前，我国发展最大的不平衡是城乡发展不平衡，最大的不充分是农村发展不充分，农业农村现代化仍是国家现代化的短板。其中，城乡发展不平衡的一个突出表现，就是农村基础设施建设和公共服务水平与城镇相比差距较大，特别是偏远乡村，基础设施建设薄弱问题尤为明显。对此。《国家乡村振兴战略规划（2018—2022 年)》明确提出，要把基础设施建设重点放在农村，持续加大投入力度，加快补齐农村基础设施短板，促进城乡基础设施互联互通，推动农村基础设施提档升级。2019 年 3 月，习近平总书记在参加十三届全国人大二次会议河南代表团审议时指出，加大投入力度，创新投入方式，引导和鼓励各类社会资本投入农村基础设施建设，逐步建立全域覆盖、普惠共享、城乡一体的基础设施服务网络。2021 年中央一号文件提出，加强乡村公共基础设施建设；继续把公共基础设施建设的重点放在农村，着力推进往村覆盖、往户延伸。同年 4 月制定的乡村振兴促进法第 52 条规定，县级以上地方人民政府应当统筹规划、建设、管护城乡道路以及垃圾污水处理、供水供电供气、物流、客运、信息通信、广播电视、消防、防灾减灾等公共基础设施和新型基础设施，推动城乡基础设施互联互通，保障乡村发展能源需求，保障农村饮用水安全，满足农民生产生活需要。2023 年中央一号文件进一步提出，推动县域供电、供气、电信、邮政等普遍服务类设施城乡统筹建设和管护，有条件的地区推动市政管网、乡村微管网等往户延伸。

据此，农村集体经济组织法第 55 条规定，各级人民政府应当在用水、用电、用气以及网络、交通等公共设施和农村人居环境基础设施配置方面为农村集体经济组织建设发展提供支持。按照这一规定，各级人民政府应当采取措施，保障农村集体经济组织开展农业生产经营活动和发展农村产业的用水、用电、用气供应，并尽可能在价格上给予优惠和支持；要按照城乡融合发展要求，统筹规划城市和乡村的基础设施建设，增强城乡基础设施建设的协调性，着力推进农村基础设施现代化，推动城乡信息基础设施互联互通、构建城乡一体的基础设施服务网络。一方面，要加强传统基础设施建设，加快补齐目前存在的突出短板，重点抓好农村交通运输、农村饮水等基础设施建设，特别是加强农村人居环境基础设施（如农村污水、农村垃圾处理设施）的规划和建设；另一方面，要推进新型基础设施建设，重点是乡村物流、宽带等网络基础设施，加快数字乡村建设，弥补城乡新基建鸿沟，充分发挥数字信息技术对于农业农村发展，特别是建设智慧农业、发展农业新质生产力的推动作用。

# 第七章　争议的解决与法律责任

农村集体经济组织运行过程中涉及多方面利益关系，特别是集体财产的经营管理直接涉及成员的切身经济利益，比较容易发生纠纷和争议。其中，既有农村集体经济组织内部纠纷，主要是农村集体经济组织成员与集体经济组织的纠纷；也有外部纠纷，主要是其他组织或者个人侵害农村集体经济组织及其成员权益的纠纷。农村集体经济组织具有特殊性，解决其运行过程中产生的纠纷同样具有特殊性。本章基于农村集体经济组织法第七章的规定，结合司法实践，分别阐述解决农村集体经济组织内部、外部纠纷的法律制度规范。

## 第一节　农村集体经济组织内部纠纷的解决

农村集体经济组织内部纠纷，狭义上说，是指农村集体经济组织因内部管理、运行、收益分配等发生的纠纷；广义上说，还包括确认农村集体经济组织成员的纠纷，因为请求确认为农村集体经济组织成员的当事人，或多或少都与农村集体经济组织或者其成员存在某种联系，而且有可能被确认为成员。具体来说，主要是指农村集体经济组织的成员、农户与农村集体经济组织之间发生的纠纷，这种纠纷不同于平等民事主体之间的民事纠纷，因为农村集体经济组织与其成员之间是一种特殊关系，在一定意义上存在着管理与被管理的关系和归属关系。实践中，农村集体经济组织内部纠纷主要是因确认农村集体经济组织成员、承包集体土地、分配集体收益和征地补偿款等，在农村集体经济组织成员、农户与农村集体经济组织之间产生的纠纷。农村集体经济组织的成员、农户相互之间发生的纠纷，虽然通常发生在农村集体经济组织内部，但性质上属于平等民事主体之间的纠纷，可以依照农村集体经济组织法加以解决，也可以依照其他法律制度规范予以解决，例如，有关土地承包经营的纠纷，可以按照农村土地承包法第55条的规定加以解决。这里不作深入分析。

### 一、农村集体经济组织内部纠纷的特点

与普通民事纠纷相比，农村集体经济组织内部纠纷具有如下特点。

一是集体经济组织内部纠纷的复杂性。既有农村集体经济组织的成员、农户相互之间的纠纷，争议的双方是平等的民事主体，具有一般民事纠纷的特点；同时更重要的是，农村集体经济组织的成员、农户与农村集体经济组织之间的纠纷，争议的双方不是平等的民事主体之间的关系，农村集体经济组织与其成员之间在一定意义上存在管理与被管理的关系。而且，农村集体经济组织依法代表成员集体行使所有权，涉及成员利益的重大事项，都是农村集体经济组织成员大会、成员代表大会讨论决定的，体现的是成员的集体意志，而不是集体经济组织负责人的意志。因此，农村集体经济组织作为纠纷的一方当事人，也不同于一般民事诉讼的当事人。

二是农村集体经济组织内部纠纷具有同质性。实践中，农村集体经济组织与其成员之间的纠纷，主要是确认农村集体经济组织成员身份的纠纷，以及请求承包集体土地、分配征地补偿款、分配集体收益的纠纷等几种主要类型，同一类型的纠纷具有较强的同质性，大都具有相同的诉讼原因、诉讼请求和相同的性质，在实践中很容易形成集体诉讼。而且，这些纠纷通常都涉及妇女、儿童等弱势群体的权益，他们是依法应当给予特殊保护的对象，不同于普通民事诉讼当事人，如果处理不好就容易引发群体性事件，影响农村社会稳定。

三是解决农村集体经济组织内部纠纷的特殊性。处理农村集体经济组织内部纠纷，不仅要适用相关的法律法规，有时法律法规没有明确规定，而且

往往还涉及村规民约和乡土社会的传统观念，受到当地风土人情、民间习俗等因素的影响，通常都比较复杂，有时还比较困难，甚至会出现案结事不了的现象，有些情况下，人民法院作出的判决也难以执行。单纯机械地套用法律法规，有时难以妥善解决农村集体经济组织的内部纠纷，真正做到案结事了；必须同时考虑法、理、情，才能更有效、更彻底地解决纠纷。

鉴于此，解决农村集体经济组织内部纠纷也有特点。例如，协商、调解作为解决普通民间纠纷的常用方式，有时就难以用来解决农村集体经济组织的内部纠纷。农村集体经济组织因内部管理、运行、收益分配等发生的纠纷，例如，实践中经常出现的确认农村集体经济组织成员的纠纷、分配征地补偿款或者集体收益的纠纷，农村集体经济组织通常依法采取成员大会、成员代表大会决议的形式作出决定，成员大会、成员代表大会作出决定前，通常都要经过公示、异议、复核、协商等程序，事先解决成员、农户提出的疑问、异议和争议，一旦经过成员大会、成员代表大会表决作出决议，就依法形成了成员集体的意志，某个成员即使认为自身权益因此受到侵害，事实上也难以与集体经济组织成员大会、成员代表大会协商解决纠纷，而且也难以由村民委员会等调解解决，因为在这种情况下，农村集体经济组织负责人无权代表成员大会、成员代表大会作出决定。当然，农村集体经济组织内部的有些纠纷，可以通过协商、调解解决的，不排除当事人采取协商、调解的方式解决纠纷。

而且，对于农村集体经济组织成员资格的争议，村民委员会作为前置程序的处理主体并不妥当，有的村民委员会成员不一定是本集体经济组织成员，村民委员会负责处理，难免出现不公正的情况，甚至出现损害农村集体经济组织成员权益的行为。①

实践中，各地从实际出发解决农村集体经济组织内部纠纷，特别是探索解决确认农村集体经济组织成员之间的纠纷。有些地方由乡镇人民政府（街

---

① 赵风暴：《关于农村集体经济组织成员资格问题的几点思考》，载《人民法院报》2022 年 9 月 1 日，第 7 版。

道办事处）或者县级人民政府农业农村主管部门协调解决，它们负责指导、监督农村集体经济组织，具有熟悉相关法律法规、国家政策和当地情况的优势。有的地方明确，对确认农村集体经济组织成员的纠纷，可由乡镇人民政府（街道办事处）作出处理决定，确定当事人是不是农村集体经济组织的成员，当事人不服的，可以向人民法院提起诉讼。对于请求分配征地补偿费的纠纷，有些地方可以请求乡镇人民政府、街道办事处予以处理；有些地方可以直接向人民法院起诉，由人民法院依法作出裁决。

### 二、解决农村集体经济组织内部纠纷的方式

基于农村集体经济组织内部纠纷的特点，参照一些地方和人民法院解决农村集体经济组织内部纠纷，特别是确认农村集体经济组织成员纠纷的实践经验，农村集体经济组织法第 56 条第 1 款规定了解决农村集体经济组织内部纠纷的三种主要途径，即行政调解、申请仲裁、人民法院裁决。

（一）行政调解

行政调解是诉讼外解决纠纷的一种方式。广义上说，行政调解是指行政机关或者法律授权的组织主持，以自愿、合法为原则，以相关法律法规和政策为依据，通过说服教育和疏导，促使争议各方平等协商，化解矛盾的纠纷解决方式，涉及的纠纷主要是民事纠纷，也包括部分行政争议和行政信访、行政申诉中的有关争议。狭义的行政调解是指行政机关为了化解社会矛盾，维护社会稳定，依照法律法规规章和规范性文件的规定，居间协调处理与行使行政职权相关的民事纠纷的行为。[1] 这里采用狭义的行政调解。

行政调解由相关的行政机关主持，调解的是平等当事人之间的民事纠纷，这些纠纷是当事人在相应民事活动中、而不是行政管理活动中发生的，因此，自愿是行政调解的前提，行政机关应当尊重当事人的意愿，不能强制当事人调解，经教育说服和疏导，双方当事人友好协商达成协议，解决纠纷。调解达成的协议不具有法律上的强制力，[2] 但是具有民事合同性质，双

---

① 王伟民主编：《行政调解概论》，安徽人民出版社 2016 年版，第 4 页。
② 孟利民、齐蕴博主编：《调解理论与实务》，法律出版社 2022 年版，第 57 页。

方应当履行协议。当事人不服的，可以提起诉讼，请求司法救济，但是诉讼只能以原纠纷为标的，不能以主持调解的行政机关为被告，不适用行政复议和行政诉讼的相关规定。行政调解具有便捷、高效、成本低的优势，对于有效解决农村集体经济组织内部纠纷具有重要现实意义。

在农村集体经济组织法起草过程中，有意见提出，乡镇人民政府、街道办事处和县级人民政府农业农村主管部门负责农村集体经济组织的监督、管理和指导，农村集体经济组织内部发生纠纷的，应当先由其作出行政处理决定或者进行行政调解，当事人不服的，再向人民法院起诉，就是将行政处理或者行政调解作为提起诉讼的前置程序，防止人民法院在法律施行后面临过分的诉讼压力。从当前乡镇人民政府、街道办事处和县级人民政府农业农村主管部门的工作内容和人员配备情况看，将解决农村集体经济组织内部纠纷的行政决定或者行政调解作为提起诉讼的前置程序，乡镇人民政府、街道办事处和县级人民政府农业农村主管部门可能难以承担这项职责。不同农村集体经济组织存在较大差异，行政部门无法有效了解农村集体错综复杂的情况，难以透彻知晓被认定人员在集体经济组织中的生产生活经历和权利义务关系，统一的适用标准难以对不同村民的具体情况面面俱到；结合当前实际来看，由行政主管部门认定成员资格，工作量将远远超出其承受范围，不具有可操作性和可行性。[①] 因此，农村集体经济组织法将行政调解作为一种备选救济措施，当事人可以申请行政调解，可以申请仲裁，也可以向人民法院起诉。

考虑到各地在开展农村集体产权制度改革、土地延包的过程中，都要按照中央政策和地方人民政府的相关实施性文件，认真按照民主议定程序确认本集体经济组织成员，通常都要经过公示、异议、核实、协商解决异议或者争议等步骤，实行三榜公示确定，在农村集体经济组织成员大会表决前，基本上可以解决确认农村集体经济组织成员的争议。农村集体产权制度改革已经确认集体经济组织成员9亿多人，农村集体经济组织法第66条明确，这些成员在法律施行后不需要重新确认了。因此，因确认农村集体经济组织成

---

[①] 刘俊：《农村股份合作社财产权制度研究》，知识产权出版社2020年版，第60页。

员的纠纷向人民法院提起诉讼的案例不会过于集中；而且，随着耕地保护更趋严格、各项建设征收集体土地的高潮逐渐消退，近年来最常见的分配征地补偿款的争议会不断减少。农村集体经济组织法施行后，行政调解、仲裁可以发挥便捷、高效、低成本的优势分流一部分案件；人民法院审理土地承包经营、征地补偿费和集体收益分配、确认农村集体经济组织成员等纠纷，已经积累了一定的司法实践经验，形成了比较成熟的司法裁判规则，因此，不会给人民法院造成过分的诉讼压力。

（二）申请仲裁

为了通过多种方式解决农村集体经济组织内部纠纷，特别是确认农村集体经济组织成员的纠纷，农村集体经济组织法第 56 条第 1 款参照妇女权益保障法相关规定，增加了向农村土地承包纠纷仲裁机构申请仲裁的救济途径。

保护农村妇女权益一直是社会普遍关注的问题，相关法律规范不断完善。2005 年修正的妇女权益保障法第 55 条规定，以妇女未婚、结婚、离婚、丧偶等为由，侵害妇女在农村集体经济组织中的各项权益的，或者因结婚男方到女方住所落户，侵害男方和子女享有与所在地农村集体经济组织成员平等权益的，由乡镇人民政府调解；受害人也可以依法向农村土地承包仲裁机构申请仲裁，或者向人民法院起诉。这一规定明确了保护妇女相关权益的救济途径，但在实践中，该条规定的"妇女在农村集体经济组织中的各项权益"，容易让人理解为，其中的妇女是指已经成为农村集体经济组织成员的妇女，因此，关于确认妇女是否具有农村集体经济组织成员身份的争议能否申请仲裁、提起诉讼，仍不够明确。

对此，2022 年 10 月新修订的妇女权益保障法第 75 条第 2 款规定，乡镇人民政府应当对村民自治章程、村规民约，村民会议、村民代表会议的决定以及其他涉及村民利益事项的决定进行指导，对其中违反法律、法规和国家政策规定，侵害妇女合法权益的内容责令改正；受侵害妇女向农村土地承包仲裁机构申请仲裁或者向人民法院起诉的，农村土地承包仲裁机构或者人民法院应当依法受理。这一规定主要是考虑到，一些地方的农村土地承包仲裁机构或者人民法院拒绝受理农村集体经济组织成员身份确认、集体经济组织收益分配、土地征收补偿及宅基地使用方面的权益受到侵害的案件，使一些在农村集体经济组织中侵害妇女财产权益的案件得不到及时有效的处理。[①]

参照这一规定，农村集体经济组织法第 56 条规定的解决农村集体经济组织内部纠纷的救济措施，增加了向农村土地承包仲裁机构申请仲裁。据此，因农村集体经济组织内部纠纷向农村土地承包仲裁机构申请仲裁的，农村土地承包仲裁机构应当依法受理并作出仲裁裁决，不得拒绝、推诿。农村本是熟人社会，重视人际关系，矛盾宜解不宜结，依靠仲裁制度，可以防止矛盾进一步激化，处理好集体成员与集体经济组织之间的矛盾。[②]

2009 年制定农村土地承包经营纠纷调解仲裁法，各地先后建立健全农村土地承包仲裁机构，原农业部及时制定《农村土地承包经营纠纷仲裁规则》，并组织对仲裁员进行培训，多年来各地农村土地承包仲裁机构积累了一定的仲裁经验，其中有些案件涉及确认农村集体经济组织成员身份。将农村土地承包仲裁机构的仲裁作为解决农村集体经济组织内部纠纷的一种救济方式，当前情况下是适宜的。

需要注意，农村土地承包经营纠纷调解仲裁法第 2 条规定的仲裁范围，不包括确认农村集体经济组织成员的纠纷，而且，该条还将征地补偿费纠纷排除在仲裁范围之外。农村集体经济组织法与农村土地承包经营纠纷仲裁法都是全国人大常委会通过的，属于同一位阶的法律，按照新法优于旧法的原则，关于农村土地承包仲裁机构可以对农村集体经济组织内部纠纷进行仲裁，应当适用农村集体经济组织法第 56 条第 1 款的规定。同时，应当适时启动农村土地承包经营纠纷仲裁法的修改工作，与农村集体经济组织法的相关规定保持协调一致。

（三）人民法院裁决

从近年来的司法实践看，农村集体经济组织内部纠纷主要有四种类型，

---

[①]　郭林茂主编：《中华人民共和国妇女权益保障法释义》，中国法制出版社 2023 年版，第 288 页。

[②]　刘俊：《农村股份合作社财产权制度研究》，知识产权出版社 2020 年版，第 189 页。

即确认农村集体经济组织成员、请求获得承包地、请求分配集体收益、请求分配征地补偿款。对于这些纠纷，按照目前的做法，人民法院根据不同情况分别加以处理。其中，有些纠纷依法受理并审理，有些纠纷不予受理或者受理后驳回当事人的诉讼请求。具体情况分析如下。

1. 关于确认农村集体经济组织成员的纠纷

实践中发生较多的是当事人请求确认农村集体经济组织成员身份。具体可以分为两种情况。

一种情况是当事人直接请求人民法院确认农村集体经济组织成员身份。对这种直接要求确认成员身份的诉讼请求，人民法院通常不予受理，有时受理后判决驳回当事人的诉讼请求。主要理由是：（1）人民法院受理民事诉讼的范围应当是平等民事主体之间的法律关系，但确认农村集体经济组织成员身份不属于平等民事主体之间的法律关系；（2）确认农村集体经济组织成员是农村集体经济组织内部事务，属于农村集体经济组织自治范畴，应当由农村集体经济组织按照章程规定和民主议定程序自主决定，不宜由人民法院予以确认；（3）确认农村集体经济组织成员身份属于需要立法解决的问题；（4）确认农村集体经济组织成员的争议应当先由地方人民政府或者有关部门解决，不宜直接向人民法院提起诉讼。[①] 因此，人民法院一直倾向于不予受理。2020 年最高人民法院行政审判庭作出的（2020）最高法行申4278 号《行政裁定书》认为，根据现行法律法规的规定，对于村民是否具有本集体经济组织成员资格的认定，不属于管委会、街道办以及其他行政机关职责范围，更不能通过单独提起行政诉讼由人民法院进行审查的事项。

另一种情况是间接请求人民法院确认农村集体经济组织成员身份。主要是当事人向人民法院起诉，主张依法承包集体土地、参与分配集体收益或者征地补偿款、取得宅基地使用权等，或者主张相应的权益受到侵害，人民法院审理确定当事人依法是否享有或者应当享有其主张的权利，往往又取决于

---

① 秦静云：《农村集体成员身份认定标准研究》，载《河北法学》2020 年第 7 期；江晓华：《农村集体经济组织成员资格的司法认定——基于 372 份裁判书的整理与研究》，载《中国农村观察》2017 年第 6 期。

当事人是不是农村集体经济组织成员，即间接地由人民法院确定当事人是否具有农村集体经济组织成员身份。当村民认为自身利益受到集体经济组织侵害时，要通过司法途径维护权益，争议的焦点，在大多数情况下，最终都要归结为当事人是否具有农村集体经济组织成员资格。[①] 这些情况下，人民法院分别根据具体情况确定是否受理，一般会予以受理并依法作出判决。

2. 当事人起诉主张承包土地的权利

农村集体经济组织统一组织承包的过程中，或者在完成统一承包以后，当事人未能承包土地，向人民法院起诉，请求保护其依法承包土地的权利，要求获得承包地。这种情况下，根据 2005 年 3 月最高人民法院发布的《关于审理涉及农村土地承包纠纷案件适用法律问题的解释》第 1 条第 2 款的规定，农村集体经济组织成员因未实际取得土地承包经营权提起民事诉讼的，人民法院应当告知其向有关行政主管部门申请解决。这种情况下，人民法院必须首先确定当事人是不是农村集体经济组织成员，因此原则上不予受理，当事人可以申请行政主管部门解决。农村集体经济组织法施行后，当事人可以申请相关行政主管部门调解解决，也可以向人民法院起诉。

3. 当事人起诉主张参与集体收益分配的权利

农村集体经济组织进行集体收益分配时，当事人向人民法院起诉，请求参与集体收益分配或者增加自己分配的数额。提起这类诉讼的大多是妇女、儿童等弱势群体，他们通常在农村集体经济组织生活或者户籍在农村集体经济组织，但由于各种原因，农村集体经济组织不同意其参与集体收益分配。典型的情形是，农村妇女结婚后，由于各种原因，户籍仍然留在娘家所在农村集体经济组织，或者，妇女出嫁后离婚、丧偶，重新回到娘家所在农村集体经济组织生活，其户籍可能在娘家所在农村集体经济组织，也可能在前夫或者丈夫所在农村集体经济组织，当娘家所在农村集体经济组织进行集体收益分配时，这些妇女及其子女向人民法院起诉，请求参与集体收益分配或者

---

① 刘高勇、高圣平：《论基于司法途径的农村集体经济组织成员资格认定》，载《南京社会科学》2020 年第 6 期。

增加分配的数额。这类纠纷往往涉及妇女、儿童的权益，并且容易形成群体性事件，搞不好会影响农村社会稳定，人民法院通常会予以受理。2001 年 7 月，最高人民法院研究室《关于人民法院对农村集体经济所得收益分配纠纷是否受理问题的答复》明确：农村集体经济组织与其成员之间因收益分配产生的纠纷，属平等民事主体之间的纠纷，当事人就该纠纷起诉到人民法院，只要符合民事诉讼法第 108 条的规定，人民法院应当受理。

人民法院审理这种纠纷，关键还是要确认当事人是不是农村集体经济组织成员，是农村集体经济组织成员就有权参与集体收益分配，否则就无权参与分配集体收益。必要时，人民法院可以根据具体案情，确认当事人是不是农村集体经济组织成员，在此基础上裁决其是否应当参与集体收益分配，有时甚至直接确定当事人应当分配的收益数额。

4. 当事人起诉主张分配集体土地征地补偿费

集体土地被征收征用后，农村集体经济组织依法获得土地补偿费，并按照相关规定和民主议定的分配方案，将大部分补偿费分配给本集体经济组织成员。当事人向人民法院起诉，请求参与土地补偿费的分配或者提高分配的数额，这是近年来最常见的纠纷。

对这类纠纷的司法处理，人民法院的态度有一个变化过程。在 20 世纪 90 年代，人民法院倾向于不予受理。1994 年 12 月 30 日，最高人民法院给江西省高级人民法院关于王翠兰等六人与庐山区十里乡黄土岭村六组土地征用费分配纠纷一案的复函明确指出：征用土地的补偿费、安置补助费，除被征用土地上属于个人的附着物和青苗的补偿费付给个人外，其余由被征地单位用于发展生产和安排就业等事业。现双方当事人为土地征用费的处理发生争议，不属于法院受理案件的范围，应向有关机关申请解决。

进入 21 世纪，人民法院的态度发生了变化。2002 年，最高人民法院立案庭对浙江省高级人民法院《关于徐志珺等十一人诉龙泉市龙源镇第八村村委会土地征用补偿费分配纠纷一案的请示》的答复提出，农村集体经济组织成员与农村集体经济组织因土地补偿费发生的争议，以及由农村集体经济组织管理和使用的安置补助费纠纷，也不属于人民法院受理民事诉讼的范围。但不需要由农村集体经济组织安置的人员因安置补偿费、地上附着物与青苗的所有者因该项补偿费与集体经济组织发生的争议，属于平等主体之间的民事权利义务争议，是人民法院受理民事案件的范围。这一答复区分情况明确了人民法院受理的范围。

2005年3月，最高人民法院发布的《关于审理涉及农村土地承包纠纷案件适用法律问题的解释》进一步区分不同情况，对人民法院受理当事人请求分配土地补偿费作出规定。目前，依照该司法解释，同时结合土地管理法相关规定，对请求分配征地补偿费的纠纷，可以区分两种情况分别处理。

国家建设征收集体土地的土地补偿费包括两个部分，分别是对集体土地所有权、土地承包经营权的补偿，因为土地被征收后，集体土地所有权、土地承包经营权均归于消灭。对农户土地承包经营权的补偿应当归承包农户。对集体土地所有权的补偿应当归农村集体经济组织农民集体，用于本集体经济组织公益事业、发展集体经济、分配给本集体经济组织成员。按照民法典第261条第2款第3项的规定，土地补偿费的使用、分配办法，应当依照法定程序经本集体成员决定。本集体经济组织依照法定程序（如召开成员大会）作出决定，确定归本集体所有的土地补偿费多少用于公益事业或者发展集体经济，多少分配给本集体经济组织成员。作出这种决定是农村集体经济组织内部事务，不属于人民法院受案范围，农村集体经济组织成员对该决定有异议的，可以依法请求乡镇人民政府、街道办事处或者县级人民政府农业农村主管部门责令改正，如果向人民法院起诉，人民法院不予受理。对此，上述司法解释第1条第3款规定，农村集体经济组织成员就用于分配的土地补偿费数额提起民事诉讼的，人民法院不予受理。

用于分配给农村集体经济组织成员的数额或者比例确定后，在具体分配过程中，农村集体经济组织成员对自己分得的补偿费数额有异议，或者相关当事人认为应当获得分配而农村集体经济组织未予分配，自身权益因此受到侵害的，可以向人民法院提起民事诉讼，主张其权益。当事人的权益是否受到侵害，或者说当事人是否应当参与分配或者应当多分，由人民法院作出裁定。①

---

① 最高人民法院民一庭编：《民事审判指导与参考》2019年第3辑，人民法院出版社2019年版，第245—246页。

对此，上述司法解释第 24 条规定：农村集体经济组织或者村民委员会、村民小组，可以依照法律规定的民主议定程序，决定在本集体经济组织内部分配已经收到的土地补偿费。征地补偿安置方案确定时已经具有本集体经济组织成员资格的人，请求支付相应份额的，应予支持。① 即在地方人民政府批准征地补偿方案时是农村集体经济组织成员的人员，有权分配征地补偿费。

按照农村集体经济组织法第 56 条第 1 款的规定，该法施行后，对确认农村集体经济组织成员身份有异议的，农村集体经济组织因内部管理、运行、收益分配等发生纠纷的，当事人可以请求行政调解或者仲裁解决，也可以直接向人民法院提起诉讼，由人民法院依法审理并作出判决。

## 第二节　损害集体经济组织权益的救济

农村集体经济组织依法经营管理集体财产、处理集体事务，在农村集体经济组织运行过程中，其权益可能受到来自各方面的侵害，既有一般性的侵占、破坏，也有来自有关机关及其工作人员、农村集体经济组织负责人和主要经营管理人员的侵占、挪用、私分等侵权行为，农村集体经济组织法分别规定了相应的救济。

### 一、民事诉讼救济

农村集体经济组织特别法人依法代表成员集体行使所有权，负责经营管理集体财产。农村集体经济组织法第 5 条规定了农村集体经济组织的主要职能，第 6 条明确农村集体经济组织依法从事与其履行职能相适应的民事活

---

① 征地补偿方案确定时，是指当地人民政府批准征地补偿方案的时间，不是农村集体经济组织通过征地补偿费分配方案的时间。在地方人民政府批准征地补偿方案到农村集体经济组织通过征地补偿费分配方案之间，有一段时间间隔，如以后者为获得征地补偿分配的时间节点，在这段时间间隔期间，有的农村集体经济组织可能不正常地增加新成员，容易引发矛盾。

动，可以依法出资设立或者参与设立公司、农民专业合作社等市场主体。第8条规定，国家保护农村集体经济组织及其成员的合法权益，任何组织和个人不得侵犯。农村集体经济组织成员集体所有的财产受法律保护，任何组织和个人不得侵占、挪用、截留、哄抢、私分、破坏。民法典第265条第1款规定，集体所有的财产受法律保护，禁止任何组织或者个人侵占、哄抢、私分、破坏。

依照这些规定，任何组织和个人侵害农村集体经济组织合法权益的，包括侵占、挪用、截留、哄抢、私分、破坏集体财产的，农村集体经济组织有权采取相应的救济措施，可以依法向人民法院提起诉讼。对此，农村集体经济组织法第59条规定，对于侵害农村集体经济组织合法权益的行为，农村集体经济组织可以依法向人民法院起诉。

**二、行政救济**

从农村集体经济组织权益受到侵害的实际情况来看，既有来自其他组织或者个人的侵害，农村集体经济组织可以采取诉讼等方式获得救济；同时，来自行政机关的侵害也不容忽视。因此，农村集体经济组织法第62条和63条分别针对行政机关侵害农村集体经济组织权益规定了两种救济。

（一）行政机关非法干预或者未依法履行监管职责的救济

依据宪法第17条的规定，集体经济组织在遵守有关法律的前提下，有独立进行经济活动的自主权。农村集体经济组织实行民主管理，依照法律规定选举和罢免管理人员，决定经营管理的重大问题。农村集体经济组织法对农村集体经济组织的职能，以及农村集体经济组织成员大会、成员代表大会、理事会等作出决定的程序等，都作了规定。农村集体经济组织依法享有独立进行经济活动的自主权，有权独立、自主地开展各种经营和财产管理活动，任何组织和个人不得非法干预农村集体经济组织依法开展各项经营管理活动。农业法第93条、第96条分别针对行政机关违法向农民或者农业生产经营组织收费、罚款、摊派，强迫其接受有偿服务规定了相应的法律责任，包括给予直接负责的主管人员和其他直接责任人员行政处分；情节严重，构成犯罪的，依法追究刑事责任。

农村集体经济组织法第 10 条明确了地方人民政府及其有关部门对农村集体经济组织的建设和发展应当承担的指导、协调、扶持、推动和监督管理职责，其他相关法律法规和规范性文件也有相应规定。地方人民政府及其有关部门应当依照相关规定，认真履行指导、协调、扶持、推动和监督管理职责，同时不能非法干预农村集体经济组织依法开展经营管理和财务管理活动。

农村集体经济组织法第 62 条明确了地方人民政府及其有关部门相关违法行为的法律责任。依照该条规定，地方人民政府及其有关部门非法干预农村集体经济组织经营管理和财产管理活动的（例如，强制集体经济组织捐助，强制农村集体经济组织接受有偿服务，向农村集体经济组织摊派，挪用、侵占、截留集体资产等）、未依法履行相应监管职责的（例如，玩忽职守，不依法受理举报、投诉或者收到举报、投诉后未在法定期限内作出处理，对应当予以制止、处罚的违法行为不予以制止、处罚等），应当由上级人民政府责令限期改正；情节严重的，依法追究相关责任人员的法律责任。其中，"情节严重"一般是指违法行为的危害程度大、造成重大后果、影响恶劣；"法律责任"包括行政责任和刑事责任，行政责任是指上级机关、监察机关依据公务员法、监察法给予的处分，包括警告、记过、记大过、降级、撤职、开除等；刑事责任则是指国家机关工作人员玩忽职守、滥用职权、徇私舞弊，构成犯罪的，依照刑法给予处罚。

（二）行政复议与行政诉讼

农村集体经济组织日常运行过程中依法从事各种民事活动，包括生产经营活动和集体财产的经营、管理活动，应当依法接受地方人民政府的指导、监督和管理。地方人民政府及其相关主管部门依照农村集体经济组织法第 10 条的规定，负有对农村集体经济组织的指导、监督和管理的责任。

实际工作中，乡镇人民政府（街道办事处）及县级人民政府农业农村主管部门及其他相关部门依照法律规定和各自职责，对农村集体经济组织进行指导、监督和管理，它们实施的各项行政行为，通常都是依法履行职责的行为，但是有些行为也可能损害农村集体经济组织的合法权益，有些行为可能属于不当甚至违法行为。

按照行政复议法和行政诉讼法的相关规定，行政管理相对人对行政机关的行政行为不服的，可以向上一级行政机关申请行政复议，也可以直接向人民法院提起行政诉讼，但是，对于法律明确规定的有些行政行为（如侵害土地等自然资源所有权和使用权的行政行为，征税的行政行为等），行政管理相对人应当先向上一级行政机关申请行政复议，对行政复议不服的，再向人民法院起诉。

农村集体经济组织法第63条依据行政复议法和行政诉讼法的相关规定，进一步明确规定，农村集体经济组织对行政机关的行政行为不服的，可以依法申请行政复议或者向人民法院提起行政诉讼。据此，有关行政机关在指导、监督和管理农村集体经济组织的过程中如有不当行政行为，农村集体经济组织可以依法向其上一级行政机关申请行政复议，或者直接向人民法院提起行政诉讼；也可以先申请行政复议，对行政复议不服的，再向人民法院提起行政诉讼。

此外，2011年《最高人民法院关于审理涉及农村集体土地行政案件若干问题的规定》第1条规定，农村集体土地的权利人或者利害关系人认为行政机关作出的涉及农村集体土地的行政行为侵犯其合法权益，提起诉讼的，属于人民法院行政诉讼的受案范围。第5条规定，土地权利人认为土地储备机构作出的行为侵犯其依法享有的农村集体土地所有权或使用权的，向人民法院提起诉讼的，应当以土地储备机构所隶属的土地管理部门为被告。据此，农村集体经济组织认为相关行政机关（包括土地储备机构）作出的涉及本集体经济组织农民集体所有的土地的行政行为，侵害集体土地所有权或者使用权的，可以依法申请行政复议，也可以直接向人民法院提起行政诉讼，请求获得相应的救济，维护集体利益。

### 三、成员代位诉讼

农村集体经济组织成员代位诉讼是为了强化农村集体经济组织成员的监督权、维护集体利益，由农村集体经济组织法确立的一种制度。依照该法第

60 条，农村集体经济组织理事会成员、监事会成员（监事）、主要经营管理人员执行职务时违反法律法规或者章程的规定，给农村集体经济组织造成损失的，农村集体经济组织理事会、监事会（监事）应当向人民法院提起诉讼；未及时提起诉讼的，十名以上具有完全民事行为能力的农村集体经济组织成员可以书面请求监事会（监事）向人民法院提起诉讼。监事会（监事）收到书面请求后拒绝起诉或者自收到请求之日起十五日内未提起诉讼的，提出书面请求的农村集体经济组织成员可以为集体经济组织的利益，以自己的名义向人民法院起诉。

无论从理论还是实践来看，建立农村集体经济组织成员代位诉讼制度都是十分必要的。作为一项新制度，还缺乏实践经验，因此，农村集体经济组织法对成员代位诉讼的原告、被告、前置程序等作了原则规定，具体制度设计还需要在实践中逐步完善。

（一）成员代位诉讼还是成员派生诉讼

农民集体的利益受到侵害，农村集体经济组织理事会、监事会（监事）不依法提起诉讼，而是由农村集体经济组织成员提起诉讼的，究竟应当称为代位诉讼、代表诉讼还是派生诉讼？这个问题，在 2005 年全国人大常委会修改公司法、确立公司股东代位诉讼制度时就提出来了。民事诉讼法学者深入研究认为，在公司董事、监事和高级管理人员侵害公司利益，公司怠于起诉或者拒绝起诉时，由公司股东直接提起诉讼的，这种诉讼形式，称为公司股东代位诉讼，比公司股东派生诉讼、公司股东代表诉讼，更符合我国民事诉讼法规定的诉讼类型。[①]

农村集体经济组织的负责人和经营管理人员侵害集体利益的，法律明确规定，如果农村集体经济组织怠于起诉或者拒绝起诉，农村集体经济组织成员可以为了集体的利益，以自己的名义，直接向人民法院提起诉讼。对于这种诉讼，有学者称为派生诉讼，主要理由是认为，成员的诉权派生于农村集

---

① 刘金华：《股东代位诉讼制度研究》，中国人民公安大学出版社 2008 年版，第 3—5 页。

体经济组织的诉权，或者说，农民集体的诉权派生给农民集体成员;[1] 有学者称为代表诉讼，主要理由是认为，参照公司股东代表诉讼的运行机理，提起诉讼的成员实际上代表集体及其他成员。[2] 这种情况下，农村集体经济组织成员依法提起诉讼，明显具有代位性，是在享有直接诉权的农村集体经济组织不起诉的情况下，由成员代位提起诉讼的，成员的诉权来自法律的规定，成员依据法律的授权，以自己的名义，为集体的利益而提起诉讼，不需要代表其他成员。派生诉讼一词是从英文中翻译过来的，难以体现这种诉讼的代位性。对照我国民事诉讼法规定的诉讼类型，这种诉讼在一定意义上与民事诉讼法规定的债权人代位诉讼有相似之处，两者都是在应当行使诉权的人怠于起诉甚至拒绝起诉的情况下，由其他当事人代位提起诉讼的。因此，称为成员代位诉讼更为适宜。有学者直接称为集体成员代位诉讼。[3]

（二）确立农村集体经济组织成员代位诉讼制度的必要性

建立农村集体经济组织成员代位诉讼制度是司法实践的需要。现行法律没有建立农村集体经济组织成员代位诉讼制度，在集体利益受到侵害时，特别是农村集体经济组织负责人和主要经营管理人员侵害集体利益时，农村集体经济组织成员向人民法院提起诉讼的，人民法院可能依据民事诉讼法第122条的规定，认为农村集体经济组织成员并非诉讼标的之直接利害关系的主体，据此认定成员不具有原告资格，决定不予受理或者驳回起诉，因为受到侵害的是集体利益而非提起诉讼的农村集体经济组织成员的利益。为更好地维护集体利益，便利司法实践，迫切需要建立农村集体经济组织成员代位诉讼制度，允许农村集体经济组织成员在集体利益受到侵害时，有权按照一定的条件向人民法院提起诉讼，以维护集体利益，从而间接维护成员自身利

---

[1]　管洪彦：《农民集体成员派生诉讼的合理性及制度构建》，载《法律科学》2013 年第 4 期。

[2]　赵新龙：《集体经济组织成员代表诉讼的法理逻辑与制度构造》，载《南京农业大学学报（社会科学版）》2018 年第 6 期。

[3]　韩松：《农民集体所有权和集体成员权益的侵权责任法适用》，载《国家检察官学院学报》2011 年第 2 期；王雷：《农民集体成员权、农民集体决议与乡村治理体系的健全》，载《中国法学》2019 年第 2 期。

益。为此，司法实践迫切需要建立农村集体经济组织成员代位诉讼制度。

建立成员代位诉讼制度是维护集体利益的需要。农村集体经济组织依法实行民主管理，农村集体经济组织负责人和主要经营管理人员具体负责经营管理集体财产、处理集体事务，应当勤勉尽责，维护集体利益，对于侵害集体利益的行为，农村集体经济组织负责人和主要经营管理人员应当依法采取必要的措施，包括向人民法院提起诉讼，以维护集体利益。但在实践中，有的农村集体经济组织负责人对侵害集体利益的行为未采取相应的救济措施，甚至容忍或者默认；有的农村集体经济组织负责人以权谋私，造成集体财产的巨大损失，损害了广大集体成员的权益；[①] 特别是，有些情况下，侵害农民集体财产和集体利益的，正是农村集体经济组织负责人和主要经营管理人员，他们利用管理集体事务、处分集体财产的机会，独自或者与他人共谋采取不法手段，侵害集体财产或者集体利益，例如，未经民主议定程序擅自发包集体土地、处分集体财产，或者与他人合谋采取不法手段侵占集体财产。在这些情况下，很明显，农村集体经济组织负责人和主要经营管理人员不会针对自己侵害集体利益的行为向人民法院提起诉讼。现实中，有的农村集体经济组织成员因不具有"直接利害关系"而难以诉诸司法救济。[②] 因此，有必要借鉴公司股东代位诉讼制度，构建农村集体经济组织成员代位诉讼制度，赋予农村集体经济组织成员在一定条件下可以直接向人民法院起诉的权利，通过诉讼维护集体利益。

建立成员代位诉讼制度具有一定实践基础。在农村集体经济组织立法前，最高人民法院相关司法解释已经允许集体经济组织成员，在一定情况下向人民法院提起相应诉讼，司法实践中发生的诉讼为立法提供了司法实践基础。例如，1999 年最高人民法院发布的《关于审理农业承包合同纠纷案件若干问题的规定（试行）》第 2 条规定，发包方所属的半数以上村民，以签订承包合同时违反《中华人民共和国土地管理法》和《中华人民共和国村

---

① 胡康生主编：《中华人民共和国物权法释义》，法律出版社 2007 年版，第 148 页。

② 赵新龙：《农村集体成员代表诉讼的法理逻辑与制度构造》，载《南京农业大学学报（社会科学版）》2018 年第 6 期。

民委员会组织法》等法律规定的民主议定原则，或者其所签合同内容违背多数村民意志，损害集体和村民利益为由，以发包方为被告，要求确认承包合同的效力提起诉讼的，人民法院应当依法受理。第 25 条还规定，发包方违背集体经济组织成员大会或者成员代表大会决议，越权发包的，应当认定该承包合同为无效合同，并根据当事人的过错，确定其应承担的相应责任。再如，2011 年最高人民法院发布的《关于审理涉及农村集体土地行政案件若干问题的规定》第 3 条明确规定，村民委员会或者农村集体经济组织对涉及农村集体土地的行政行为不起诉的，过半数的村民可以以集体经济组织名义提起诉讼。农村集体经济组织成员全部转为城镇居民后，对涉及农村集体土地的行政行为不服的，过半数的原集体经济组织成员可以提起诉讼。这些规定虽然不是成员代位诉讼，但是允许成员在一定情况下直接向人民法院起诉以维护集体利益，为建立成员代位诉讼制度提供了参考。

（三）成员代位诉讼的原告

为了更好地维护集体利益，每一个具有民事行为能力的集体经济组织成员，都应当有权提起代位诉讼。不过，成员代位诉讼是针对农村集体经济组织负责人和主要经营管理人员提起的诉讼，诉讼本身就可能对农村集体经济组织的正常经营管理产生不利影响，搞不好甚至可能损害集体经济组织的信誉。同时，农村的社会关系和人情世故情况往往比较复杂，有的农村集体经济组织成员与集体经济组织负责人之间，在日常生活中可能存在长期形成或者积累的矛盾或者纠纷难以解决，相互存在积怨，不排除个别成员可能借助代位诉讼达到其他不正当目的，影响农村集体经济组织正常经营管理，甚至影响农村社会稳定。因此，建立成员代位诉讼制度之初，不宜由个别成员随意提起代位诉讼，以避免形成大量代位诉讼，影响农村集体经济组织健康发展。还有学者主张，应当规定检察机关在一定条件下可以代农民集体提起诉讼，维护农民集体权益。[①] 目前暂宜不作规定。

---

① 韩松：《农民集体所有权和集体成员权益的侵权责任法适用》，载《国家检察官学院学报》2011 年第 2 期。

另外，对提起代位诉讼的原告资格限制太严，也值得深入研究。有学者提出，提起代位诉讼的集体成员比例应当参考村民会议一般决定的通过人数，即达到本集体成员的二分之一以上；还有学者认为，应当达到本集体成员的三分之二以上。① 也有学者提出，五分之一以上具有民事行为能力的成员可以提起代位诉讼。对提起代位诉讼的成员人数作出严格要求，无疑可以更充分地体现代位诉讼的代表性和正当性，但同时可能阻碍代位诉讼制度发挥应有作用，因为提起代位诉讼是为了集体利益、而非成员自身利益，成员提起代位诉讼的诉讼成本与其所得利益并不像普通诉讼那样具有对应性，提起代位诉讼的成员并不能直接从诉讼中获得利益，这本身就会影响成员提起代位诉讼的积极性，如果提出严格的人数要求，客观上就会增加成员提起诉讼的难度。提起诉讼的条件过于苛刻，反而不利于激发成员的积极性。②

而且，有些农村集体经济组织成员人数众多，大部分年轻人外出务工经商，假如要求有二分之一以上成员才能提起代位诉讼，实践中就很难提起成员代位诉讼。特别是，当前农村集体经济组织的运行和农村集体财产经营管理中存在的主要问题之一，就是农村集体经济组织成员不愿或者难以对农村集体经济组织负责人的行为实施监督，为了鼓励和促进农村集体经济组织成员加强监督，应当采取让成员在必要情况下能够正当提起代位诉讼的态度，对提起代位诉讼的成员人数不宜规定得过于严格。考虑到不同农村集体经济组织的成员的人数存在很大差别，规定一定比例（如百分之十以上）的成员可以提起代位诉讼，对于人数较多的集体经济组织就可能不适宜。

2011 年 8 月最高人民法院发布的《关于审理涉及农村集体土地行政案件若干问题的规定》第 3 条明确，村民委员会或者农村集体经济组织对涉及农村集体土地的行政行为不起诉的，过半数的村民可以以集体经济组织名义提起诉讼。这一规定主要是针对涉及农村集体土地的行政行为，起诉的对象

---

① 宋春龙、许禹洁：《农村集体经济组织成员派生之诉当事人适格研究——基于 78 份裁判文书的实证分析》，载《南大法学》2022 年第 2 期。

② 宋春龙、许禹洁：《农村集体经济组织成员派生之诉当事人适格研究——基于 78 份裁判文书的实证分析》，载《南大法学》2022 年第 2 期。

是作出行政行为的行政机关，是农村集体经济组织外部的行政机关侵害农民集体权益，理当由农村集体经济组织向人民法院提起诉讼，农村集体经济组织不起诉的，该司法解释要求有过半数村民才能以集体经济组织名义提起诉讼。而成员代位诉讼的对象是集体经济组织负责人，针对的是集体经济组织内部人员侵害集体利益的行为，要求过半数成员方可诉讼，实践中可能很少能够提起代位诉讼了。

对公司股东代位诉讼的原告，有些国家的法律还规定最低持股期限，例如，原告股东必须持股满 30 日或者 90 日，目的是防止投机性诉讼，因为提起诉讼很可能影响公司股价，有些人可能利用代位诉讼进行投机性股票交易，进而扰乱证券市场。不过，农村集体经济组织成员提起代位诉讼，通常不会通过诉讼进行投机性股票交易，而且，成员身份一旦确认，依据法律和章程就享有同等权利，不应当把取得成员身份的期限作为成员提起代位诉讼的一项要求，只要是集体经济组织成员，具有民事行为能力，就有权依据法律相关规定提起代位诉讼。

按照以上考虑因素，农村集体经济组织法第 60 条第 2 款规定，十名以上具有完全民事行为能力的农村集体经济组织成员可以依法提起代位诉讼。既防止个别成员随意提起诉讼，也避免要求过严而限制成员正当提起代位诉讼。

（四）成员代位诉讼的被告

侵害集体利益行为的实施主体可以分为两类：一类是农村集体经济组织以外的人；另一类是农村集体经济组织负责人和主要经营管理人员，或者他们与集体经济组织以外的人共谋侵害集体利益。例如，擅自以集体经济组织名义与他人签订合同，合谋侵害集体利益。成员代位诉讼的范围可以包括上述两类侵权行为，也可以局限于后一类侵权行为。

有学者编写的民法典建议稿就提出，将集体经济组织成员代位诉讼的标的，规定为集体经济组织负责人非法侵害集体财产或者容忍他人侵害集体财产，两种情况下都赋予集体经济组织成员向人民法院提起代位诉讼的权利，请求对集体财产停止侵害、返还原物、赔偿损失。[①] 也有学者认为，成员代位诉讼前置程序的设计表明，它并非集体财产权益受到侵害的常态诉讼程序，只能适用于集体财产受到内部人不当控制之个别场合，不能被无限制地扩大。[②] 归根到底，成员代位诉讼是在集体利益受到侵害时，农村集体经济组织不提起诉讼的情况下，不得已而由农村集体经济组织成员提起的诉讼，最终目的是维护集体利益。

农村集体经济组织以外的人侵害集体利益的，农村集体经济组织负责人通常会采取向人民法院起诉等救济措施，维护集体利益。农村集体经济组织负责人、主要经营管理人员侵害集体利益的，按理应当由农村集体经济组织负责人依据法律和章程，代表农村集体经济组织向人民法院提起诉讼，但按照人之常情、事之常理，他们通常不会为了集体利益而起诉自己，这就迫切需要由成员代位农村集体经济组织，向人民法院提起诉讼。

成员代位诉讼制度作为一种新的法律制度，缺乏实践经验，法律只作了原则规定，需要在实践中总结经验，不断完善。而且，农村集体经济组织成员提起代位诉讼的积极性如何还难以确定，将代位诉讼的范围规定得宽泛一些，便于农村集体经济组织成员在集体利益受到侵害时可以提起代位诉讼，维护集体利益，但是会不会引发大量代位诉讼，对农村集体经济组织正常经营和农村社会稳定产生消极影响，还难以确定。因此，农村集体经济组织法第 60 条将成员代位诉讼的范围确定为农村集体经济组织内部人员侵害集体利益的行为，不包括外部人的侵权行为。可以在法律实施取得实践经验，逐步健全相关法律规则后，再视情况扩大成员代位诉讼的适用范围。

据此，农村集体经济组织成员代位诉讼的被告，主要是农村集体经济组织负责人和主要经营管理人员，包括理事会、监事会的成员或者监事，以及理事会聘请的经理、副经理、会计等主要经营管理人员，他们实际负责集体

---

[①] 王利明主编：《中国民法典学者建议稿及立法理由（物权编）》，法律出版社 2005 年版，第 163 页。

[②] 王立争：《农村集体成员派生诉讼的理论探索》，载《河南师范大学学报（哲学社会科学版）》2015 年第 2 期。

财产的经营管理和集体事务的处理，既有便利的机会侵害集体利益，又负有在集体利益受到侵害时向人民法院起诉请求救济的义务。

农村集体经济组织的负责人、主要经营管理人员与集体经济组织以外的人员共同实施侵权行为的，可以作为共同被告。实践中，农村集体经济组织负责人和主要经营管理人员侵害集体利益的行为，有的是单独实施的，有的是与集体经济组织以外的人员共同实施的。农村集体经济组织成员对于农村集体经济组织管理人员与外部侵权人之间的关系，很难作出清楚、准确的判断，更难以证明，区分他们之间是否恶意串通难度较大，可操作性不强，将他们列为共同被告较为适宜。[①] 对于共同实施侵权行为的外部人员，提起代位诉讼的成员如果知道是共同实施的，可以将他们作为共同被告提起诉讼；如果提起代位诉讼后知道的，可以在诉讼过程中申请追加外部侵权行为人为共同被告，人民法院也可以依职权追加他们为共同被告。

村民委员会、村民小组的负责人可否成为农村集体经济组织成员代位诉讼的被告，需要根据具体情况确定。理论上，村民委员会、村民小组与农村集体经济组织在工作中应当相互支持、相互配合，但两者是不同性质、不同职责、相互独立的组织，村民委员会、村民小组的主要任务是实行村民自治，主要负责村、村民小组的公共事务和公益事业，不负责集体经济事务，其负责人不应作为成员代位诉讼的被告。但在实践中，有些地方的农村集体经济组织管理机构不健全，实际上由村民委员会或者村民小组代行农村集体经济组织的职能，负责集体财产的经营管理，包括集体土地发包等。民法典第101条第2款明确规定，未设立村集体经济组织的，村民委员会可以依法代行村集体经济组织的职能。农村集体经济组织法第64条作了更明确的规定，包括村民小组代行集体经济组织职能。因此，在农村集体经济组织不健全的地方，由村民委员会或者村民小组代行集体经济组织职能的，实际负责集体经济事务和集体财产管理的村民委员会、村民小组的负责人，应当成为

---

① 宋春龙、许禹洁：《农村集体经济组织成员派生之诉当事人适格研究——基于78份裁判文书的实证分析》，载《南大法学》2022年第2期。

农村集体经济组织成员代位诉讼的被告。实践中，人民法院审理的一些侵害集体利益的案件，就是以村民委员会或者村民小组的负责人为被告的。

（五）成员代位诉讼的前置程序

成员代位诉讼明显有利于维护集体和成员的利益。但从实践来看，一方面，农民普遍存在"搭便车"心理，农村集体经济组织的不少成员可能缺乏为集体利益而提起代位诉讼的积极性，有必要从制度设计上适当引导集体经济组织成员在必要的情况下能够提起代位诉讼，直接地维护集体利益，间接地维护自身利益；另一方面，农村的情况往往比较复杂，集体经济组织成员之间既存在现实的利益关系，也掺杂着过往历史的矛盾和纠纷，代位诉讼制度如果被不正当地滥用，尤其是恶意诉讼的存在，将是对农村集体经济组织日常经营管理正常秩序的破坏。① 因此，法律既要为集体经济组织成员正当提起代位诉讼做好制度设计，也需要规定相应的制度规范，防止有些成员滥用代位诉讼的诉权，影响集体经济组织的正常经营管理。

农村集体经济组织成员的代位诉讼，实质上是代位农村集体经济组织提起诉讼的。因此，成员提起代位诉讼之前，通常应当首先采取其他措施，其中一个重要措施，就是请求或者建议农村集体经济组织理事会、监事会或者监事向人民法院提起诉讼，以维护集体利益。农村集体经济组织理事会、监事会或者监事如果接受成员的请求或者建议，依法向人民法院提起诉讼，由人民法院作出判决，依法维护集体利益，就不需要由成员再提起代位诉讼了。而且，为成员代位诉讼设置相应的前置程序，客观上也有利于防止或者避免有些成员滥用代位诉讼权利而影响甚至故意干扰农村集体经济组织的正常经营管理。此外，农村集体经济组织如果能够通过协商、调解等非诉讼方式解决问题，农村集体经济组织和成员都可以避免诉累，节省诉讼费用支出和时间成本。

请求农村集体经济组织理事会、监事会或者监事向人民法院起诉，是法

---

① 张安毅：《农民集体财产保护的难题与集体成员派生诉讼制度构建》，载《成都行政学院学报》2018 年第 4 期。

律规定的成员提起代位诉讼必经的前置程序。实践中，农村集体经济组织成员可以先请求农村集体经济组织内部监督机构采取行动，纠正侵害集体利益的行为，内部监督机构及时纠正并作出处理，可以维护集体利益的，问题已经得到解决，农村集体经济组织成员就不必再请求起诉了。

还有学者建议，农村集体经济组织提起代位诉讼的前置程序应当增加例外规定，即在情况紧急不立即提起诉讼难以维护集体利益的，成员可不经前置程序，直接提起代位诉讼。① 这是借鉴公司股东代位诉讼制度的相关规定，目的是防止公司遭受难以弥补的损失。理论上，农村集体经济组织成员代位诉讼可以作出类似规定，但是，农村集体经济组织成员与公司股东存在一个重要区别，即农村集体经济组织成员之间通常相互熟悉，与许多大公司特别是上市公司的股东之间相互陌生不同，因此，很少出现预料之外的紧急情况，万一遇到紧急或特殊情况，不立即采取行动就可能给集体造成难以弥补的损失，集体经济组织通常会采取其他方式及时解决问题，而不是向人民法院提起诉讼。因此，从实践看可不作规定。

（六）成员代位诉讼的其他相关制度

还有学者建议，立法应当建立成员代位诉讼的诉讼费用补偿制度。因为农村集体经济组织成员提起代位诉讼是为了集体利益，无论诉讼结果如何，提起诉讼的成员都不能直接从诉讼中获得利益，同时必须付出一定的时间和精力，并承担相应的诉讼费用。按照我国民事诉讼法规定的诉讼费用制度，农村集体经济组织成员提起代位诉讼，如果败诉，应当承担对方支付的各种诉讼费用；即使胜诉，由对方承担案件受理费等费用，但成员为诉讼而支付的交通费、律师费以及误工费等费用无法得到补偿，结果，提起代位诉讼的成员不能直接取得诉讼利益，反而要承担相应的费用，显然是不公平的。建立诉讼费用补偿制度，集体经济组织成员提起代位诉讼后获得胜诉的，可以要求农村集体经济组织对其因诉讼而支出的费用给予补偿。

---

① 匡俊：《论农民集体成员派生诉讼——基于司法实践的考察》，载《广西政法管理干部学院学报》2017 年第 3 期。

这种观点有一定的道理，国外的公司股东派生诉讼制度也有类似规定。不过，国外的股东派生诉讼制度同时建立诉讼费用担保制度，即在股东提起派生诉讼时，法院应被告的要求或者依其职权，可以要求原告股东提供相应的担保。目的是防止股东恶意滥诉、无理缠诉。原告如果败诉，其提供的担保即用于赔偿或者补偿对方当事人，这在一定意义上是对派生诉讼的一种约束，防止有人滥用诉权。因此，如果建立诉讼费用补偿制度，同时还要建立诉讼费用担保制度。鉴于我国公司法规定的股东代位诉讼制度并未规定诉讼费用补偿，司法实践还缺乏经验，农村集体经济组织法对此未作规定。

此外，为确保代位诉讼制度的完整性、系统性，还可以对代位诉讼的和解、撤诉、举证责任倒置等作出特别规定，因为农村集体经济组织成员代位诉讼是为集体利益而起诉的，其和解、撤诉、举证等都具有特殊性。例如，和解、撤诉主要影响集体利益而非原告成员自身利益，对原告成员决定和解、撤诉，应当作出特别规定，以维护集体利益。再如，侵权行为是农村集体经济组织负责人或者主要经营管理人员实施的，农村集体经济组织成员可能难以获取相关的证据，要求原告成员承担严格的举证责任很不公平，应当在原告证明基本损害事实后，实行举证责任倒置，由被告证明其行为的合法性和正当性。考虑到农村集体经济组织成员代位诉讼是一项新制度，缺乏实践经验，实施效果还不确定，这些更具体的制度规范，可以留待实践探索并不断加以完善。

### 四、维护集体权益的其他规定

为全面维护集体权益，除上述救济之外，农村集体经济组织法还作了其他两方面规定，明确农村集体经济组织负责人违法行为的法律责任，以及以集体财产担保的法律效力。

（一）农村集体经济组织负责人违法行为的救济

为督促农村集体经济组织负责人和主要经营管理人员依法履职尽责，防止侵害集体经济组织及其成员的权益，农村集体经济组织法第 35 条第 1 款原则规定了农村集体经济组织负责人负有诚实信用、勤勉谨慎的义务，同时第 2 款还列举出禁止集体经济组织理事会成员、监事会成员或者监事、主要经营管理人员从事的具体行为，进一步明确其行为边界，有利于指导他们依照法律法规和农村集体经济组织章程履行职责，行使职权，更好地维护集体经济组织及其成员的权益。

实践中，农村集体经济组织理事会成员、监事会成员或者监事、主要经营管理人员一般都能够依照章程和法律法规的规定履职尽责，同时不可否认，有些农村集体经济组织理事会成员、监事会成员或者监事、主要经营管理人员，基于各种原因，违反上述禁止性规定，实施法律明确禁止的行为，对此，应当予以制止并依法给予处罚。农村集体经济组织法第 58 条第 1 款规定，农村集体经济组织理事会成员、监事会成员或者监事、主要经营管理人员有本法第 35 条第 2 款规定行为的，首先，由乡镇人民政府、街道办事处或者县级人民政府农业农村主管部门责令限期改正；其次，有上述违法行为并且情节严重的，依法给予处分或者给予行政处罚；再次，有上述违法行为并且造成集体财产损失的，依法承担赔偿责任，应当赔偿集体财产的损失；最后，有上述行为构成犯罪的，还应当依法追究刑事责任。

农村集体经济组织作为特殊的经济组织，兼顾公益性和营利性，涉及农村公益事业，但是不具有公共事务管理职能，农村集体经济组织理事会成员、监事会成员或者监事、主要经营管理人员显然不属于国家公职人员，又明显不同于国有企业职工，其身份具有一定特殊性。他们依照章程和法律法规的规定具体负责经营管理集体财产、处理集体经济组织事务，是否属于行使管理集体公共事务的权力，尚不明确。而且，为了加强和改进党的农村基层组织建设，加强和改善党对农村工作的领导，按照《中国共产党农村基层组织工作条例》的规定，村党支部领导和支持集体经济组织管理集体资产，协调利益关系，组织生产服务和集体资源合理开发，逐步壮大集体经济实力。村党组织书记应当通过法定程序担任村民委员会主任和村级集体经济组织、合作经济组织负责人，村 "两委" 班子成员应当交叉任职。据此，大部分村党组织书记同时担任村集体经济组织理事长、村委会主任。农村集体经济组织的理事长和理事会部分成员还是党员，应当受到党规党纪的约束和纪检监察机构的监督。鉴于农村集体经济组织理事会成员、监事会成员或者监事、主要经营管理人员的身份属性及其从事经营管理活动的行为性质均不十分明确，对其违法行为的处分和处罚，情况较为复杂，还需要在实践中依法探索并加以完善。

**（二）违规担保的法律效力**

以集体财产为本人或者他人的债务提供担保，可能产生多方面不利影响。一方面，可能使集体财产面临风险，容易造成债务风险积累，很有可能给集体财产造成损失，形成的债务责任最终可能转嫁到农村集体经济组织成员和地方政府；而且，农村集体经济组织普遍开展担保，遇到特殊情况（如金融危机），很容易形成大面积、大规模债务，影响农村集体经济发展和社会稳定，甚至扰乱金融秩序。另一方面，这些担保行为很容易滋生以权谋私、损公肥私和行贿受贿等，不仅损害集体和成员的利益，而且助长腐败现象，败坏社会风气。因此，虽然法学理论界对于农村集体经济组织为他人债务提供担保是否属于"集体财产经营管理行为"还存在争议①，但是农村集体经济组织法第35明确禁止农村集体经济组织理事会成员、监事会成员或者监事、主要经营管理人员以集体财产为本人或者他人债务提供担保。

为确保这一规定得到落实，从根本上防止、避免农村集体经济组织负责人或者其他经营管理人员违反规定以集体财产为本人或者他人债务提供担保，农村集体经济组织法第58条第2款进一步明确，农村集体经济组织理事会成员、监事会成员或者监事、主要经营管理人员违反本法规定，以集体财产为本人或者他人债务提供担保的，该担保无效。这一规定的效果不仅针对农村集体经济组织法定代表人或者其他经营管理人员，也及于其他相关方面，既然法律明确违规担保无效，就没有必要由集体经济组织担保了。

农村集体经济组织法第35条明确禁止的对象主要是农村集体经济组织

① 高圣平：《论农村集体经济组织担保的程序控制与法律效果——以〈中华人民共和国农村集体经济组织法（草案）〉的完善为中心》，载《学海》2024年第3期。

理事会成员、监事会成员或者监事、主要经营管理人员，似未明确农村集体经济组织可否为他人债务提供担保，可能产生疑问，特别是有关司法解释并未完全禁止农村集体经济组织的对外担保行为。法律明确禁止农村集体经济组织法定代表人或者其他经营管理人员为本人或者他人债务提供担保，这些人员是依法能够实施担保行为的人员，禁止他们提供担保，事实上就禁止了农村集体经济组织为他人债务提供担保，因为其他人本来就没有法定权利和能力以集体财产为本人或者他人债务提供担保。对此，财政部、农业农村部制定的《农村集体经济组织财务制度》第 23 条第 2 款更明确地规定，农村集体经济组织以及农村集体经济组织经营管理人员，不得以本集体资产为其他单位和个人提供担保。

## 第三节　农村集体经济组织成员权益受到损害的救济

农村集体经济组织成员集体是集体财产的所有权主体，集体经济组织成员作为成员集体的一员依法享有相应的权利和利益，农村集体经济组织法第 13 条具体规定了农村集体经济组织成员享有的主要权利。成员的权益受到损害的，法律应当给予救济。侵害成员权益的有集体经济组织以外的人，也有集体经济组织及成员。一般来说，成员的权益受到本集体经济组织成员或者本集体经济组织以外的人侵害的，可以依照法律法规的规定，采取协商、调解、仲裁、诉讼等方式获得救济，从而维护自身权益。农村集体经济组织侵害成员权益的，主要是农村集体经济组织章程或者农村集体经济组织成员大会、成员代表大会所作的决定违反法律法规，直接或者间接地侵害成员的权益，法律上需要明确相应的救济措施。据此，农村集体经济组织法从行政救济和诉讼两个方面作了规定。

### 一、行政救济

农村集体经济组织实行成员民主管理，具有较大的自主性和自主权，农村集体经济组织成员大会依据法律相关规定制定本集体经济组织章程，农村集体经济组织成员大会、成员代表大会依据章程和法律相关规定，决定本集体经济组织重大事项，正是农村集体经济组织依法行使职权、履行职责。

农村集体经济组织章程是集体经济组织的基本遵循，直接涉及农村集体经济组织每个成员的切身利益。农村集体经济组织法第 20 条明确了农村集体经济组织章程应当载明的事项，并且授权国务院农业农村主管部门根据本法和其他有关法律法规制定农村集体经济组织示范章程，进一步明确农村集体经济组织章程的主要内容，为农村集体经济组织制定章程提供示范文本。

农村集体经济组织应当结合实际情况，依照本法、参照国务院农业农村主管部门制定的示范章程，制定本集体经济组织章程，并且依照法律法规和章程召开成员大会、成员代表大会，就农村集体经济组织重大事项作出决定。实践中，由于受封建落后的传统观念、风俗习惯影响，有的农村集体经济组织制定的章程或者召开农村集体经济组织成员大会、成员代表大会作出的决定，可能不完全符合法律法规的相关规定或者法律的精神，有的甚至可能直接侵害农村集体经济组织成员的权益。因此，有必要加强对农村集体经济组织章程和农村集体经济组织成员大会、成员代表大会所作决定的指导和监督。本法第 20 条第 2 款规定，农村集体经济组织章程应当报乡镇人民政府、街道办事处和县级人民政府农业农村主管部门备案。第 61 条进一步规定，农村集体经济组织章程或者农村集体经济组织成员大会、成员代表大会所作的决定违反本法或者其他法律法规规定的，由乡镇人民政府、街道办事处或者县级人民政府农业农村主管部门责令限期改正。

乡镇人民政府、街道办事处负有对农村集体经济组织的监督管理职责，县级人民政府农业农村主管部门负责对农村集体经济组织运行的监督指导。对于农村集体经济组织报送备案的章程，乡镇人民政府、街道办事处和县级人民政府农业农村主管部门应当从程序合法、内容合法两个方面进行审查，首先审查是否经成员大会讨论通过（程序合法），重点审查章程的内容是否符合法律法规的规定，是否侵犯成员的合法权益，章程的内容和程序合法的，予以备案；发现章程的内容，以及农村集体经济组织成员大会、代表大会的决定违反法律法规的，应当依职权责令农村集体经济组织改正。

这一规定与村民委员会组织法的相关规定是一致的。2010 年修改村民委员会组织法的过程中，有些常委委员、部门和地方提出，针对一些地方的村民自治章程、村规民约以及村民会议或者村民代表会议的决定存在违反法律法规、侵害村民利益的情况，应当加强乡镇政府对村规民约及村民会议或村民代表会议所作决定的指导和监督。为此，在第 27 条增加一款规定：村民自治章程、村规民约以及村民会议或者村民代表会议的决定违反前款规定的，由乡、民族乡、镇的人民政府责令改正。①

类似地，2022 年新修改的妇女权益保障法第 75 条第 2 款规定，乡镇人民政府应当对村民自治章程、村规民约，村民会议、村民代表会议的决定以及其他涉及村民利益事项的决定进行指导，对其中违反法律、法规和国家政策规定，侵害妇女合法权益的内容责令改正。

## 二、农村集体经济组织成员撤销权

为便于农村集体成员维护自身权益，民法典第 265 条第 2 款对农村集体经济组织成员的撤销权作了原则规定。农村集体经济组织法第 57 条第 1 款更具体地规定：农村集体经济组织成员大会、成员代表大会、理事会或者农村集体经济组织负责人作出的决定侵害农村集体经济组织成员合法权益的，受侵害的农村集体经济组织成员可以请求人民法院予以撤销。但是，农村集体经济组织按照该决定与善意相对人形成的民事法律关系不受影响。这一规定在民法典的基础上细化了农村集体经济组织成员的撤销权，对农村集体经济组织成员撤销诉讼制度作出更具体的规定。

（一）撤销权的主体是农村集体经济组织成员

农村集体经济组织成员的撤销权，是指在农村集体经济组织成员大会、成员代表大会、理事会或者农村集体经济组织负责人作出侵害成员合法权益

---

① 李飞主编：《中华人民共和国村民委员会组织法释义》，法律出版社 2010 年版，第198—199 页。

的决定时，权益受侵害的成员享有的请求人民法院予以撤销的权利。①

撤销权的主体是农村集体经济组织成员。撤销权诉讼的权利主体是农村集体经济组织成员，撤销权诉讼是为了维护农村集体经济组织成员的合法权益，而不是维护集体权益。请求撤销侵害其合法权益的决定，是法律赋予农村集体经济组织成员的权利，向人民法院提出撤销申请是成员行使自己的权利。因此，撤销权诉讼的权利主体应当是农村集体经济组织成员，不是农村集体经济组织成员就不享有该项撤销权。据此，农村集体经济组织成员大会作出决议，拒绝确认某人的集体经济组织成员身份，该人就不能依据本条规定向人民法院提起撤销之诉，因为他不是农村集体经济组织成员，并非撤销权的权利主体，他可以先请求确认其农村集体经济组织成员身份，待其成员身份得到确认后，如果受到的侵害仍未得到救济，则可以行使撤销权，请求人民法院撤销侵害其合法权益的决定。

（二）撤销权的客体是侵害成员合法权益的决定

撤销权实质上是在农村集体经济组织成员的合法权益受到农村集体经济组织的决定侵害时，法律为权益受到侵害的成员提供的一种救济。撤销权的客体是农村集体经济组织成员大会、成员代表大会、理事会或者农村集体经济组织负责人作出的决定，并且该决定侵害了农村集体经济组织成员的合法权益，即作出的决定与成员权益受到侵害之间存在因果关系。

具体来说，根据民法典、农村土地承包法、土地管理法等法律以及《最高人民法院关于审理涉及农村土地承包纠纷案件适用法律问题的解释》和《关于为全面推进乡村振兴加快农业农村现代化提供司法服务和保障的意见》的规定，农村集体经济组织成员认为农村集体经济组织成员大会、成员代表大会、理事会或者农村集体经济组织负责人就下列事项作出的决定侵害其合法权益的，可以向人民法院起诉请求予以撤销：（1）涉及侵害农民对承包土地的土地承包经营权等各项法定权利的；（2）涉及侵害土地承包经

---

① 村民委员会依法代行农村集体经济组织职能的，村民会议、村民代表会议、村民委员会或者村民委员会负责人因代行职能而作出的决定，也应当适用本条的规定。

营权、土地经营权的流转权益的；（3）涉及侵害农户宅基地用益物权的；（4）涉及侵害农民征地补偿权益的；（5）涉及侵害农民的集体收益分配权益的；（6）涉及侵害农民种粮补贴权益的等。

农村集体经济组织成员向人民法院提出撤销请求，只需证明农村集体经济组织成员大会、成员代表大会、理事会或者农村集体经济组织负责人的决定给自己造成了损害，不需要证明作出该决定违反法定程序，因为成员很难判断作出的决定是否符合法定程序，而且，即使依据法定程序作出的决定仍有可能损害成员的合法权益。① 实践中确实存在依据法定程序实行多数人暴政或者操纵程序实行个人专断的现象。因此，农村集体经济组织成员大会、成员代表大会、理事会或者农村集体经济组织负责人作出的决定，是否遵守法定程序和农村集体经济组织议事程序，不影响成员的撤销权。即使作出的决定符合相应程序，只要侵害成员合法权益，该成员就有权行使撤销权；反过来，农村集体经济组织成员大会、成员代表大会、理事会或者农村集体经济组织负责人违反程序作出决定，但该决定并未侵害某个成员的合法权益，该成员就不能依据本条规定行使撤销权，只能寻求其他救济。类似地，农村集体经济组织成员大会、成员代表大会、理事会或者农村集体经济组织负责人的决定侵害集体利益，未直接侵害特定成员合法权益，成员个人利益未受到侵害，不能依据该条规定行使撤销权。一般认为，成员不能以维护集体利益的名义、只能为维护自身权益提起撤销之诉。② 集体利益受到侵害的，成员可以依法提起代位诉讼。

这里的权益应当是成员已经享有或者依法应当享有的权益，而不能是成员预期或者期望取得的权益。例如，农村集体经济组织将集体所有的"四荒"地出租给某个农户而没有出租给特定成员，该成员可能因此损失承包收益，但并未直接侵害他已经取得或者应当享有的权益，他不能据此行使撤销权。

---

① 管洪彦：《关于农民集体成员撤销权的几点思考》，载《法学论坛》2013 年第 2 期。
② 王利明、周友军：《论我国农村土地权利制度的完善》，载《中国法学》2012 年第 1 期。

农村集体经济组织法起草过程中有意见提出，应当参照公司法，扩大撤销之诉的适用范围。依据公司法第 26 条，公司股东提起撤销之诉并不以股东的合法权益受到侵害为前提条件，而且提起诉讼的事由是公司股东会、董事会的会议召集程序、表决方式违反法律、行政法规或者公司章程，或者决议内容违反公司章程。即会议程序违法、内容违反章程均可作为可撤销事由。

农村集体经济组织与公司的一个重要区别就在于，公司作为资合组织，公司（特别是大公司）的股东之间可能是陌生人，更加关注公司作出决议的程序，法律对公司作出决议的程序也有严格规定，而且，公司的有些决议并不直接涉及股东的利益，而是为争夺公司控制权等，农村集体经济组织成员之间相互比较熟悉，成员大会、成员代表大会作出决议之前，通常都需要反复商议，经过"四议两公开"程序，有些重大议题还得到乡镇人民政府、街道办事处或者县级人民政府农业农村主管部门指导，农村集体经济组织成员大会、成员代表大会的程序稍有瑕疵的，可以及时加以补救，而且有些情况下并不影响作出决议的结果。因此，实践中很少出现农村集体经济组织作出的决议违反法律法规和章程，同时又不侵害成员权益的情形。扩大农村集体经济组织成员撤销之诉的适用范围，将程序存在瑕疵、未直接侵害农村集体经济组织成员权益的决定纳入撤销之诉范围，理论上可能有利于预防侵害行为的发生，同时有可能带来一些不必要的诉讼。因此，将撤销之诉的范围确定为侵害农村集体经济组织成员权益的决定，今后根据法律实施情况总结实践经验，必要时再扩大撤销之诉的适用范围，是适宜的。

（三）撤销权的除斥期间

在民法典以前，我国并未建立统一的撤销权制度，而是分别由合同法等法律规定撤销权，不同法律对撤销权的行使期限有不同的规定。2020 年民法典第 152 条对行使撤销权的期限统一作了规定。依照这一规定，农村集体经济组织法第 57 条第 2 款进一步明确了成员撤销权的除斥期间（行使期限），即农村集体经济组织成员知道或者应当知道撤销事由一年内，或者决定作出之日起五年内未行使撤销权的，成员的撤销权消灭。这主要是考虑到，大部分农村地区的青年人外出务工经商，留在农村的主要是妇女、老人和儿童，农村集体经济组织或者其负责人的决定侵害成员合法权益的，权益受侵害的成员可能不知情，待知道时可能已经过了一段时间，为更好地维护农村集体经济组织成员权益，原则上应当以权益受到侵害的成员自知道或者应当知道撤销事由时为起始时点，在一年内行使权利，同时以农村集体经济组织的相关决定作出之日起五年为限，以促使成员及时行使权利，维护法律关系和社会秩序稳定。

（四）善意相对人的合法权益的保护

农村集体经济组织成员依法行使撤销权，人民法院依法裁决撤销农村集体经济组织成员大会、成员代表大会、理事会或者农村集体经济组织负责人的决定，则被撤销的决定自始没有法律约束力。决定被撤销后，需要就同一事项重新作出决定的，农村集体经济组织应当及时依法重新作出决定。①

人民法院裁决撤销农村集体经济组织成员大会、成员代表大会、理事会或者农村集体经济组织负责人的决定，不仅影响农村集体经济组织及其成员的权益，也可能影响其他相对人的合法权益，而且该相对人可能是善意的，其合法权益也应当受到保护。例如，农村集体经济组织成员大会、成员代表大会、理事会或者农村集体经济组织负责人作出侵害成员合法权益的决定，相对人不知道该决定侵害成员权益，按照该决定与农村集体经济组织签订合同，形成民事法律关系，农村集体经济组织成员行使撤销权，人民法院依法撤销农村集体经济组织成员大会、成员代表大会、理事会或者农村集体经济组织负责人的决定，就会影响该善意相对人的合法权益。

为平等保护善意相对人的合法权益，维护交易安全，在农村集体经济组织成员行使撤销权时，应当适当保护善意第三人的权益，特别是，第三人已经取得的权益不应受农村集体经济组织成员行使撤销权的影响。农村集体经

---

①　农村集体经济组织成员撤销诉讼存在的一个难题是，人民法院依法撤销农村集体经济组织的决定后，农村集体经济组织在限期内重新作出相同的决定，权益受到侵害的成员只能再次提起撤销之诉，请求人民法院予以撤销。这种情况下如何通过撤销之诉解决争议，尚待司法实践探索适当的规则。

济组织法第 57 条第 1 款规定，人民法院应农村集体经济组织成员的请求，撤销农村集体经济组织成员大会、成员代表大会、理事会或者农村集体经济组织负责人的决定的，农村集体经济组织按照该决定与善意相对人形成的民事法律关系不受影响。这样规定，符合现代民法的基本价值取向，有利于维护交易安全。

### 三、妇女权益保护

农村妇女权益受到损害，实践中反映较多的，主要是农村集体经济组织不予确认妇女的农村集体经济组织成员身份，农村集体经济组织分配征地补偿款、分配集体收益、发放集体福利时将妇女排除在外或者给予较少的分配，特别是离婚、丧偶妇女的权益更容易受到侵害。例如，以妇女出嫁、离婚为由收回其承包地，以村规民约限制或者剥夺离婚、丧偶、出嫁妇女参与征地补偿费分配的权利等。[1] 其中，农村集体经济组织分配征地补偿款或者集体收益时侵害妇女权益的，现行法律和司法实践已经提供了相应的救济，当前存在的主要问题是，农村集体经济组织确认成员时侵害妇女权益，法律法规的相应规定不够明确（如什么情况下妇女应当确认为农村集体经济组织成员）、救济措施不够充分（人民法院通常不受理直接请求确认农村集体经济组织成员的诉讼）。对此，农村集体经济组织法从多个方面作出规定，维护妇女的合法权益。

（一）确定农村集体经济组织确认成员的基本规则

具有农村集体经济组织成员身份，是依法享有权益、获得相关利益的前提。现实中，确认农村妇女的农村集体经济组织成员身份经常出现争议。农村集体经济组织立法过程中，针对确认妇女的农村集体经济组织成员身份存在的主要问题，多方面强化相关规定，细化、完善相关法律规则。

一是细化确认农村集体经济组织成员的具体规则。农村集体经济组织法

---

[1] 全国妇联权益部主编：《维护农村妇女土地权益报告》，社会科学文献出版社 2013年版，第 21 页。

第 11 条对农村集体经济组织成员作了定义，明确成员的三个基本要素，即户籍在或者曾经在农村集体经济组织并与农村集体经济组织形成稳定的权利义务关系，以农村集体经济组织成员集体所有的土地等财产为基本生活保障。第 12 条第 1 款进一步规定，农村集体经济组织成员大会依据第 11 条的规定确认本集体经济组织成员。据此，符合第 11 条成员定义的人员，应当确认为农村集体经济组织成员。第 12 条还针对确认农村集体经济组织成员的常见情形明确了具体规则：农村集体经济组织成员因生育而增加的人员，应当确认为农村集体经济组织成员；农村集体经济组织成员因结婚、收养而增加的人员，或者因政策性移民而增加的人员，一般应当确认为农村集体经济组织成员。依据这些规定，妇女结婚的，农村集体经济组织一般应当确认妇女的农村集体经济组织成员身份；妇女成员生育的子女，农村集体经济组织应当确认该子女的农村集体经济组织成员身份。

二是保护结婚、丧偶、离婚妇女的农村集体经济组织成员身份。针对妇女因结婚、丧偶、离婚而丧失农村集体经济组织成员身份问题，农村集体经济组织法参照农村土地承包法第 31 条，在第 18 条第 2 款规定，农村集体经济组织成员结婚，未取得其他农村集体经济组织成员身份的，原农村集体经济组织不得取消其成员身份。结合第 12 条及第 18 条第 2 款的规定，妇女结婚的，婆家所在农村集体经济组织应当确认其集体经济组织成员身份；妇女未取得婆家所在农村集体经济组织成员身份的，娘家所在农村集体经济组织不得取消妇女的农村集体经济组织成员身份，从而确保结婚妇女的农村集体经济组织成员身份，防止"两头空"。同时，农村集体经济组织法第 18 条第 1 款还规定，农村集体经济组织成员不因丧偶、离婚而丧失农村集体经济组织成员身份。按照这一规定，农村集体经济组织的妇女成员丧偶、离婚的，不因此丧失农村集体经济组织成员身份。防止妇女因丧偶、离婚而被农村集体经济组织取消成员身份。

（二）强化维护妇女权益的救济措施

针对当前维护妇女权益的救济措施不够充分问题，农村集体经济组织法从多个方面强化维护妇女合法权益的救济措施。

一是对农村集体经济组织依法确认成员作出原则规定。针对有些农村集体经济组织未依法确认妇女的农村集体经济组织成员身份问题，农村集体经济组织法第12条第3款增加规定，农村集体经济组织确认农村集体经济组织成员不得违反本法和其他法律法规的规定。这一原则规定既是对农村集体经济组织的要求和约束，也是妇女在必要情况下采取救济措施的法律依据。

二是增加行政机关的救济渠道。参照村民委员会组织法和妇女权益保障法的相关规定，农村集体经济组织法第61条规定，农村集体经济组织章程或者农村集体经济组织成员大会、成员代表大会所作的决定违反本法或者其他法律法规的，由乡镇人民政府、街道办事处或者县级人民政府农业农村主管部门责令限期改正。依据这一规定，农村集体经济组织章程或者农村集体经济组织成员大会、成员代表大会所作的决定违反农村集体经济组织法或者其他法律法规，侵害妇女合法权益的，权益受到侵害的妇女可以要求乡镇人民政府、街道办事处或者县级人民政府农业农村主管部门责令限期改正。

三是明确农村集体经济组织成员确认争议的司法救济等。妇女在确认农村集体经济组织成员身份时受到不公平对待，向人民法院起诉，请求确认其农村集体经济组织成员身份的，不少人民法院不予受理。一方面，确认农村集体经济组织成员是农村集体经济组织内部事务，被认为应由农村集体经济组织自主决定；另一方面，这类纠纷往往涉及妇女、儿童权益，性质相同、诉讼请求相近，容易形成群体性事件，人民法院受理后可能难以处理。

对此，农村集体经济组织法第56条第1款规定，对确认农村集体经济组织成员身份有异议的，当事人可以请求乡镇人民政府、街道办事处或者县级人民政府农业农村主管部门调解解决；不愿调解或者调解不成的，可以向农村土地承包仲裁机构申请仲裁，也可以直接向人民法院提起诉讼。这就明确了解决确认农村集体经济组织成员纠纷的三种救济措施。妇女认为集体经济组织确认成员身份时受到歧视，或者对确认成员有异议的，可以依照上述规定采取适宜的救济措施，维护自身权益。

四是进一步完善农村集体经济组织成员撤销诉讼制度。民法典第265条原则规定了农村集体经济组织成员的撤销权，农村集体经济组织法第57条第 1 款进一步细化了农村集体经济组织成员撤销诉讼制度，明确农村集体经济组织成员大会、成员代表大会、理事会或者农村集体经济组织负责人作出的决定侵害农村集体经济组织成员合法权益的，受侵害的农村集体经济组织成员可以请求人民法院予以撤销。依据这一规定，农村集体经济组织成员大会、成员代表大会、理事会或者农村集体经济组织负责人作出的决定侵害妇女成员合法权益的，受侵害的妇女成员可以请求人民法院予以撤销。

以上分析侧重于维护妇女权益，法律的相关规定同样适用于农村集体经济组织其他成员。

（三）建立妇女权益公益诉讼制度

检察机关是维护社会公共利益的重要力量。建立检察机关提起公益诉讼制度，是党中央推进全面依法治国的重大改革举措，是加强司法监督的重要制度设计，也是监察机关在新时代依法行使法律监督权的重要形式。

为切实维护妇女合法权益，2019 年 12 月，最高人民检察院、全国妇联发布《关于建立共同推动保护妇女儿童权益工作合作机制的通知》指出，针对国家机关、事业单位招聘工作中涉嫌就业性别歧视，相关组织、个人通过大众传播媒介或者其他方式贬低损害妇女人格等问题，检察机关可以发出检查建议或者提起公益诉讼。2021 年 6 月《中共中央关于加强新时代检察机关法律监督工作的意见》要求，探索办理妇女权益保护等领域公益损害案件，总结实践经验，完善相关立法。同年 9 月，国务院发布《中国妇女发展纲要（2021—2030 年）》明确要求，促进开展妇女权益保障领域的公益诉讼。随后，检察机关在妇女权益保障领域，特别是保障农村妇女平等享有土地承包经营权、反就业歧视等领域开展探索。

2022 年 10 月，十三届全国人大常委会第三十七次会议审议通过新修订的妇女权益保障法，贯彻落实党中央、国务院有关文件要求，总结检察机关实践探索经验，确立了检察机关妇女权益保障公益诉讼制度。该法第 77 条规定：侵害妇女合法权益，导致社会公共利益受损的，检察机关可以发出检察建议；确认农村妇女集体经济组织成员身份时侵害妇女权益或者侵害妇女享有的农村土地承包和集体收益、土地征收征用补偿分配权益和宅基地使用权益等情况下，检察机关可以依法提起公益诉讼。

根据妇女权益保障法第55条第1款，妇女在农村集体经济组织成员确认、土地承包经营、集体经济组织收益分配、土地征收补偿安置或者征用补偿以及宅基地使用等方面，享有与男子平等的权利。但在实践中，有些农村集体经济组织或者村民委员会不同程度地存在歧视妇女、侵害妇女权益的问题，有的直接通过村规民约剥夺妇女应当享有的权益；有的以集体经济组织成员大会（成员代表大会）、村民会议（村民代表会议）作出决议的形式，否认妇女的农村集体经济组织成员身份，或者剥夺妇女的土地承包权益、集体收益分配权益、集体土地征收征用补偿分配权益；有的强行要求出嫁妇女特别是离婚、丧偶妇女将户口迁出。这些问题得不到有效解决，不仅损害妇女的合法权益，影响她们及其子女的生产生活，而且容易引发集体上访甚至大规模群体性事件，激化社会矛盾，影响农村社会稳定，损害社会公共利益。

参照妇女权益保障法第77条的规定，农村集体经济组织法第56条第2款规定，确认农村集体经济组织成员身份时侵害妇女合法权益，导致社会公共利益受损的，检察机关可以发出检察建议或者依法提起公益诉讼。这样规定有利于维护妇女的合法权益，也有利于维护农村社会秩序，促进社会和谐稳定。实践中，人民检察院可以根据不同情况采取发出检察建议、提起公益诉讼的措施，维护妇女合法权益，维护社会公共利益。